HISTOIRE PHILOSOPHIQUE

DU CRÉDIT.

HISTOIRE

PHILOSOPHIQUE

DU CRÉDIT

PAR

V. AVRIL.

TOME PREMIER.

PARIS,

LIBRAIRIE DE GUILLAUMIN ET Cie,

Éditeur du Journal des Économistes, de la Collection des principaux Économistes,

DU DICTIONNAIRE DU COMMERCE ET DES MARCHANDISES, ETC.

rue Richelieu, 14.

1849

Dans le moment où **MM**. Thiers, Cousin, Troplong, Faucher, et le Pouvoir lui-même, défendent ardemment le monopole dans toutes ses formes ét dans tous ses abus, il a paru convenable d'en offrir au public la longue et curieuse monographie.

Cette histoire fantastique, et jusqu'ici inconnue, du monopole, n'est autre chose que la série des époques successives de sa décadence, sous l'énergique et irrésistible influence du *droit de vivre*.

Du jour où il y a eu sur la terre deux hommes, l'un possédant et l'autre n'ayant que ses bras, la faim a présenté sa réclamation à la propriété.

Cette pétition a été accueillie, elle devait l'être.

Le monopole-propriétaire a porté secours au travail par le crédit, qui a été d'abord une tolérance avant de devenir un droit, et alors la circulation a commencé.

Toute pétition révolutionnaire du droit de vivre se résume dans la demande du *dégagement* de ce qui est *engagé*.

Mais le monopole ne peut imprudemment se livrer à la circulation sans un nantissement préalable ; aussi voyons-nous, dans quatre époques successives, le crédit exiger quatre gages différents.

1re époque. Le crédit est gagé par le sang, la vie, la chair du débiteur, que le créancier peut mettre à mort.

2e époque. Le crédit est gagé par un nantissement mobilier. Les banques de dépot, les monts-de-piété, les lettres de change, sont les institutions résultant de cette forme de crédit.

3e époque. Le crédit est ici fait par le travail, qui consent à admettre une monnaie qui est un signe sans être un gage : c'est l'heure mauvaise du papier-monnaie et des banques d'escompte.

4e époque. Enfin, le monopole immobilier, par la banque hypothécaire, offre à la circulation un gage, un signe de valeur et une monnaie à intérêt courant : c'est le règne des bons hypothécaires.

Le crédit se développe dans ces quatre périodes, et en les étudiant, nous verrons la Liberté se dégager peu à peu des entraves capitalistes, des langes usuraires, et gagner, pas à pas, les horizons splendides de la *mutualité*, où la liberté et l'égalité ne seront plus des mots profanés par les institutions, les caprices de la force, et les terreurs du privilége.

Aujourd'hui, le monopole est partout : en religion, il s'appelle Papauté et Eglise ; en politique, Royauté et suffrage aux censiers à 200 fr.; en économie politique, Usure.

Il rêve la restauration du pape, la forme impériale ou henriquinquiste et la féodalité bancocratique.

Ne craignons rien, la circulation doit émietter tous les priviléges ; or, le suffrage universel, c'est déjà la circulation complète du monopole politique. Avec lui, la papauté et l'usure ne doivent plus être bientôt que des défroques historiques.

PROLOGUE.

—

Machiavel, dans son beau discours sur Tite-Live, s'exprime ainsi sur Romulus, fondateur de Rome :

« Qu'un fondateur de république comme Romu-
« lus mette à mort son frère ; qu'il consente ensuite
« à celle de Titus-Tatius, associé par lui à la royauté ;
« ces deux traits, aux yeux des gens de bien, passe-
« ront pour être de mauvais exemple. Il semblerait
« que les princes pourraient, au gré de leur ambi-
« tion, se défaire de leurs rivaux.

« Ce jugement serait fondé, si l'on ne considérait
« la fin que se proposait Romulus par cet homicide.
« Mais il faut établir, comme règle générale, que
« jamais ou bien rarement on n'a vu une république
« bien constituée ou bien reformée que *par un seul*
« *individu ;* il est même nécessaire que celui qui en
« a fourni le plan veille seul à son exécution.

« Ainsi, un habile législateur, qui préfère sincère-
« ment le bien général à son intérêt particulier, et sa
« patrie à ses successeurs, doit employer toute son
« industrie pour attirer à lui tout le pouvoir. Un
« esprit sage ne condamnera point un homme supé-
« rieur d'avoir usé d'un moyen hors des règles ordi-
« naires, pour l'important objet de régler une monar-
« chie ou de fonder une république. Ce qui est à
« désirer, c'est qu'au moment où le fait l'accuse, le
« résultat puisse l'excuser ; si le résultat est bon, il
« est absous : c'est le cas de Romulus. Ce n'est pas
« la violence *qui répare,* mais la violence *qui détruit*
« qu'il faut condamner.

« Concluons que, pour fonder une république, il
« faut être seul, et que dès-lors il faut absoudre Ro-
« mulus de la mort de Remus et de celle de Tatius. »

Ce magnifique morceau de philosophie utilitaire
est la plus belle définition qui ait été donnée de la
propriété romaine, cette religion de la force et de
l'exclusion.

Romulus, c'est le propriétaire, tuant de sa propre
main Remus, qui a franchi le fossé de l'*agri limitati,
assignati ;* c'est le monopoleur étouffant son concur-
rent, et symbolisant à tel point la civilisation romaine
par cette vengeance tirée de l'insulte faite aux limites et à la personnalité territoriale, que la légende
romaine en fit un dieu, dieu de la force, surnommé

Quirinus, du nom de *curis*, la lance, l'arme de la guerre, le symbole des combats, le blason de la propriété.

Machiavel a donc merveilleusement apprécié les tendances intimes et profondes de la propriété romaine, de cette puissance qui ne pouvait se résumer que dans un seul propriétaire, de cette monarchie terrienne qui regardait comme instruments de richesse et de production les femmes, les enfants, les hommes même, parqués dans l'esclavage. Romulus vainqueur et Remus vaincu, telle est, dans sa forme primitive, l'antinomie sociale de la propriété.

La constitution originaire de la propriété foncière, dans le territoire romain, se présente comme une émancipation de la propriété communautaire. D'après l'opinion généralement reçue, Romulus, le conquérant du sol, en fit une propriété nationale, commune, appartenant à tous, résistant à l'appropriation personnelle. Plus tard, il créa la propriété individuelle et privative ; car ce fut lui, sur la fin de son règne, suivant le récit de Denys d'Halicarnasse, ou Numa, si l'on en croit le témoignage de Scipion, rapporté par Cicéron, qui divisa une partie du territoire entre les citoyens, marqua les limites de la part de chacun, et la plaça sous la sauvegarde de la religion.

La société romaine présentait alors le singulier spectacle de la co-existence de deux propriétés : l'une

publique, abandonnée à l'usage général, au pâtu-
rage des brebis du pauvre, l'*ager publicus,* enfin;
l'autre limitée, personnifiée, non pas au nom du travail individuel, mais au nom de la force dont Romulus ou Numa avait l'usage.

L'origine de l'*ager privatus* est donc extrêmement
précieuse à constater, et Cicéron ne recule pas devant
l'aveu d'une division du sol, nécessaire peut-être pour
récompenser les *vir*, les compagnons des brigandages
de Romulus, mais qui n'avait ni la justice ni la morale pour justification aux yeux du peuple. *Agros di-
visit viritim civibus,* dit l'historien romain. Ce dut
être une révolution immense, que cette émancipation
de la propriété individuelle; et si la légende nous était
parvenue dans son intégrité, nul doute que nous y
trouverions les traces des luttes que soutinrent les
vieux habitants de l'*ager publicus*, tout pleins des souvenirs de la civilisation orientale, et résistant par la
guerre à ces pionniers de la civilisation individuelle,
adorateurs d'un dieu nouveau, sacriléges renverseurs
de l'autel grossier et parfumé du dieu des pasteurs.
La force fut donc le mode de l'introduction de la propriété privative; la guerre veilla sur son berceau, la
guerre a protégé sa virilité, et de nos jours sa sanglante décadence fait appel à la force pour soutenir
ses bastilles chancelantes.

Le territoire romain, avons-nous dit, fut originairement l'objet d'une distribution entre tous les citoyens ; cette distribution, si l'on en croit Plutarque, atteignit les pauvres, de sorte que le nombre seul des têtes détermina l'importance de chaque portion. Ce n'était pas l'homme qui fixait sa propriété, mais le chiffre des citoyens qui en imposait l'importance, mesure heureuse pour fonder la forte société romaine ; cette création du domaine personnel n'avait pas lieu au nom de la liberté ; quelque chose, d'extérieur à l'homme, de fatal, en assignait les limites ; la fatalité, c'est-à-dire l'esclavage, naît au monde le même jour que la propriété.

On doit le concevoir, la propriété privative une fois fixée, la population, dans son essor progressif, devait la déborder, se dérouler autour de ses priviléges immobiles et menacer sa constitution même. Inévitable danger pour la société romaine, car il était donné à la propriété d'offrir au monde, dès son apparition, le spectacle de sa contradiction et de son vice fondamental. Monopole, elle devait être exclusive ; privilége, elle devait affamer ceux qui n'étaient pas admis au partage de ses bénéfices ; conquête de la force, elle ne pouvait perpétuer son existence qu'en faisant un usage sanglant de cette même force qui était son principe. Ainsi, pour lutter contre la famine engendrée par la communauté, par l'absence d'effort personnel, par le manque de continuité dans la prévoyance, l'homme brise le régime de la peuplade et se jette dans la propriété ; il l'environne de toute la sainteté de la religion, il la limite, il en fait un temple ; ne contient-elle pas un dieu, le Jupiter *Erkéios*, qui verse l'abondance dans les profonds sillons de la charrue ; il croit avoir trouvé l'issue définitive du paupérisme, de la sauvagerie, l'infortuné n'a fait que changer de servitude ; car, le jour où la propriété se pose dans le monde comme solution du problème de la communauté, le prolétariat vient à sa suite, et montre qu'à la tyrannie du vide on n'a fait que substituer l'oppression du monopole ; l'*ager privatus*, en libérant le propriétaire, asservit le non propriétaire.

La constitution de la propriété personnelle fut faite au nom de la religion, et deux divinités étaient honorées comme protectrices de la famille et de l'Etat : c'est Vesta, la déesse du foyer domestique, et Terme, le dieu gardien des limites.

Pour les romains, Vesta présente l'idée religieuse de la famille et du *pater-familias* ; elle est la garantie vigilante de toutes les choses intimes, le mariage, l'autorité paternelle, *est rerum custos intimarum*. Vesta est encore le symbole de la police familiale qui, à Rome, tenait lieu de la police publique. La famille était une souveraineté ayant son sol, ses institutions inflexibles, son monarque ; le feu alimenté pour la déesse symbolisait l'autorité toujours veillant sur le monopole, sur le petit monde où, seul, le père de famille commande.

Vesta, *Vesta mater*, comme les monnaies de la république le portent, s'identifie donc avec les pénates, et l'asile des pénates est la partie inviolable du temple de Vesta.

Telle est l'explication de ce symbolisme, qui a imprégné la société romaine d'une si puissante énergie, qui s'identifie avec la terre nourricière des hommes et se confond même quelquefois avec le dieu Terme, tant il est vrai que l'aggrégation des enfants autour du père de famille se fait d'une façon bien plus radicale par la propriété, à ce point que toujours propriété et famille ont été synonymes, et que nous verrons les tristes et malheureux esclaves, déshérités du droit de propriété, ne pouvoir goûter les douceurs de la famille.

Le culte de Terme est contemporain de l'organisation de la propriété privative; à Janus, dieu de la nature, de la sauvagerie, de la communauté, dieu à face nomade, succède la divinité inflexible de la limite, de l'immobilité. Ce dieu paraît d'origine antérieure à la fondation de Rome, et Virgile nous en donne un témoignage éclatant dans le récit du combat de Turnus et d'Enée.

Saxum antiquum, ingens, campo quod fortè jacebat,
Limes agro positus, litem ut discerneret arvis.

Les rois de Rome n'ont probablement eu qu'à utiliser une religion existante au moment de la fondation de cette ville ; l'établissement de la puissance romaine nous offre une organisation trop complète, trop régulière, trop énergique pour qu'elle ne soit pas le produit des ruines de sociétés plus anciennement personnalisées.

Tout était religieux dans l'antiquité, la politique, l'art, la vie privée, la propriété ; aussi Terme eut ses fêtes terminales, et la religion semblait, chaque année, fêter la conquête de la civilisation sur l'indolence opiniâtre de la communauté.

Le caractère sacré de la propriété a résisté à tous les siècles ; de nos jours encore, quand le propriétaire demande à la société de le venger de la spoliation dont il a été victime, celle-ci le fait au nom de la morale, au nom *de la divinité*; et M. Thiers avec certains économistes, n'hésite pas à dire, à professer que la propriété est éternelle, parce qu'elle est d'origine *divine*. Le territoire soumis à la limitation est un temple ; après la consommation de l'acte augural, le champ est sacré et le dieu qui l'habite est le *monopoleur*. L'agrimensor, l'arpenteur est un prêtre : *interprète infaillible* du dieu des limites et de la propriété; dans son caractère auguste, il trouve le droit de consacrer le bornage par la religion et de le sanctifier par le sacrifice. A la limite fixée par l'agrimensor s'élève un autel sur lequel on immole des victimes ; la coupe des libations est enfouie sous la borne, et la damnation éternelle est invoquée contre celui qui la déplacerait, *qui moverit possessionem promovendo, ob hoc scelus damnabitur a diis.*

Tout ce qui était déterminé avec les solennités augurales avait un caractère de durée qui tendait à l'éternel comme le monde ; aussi le principe de la propriété était-il l'invariabilité, l'infaillibilité d'une monarchie, d'un despotisme au pied duquel venaient se briser toutes les fureurs de la plèbe affamée. Le coupable qui portait une main impie sur la limite consacrée était dévoué aux dieux, lui et ses bœufs ; c'était un crime pareil à celui d'une nationalité qui voudrait en engloutir une autre ; c'était Janus, le dieu des vagabonds et des esclaves, essayant de détruire le culte et les autels de Terme, le dieu de la civilisation, du monopole et de l'égoïsme. La mort de Remus, tué de la main de son frère, était un hommage rendu à cette divinité… protectrice de l'individualisme.

Le respect dont les limites sont entourées prouve le degré d'énergie de la propriété et du droit paternel ; aussi, plus tard, lorsque le lien familial se relâcha, l'usurpation ne fut plus qu'un délit rachetable par une pénalité fiscale. Et quand, sous l'empire, on sentit le besoin de retremper la famille aux sources républicaines et de retrouver cette mâle énergie qui fut le

berceau de la grandeur romaine, les empereurs n'hé-
sitèrent pas à revenir à la proscription fulminée par
le génie étrusque contre l'usurpation :

Quisquis hoc sustulerit aut leserit ultimus suorum moriatur.

Voilà ce que cette terrible propriété romaine en-
fantait autour d'elle ; exclusive, inébranlable, consacrée comme un temple où s'accomplit le culte
d'une divinité impitoyable, elle frappait de mort les
usurpations de la population, rejetait dans la famine
tous les autres hommes qui ne pouvaient adorer la
féroce déesse, faute de temple, faute d'autel, et qui
étaient obligés de demander au travail, ce poison lent
des prolétaires, une nourriture meurtrière et une
existence souillée.

Le travail n'était pas une divinité, c'était un triste
esclave ; si parfois il entrait dans le temple du monopole, s'il arrosait de ses sueurs l'*ager limitatus*, les
bénédictions du Dieu n'étaient pas pour lui ; le civis,
le propriétaire, emportait les opulentes moissons,
lui laissant le pain du châtiment ou l'obole de l'esclavage.

On doit comprendre que la classe des propriétaires,
vivant dans une certaine aisance, devait s'accroître
avec une grande rapidité, et amener peu à peu l'extension infinie du monopole propriétaire. Élargir un
monopole, abandonner la fixation de ses limites aux

variations de la population, de la vie, c'est le détruire en le démocratisant. Il y avait donc nécessité de limiter la classe des propriétaires et de sacrifier tous ceux qui naîtraient malencontreusement quand toutes les places du festin étaient prises. Cette nécessité faisait partie de la morale des propriétaires romains, et Denys d'Halicarnasse donne de grands éloges à Romulus pour avoir limité le nombre des infanticides. Ainsi, les citoyens devaient élever tous les enfants mâles et leur fille aînée, les autre filles étaient immolées après trois ans d'existence. Quant aux enfants estropiés, on pouvait les sacrifier sans encourir la disgrâce du législateur, c'était même rendre un service à la république.

Cette coutume était si inséparable du droit de propriété, que Pline, l'un des esprits les plus éclairés de Rome, la justifiait en disant : *Quoniam aliquarum feconditas plena liberis tali venia indiget.*

Ceci était logique, l'infanticide était la conséquence de la propriété romaine, comme les macérations, la faim et la mort sont le corollaire inflexible de la propriété moderne, et il faut le dire, la coutume romaine était plus humaine que la nôtre. Les romains étranglaient les enfants, ou, suivant l'énergique expression de Tacite : *Originem futuri hominis extinguant* et *parricidium faciant antequam pariant*, ils détruisaient l'homme dans son germe, et se faisaient parricides avant d'être pères ; mais nous, avec notre organisation usuraire, c'est l'enfant dans sa primeur, c'est la fille dans sa fleur, c'est l'homme dans sa virilité que nous assassinons ; nos instruments homicides sont le salaire, l'usure, la misère, le froid, la faim et les prisons. Moins énergiques que les Romains, en sommes-nous moins les exécuteurs des hautes-œuvres du grand dieu de la destruction et de la mort.

Et quoi, dira-t-on, Rome, dans la conquête du monde, élargissait le sol national, la population ne pouvait-elle donc venir chercher la vie et la richesse dans les champs incultes des peuples vaincus ? Pas davantage, car la propriété, comme monopole, a un pouvoir d'accumulation infini ; c'est une puissance dévorante, c'est une monarchie dont la destinée est de devenir de plus en plus opprimante, tyrannique, accaparante.

Les terres conquises par Rome devenaient la proie de ces propriétaires de l'*ager Romanus*, du sol sacré, du sol augural et aristocratique. Ecoutons Cicéron apostrophant Crassus :

« Tu dis que pour être riche il faut pouvoir entre-
« tenir une armée à ses frais, entretien déjà si diffi-
« cile pour la république, qui a toutes les ressources
« de ses impôts. Hé bien ! je fais cette motion que ja-
« mais tu ne sois riche avant que tu n'aies tiré de
« tes possessions tout ce qu'il faut pour nourrir six
« légions et une foule de cavaliers et de fantassins.»

Et Sénèque, dans une lettre, nous apprend que des grands fleuves, anciennement limites des empires, étaient de son temps des cours d'eau dans des propriétés particulières, et qu'un propriétaire appelait alors une terre, *fundus*, ce qui était autrefois un royaume. Pline ne nous a-t-il pas fait connaître que sous Néron, six Romains étaient propriétaires de la moitié de l'Afrique romaine ? « C'est peu, s'écrie le pauvre de « Quintilien, d'avoir fait disparaître les limites des « champs ; n'a-t-on pas, comme les peuples, les fleuves « et les montagnes pour servir de bornes à ses pro- « priétés ! Les riches occupent les pâturages des val- « lées et les forêts par une vaste solitude ; leur envahis- « sement n'a d'autres limites que celles des propriétés « d'un autre riche, et le peuple est chassé de ces « domaines, qui sont la proie de quelques hommes. »

Ainsi, quand le citoyen romain, misérable sur le sol sacré et approprié de la patrie, s'élancait avec Marius ou Paul Emile à la conquête de nouveaux empires, quand il avait versé son sang pour la grandeur de son pays, il avait rendu plus terrible sa misère. Les beaux champs grecs ou les plaines fertiles de l'Afrique, dûs à son courage, devenaient la proie des monopoleurs, des propriétaires quiritaires, des riches : plus le soldat combattait pour la patrie, plus son esclavage était profond ; et, suivant la belle antithèse de Gracchus, ces conquérants du monde n'avaient pas un pouce de terrain pour abriter leur noble vieillesse.

Quand on voit ces vaillants soldats de la civilisation romaine se battre et mourir pour des conquêtes dont tout le bénéfice tombait dans les gouffres ouverts des monopoles et des propriétés sénatoriales, on se rappelle cette belle page de Smith, qui, cherchant à déterminer quel est le collecteur des bénéfices des batailles que les travailleurs, ces soldats de l'industrie, livrent aux forces inertes de la nature, ne peut en trouver un autre que le propriétaire, le monopoleur, le quirite moderne.

« Je terminerai ce long chapitre sur la rente de la
« terre, dit Smith, en remarquant que toute amélio-
« ration qui se fait dans l'état de la société tend d'une
« manière directe ou indirecte à faire hausser la rente
« réelle de la terre, à augmenter la richesse réelle du
« propriétaire, c'est-à-dire son pouvoir d'acheter le
« travail d'autrui ou le produit du travail d'autrui.
« L'extension de l'amélioration des terres et de la
« culture y tend d'une manière directe. La part du
« propriétaire dans le produit augmente nécessaire-
« ment à mesure que le produit augmente. »

Le propriétaire élimine donc à son profit tous les produits et toutes les conquêtes du travail, et son monopole affame tout autant la population que le faisait la propriété romaine au temps de la déclamation du pauvre de Quintilien.

Telle est, dans sa plus austère et primitive physionomie, la propriété individuelle, inaugurée par la force; elle a pris la divinité à témoin de sa constitution, et au nom de cette divinité invoquée, elle exécute l'arrêt prononcé contre les usurpateurs; limitée, personnalisée par la religion, dans la crainte de sa dispersion, elle assassine les enfants! Que lui fait la vie, le génie de la création, le dieu des amours et du printemps, pourvu que Terme reste immobile et respecté, pourvu que sous son ombre tutélaire les fruits de la terre chargent sa table, et qu'avec la toison de ses nombreuses brebis, on tisse de soyeuses et blanches clamydes! Quant aux hommes, ils sont affamés, ils meurent, ils sont chassés des domaines solitaires et en friche; qu'importe, le monopole ne peut rien souffrir qui l'approche; il occupe tout, ses limites augurales donnent la mort, le néant se fait autour de lui, il est à lui seul son monde, son horizon définitif, sa pensée dernière; les travailleurs dont il a recueilli les conquêtes et le travail meurent à sa porte: qu'ils se fassent esclaves; quand on n'est pas propriétaire on n'est pas libre; les âmes les plus fières ont toujours regardé l'esclavage comme un asile, et les maisons romaines sont pleines de fiers citoyens tombés dans cette infortune.

Maxima quœque domus servis est plena superbis.

La propriété romaine envahissante assassinait ou

faisait tomber dans l'esclavage ; fille de force, elle régnait par la force et tenait sous ses pieds le travail, ce dieu si longtemps méconnu, dont le prolétariat moderne sculpte en silence la splendide statue.

Ainsi régnaient ces vieux quirites, ces antiques prévaricateurs de la propriété consacrée, ces orgueilleux chefs du fief dont la constitution était sous la protection de la divinité. Ne semble-t-il pas, à leur aspect, entendre De Maistre, le barde du despotisme, fulminer contre les irruptions de la révolution française ces éloquentes colères.

« La révolution française a parcouru, sans doute,
« une période dont tous les moments ne se ressem-
« blent pas. Cependant, son caractère général n'a ja-
« mais varié, et dans son berceau même, elle prouva
« ce qu'elle devait être. C'était un délire inexplica-
« ble, une impétuosité aveugle, un mépris scandaleux
« de tout ce qu'il y a de respectable parmi les hom-
« mes ; une atrocité d'un nouveau genre qui plaisan-
« tait de ses forfaits, surtout une prostitution impu-
« dente du raisonnement et de tous les mots faits pour
« exprimer des idées de justice et de vertu.

« Et maintenant encore, voyez comme le crime sert
« de base à tout cet échafaudage républicain ; ce mot
« de *citoyen* qu'ils ont substitué aux formes antiques
« de la politesse, ils le tiennent des plus vils des hu-
« mains ; ce fut dans une de leurs orgies législatives

« que des brigands inventèrent ce nouveau titre. »

Après avoir ainsi apprécié cette révolution, qui fut une des étapes de notre émancipation, le philosophe légitimiste, l'adorateur de la souveraineté divine et despotique songe à toutes les victimes faites par cette grande protestation du travail contre l'oppression du capital féodal, et il s'en réjouit en ces termes :

« Il y a lieu de douter, au reste, que cette destruc-
« tion violente soit, en général, un aussi grand mal
« qu'on le croit : du moins c'est un de ces maux qui
« entrent dans un ordre de choses où tout est violent et
« contre nature, et qui produisent des compensations.
« D'abord, lorsque l'âme humaine a perdu son ressort
« par la mollesse, l'incrédulité et les vices gangré-
« neux qui suivent l'excès de civilisation, elle ne peut
« être retrempée que dans le sang. »

Ainsi, l'assassinat du prolétaire retrempe l'énergie de la propriété, de la souveraineté, et tous les cris de triomphe poussés par les monarchies triomphantes n'ont jamais signifié autre chose.

Lors du procès des accusés d'avril, en 1835, M. Chegaray, chargé de prendre la parole au nom de la société, disait aux pairs de France, bien déterminés à défendre leurs propriétés et leurs monopoles :

« Grâce à vous, messieurs, le pays est en paix : un
« long repos lui est promis ; l'ordre (c'est-à-dire le
« laissez faire), rétabli dans la rue par le courage de

« l'armée, a été maintenu dans le sanctuaire des lois
« par la fermeté prudente des magistrats. Comme l'in-
« surrection armée avait été vaincue, l'émeute judi-
« ciaire a été comprimée. Après la force, le droit triom-
« phe : *la force, le droit, désormais inséparables,*
« protégent le présent et garantissent les destinées de
« l'avenir. Encore une fois, messieurs, honneur à
« vous, la France vous doit sa sécurité : la civilisation,
« défendue contre une barbarie nouvelle, vous devra
« ses conquêtes pacifiques et ses progrès réguliers. »

Voilà les Médicis et les Lombards loués, adulés,
exaltés pour avoir étouffé les protestations de la vie
contre l'immobilité de leur tyrannie ; les voilà honorés
pour ce meurtre ! Spadassins à la solde du privilége,
après une expédition contre les barbares, les anarchis-
tes, les protestants, les travailleurs, ils rentrent dans
leur oisiveté sacrée et passent sous les arcs de triomphe
u è leur élève l'art oratoire ! Leur gouvernement s'est
retrempé dans le sang, ils vont commencer une nouvelle croisade sur la terre sainte du monopole : hommes
de la glèbe, fermez vos portes et étouffez vos plaintes,
l'armée des Césars va passer !

M. Bauchart, dans son rapport sur les événements
de juin 1848, s'exprime ainsi :

« La victoire que nos gardes nationales et l'armée ont
« scellée de leur sang généreux a raffermi les bases de
« la société, assuré à l'autorité sa force morale et rendu

« au pouvoir sa liberté d'action. Le gouvernement a
« trouvé dans cette position de nouvelles forces ! »

De Maistre disait : l'âme humaine (l'âme monarchique ou propriétaire s'entend) se retrempe dans le
sang ! Comparez......

La vieille propriété romaine, la monarchie de la
Restauration, la monarchie de 1830, la république
présidentielle de 1848, tiennent absolument le même
langage lorsqu'elles sortent victorieuses d'une pétition
de crédit, d'une révolution de la faim, et il semble que,
comme un chœur infernal, elles répètent ces paroles
d'Apollon dans la tragédie grecque d'Oreste :

« La beauté d'Hélène ne fut qu'un instrument dont
« les dieux se servirent pour mettre aux prises les
« Grecs et les Troyens et faire couler leur sang, afin
« d'étancher sur la terre l'iniquité des hommes de-
« venus trop nombreux. »

Oui, pour la propriété augurale divinisée, absorbante
et jalouse des Romains ; oui, pour cette religion de la
force ; oui, pour ce despotisme fatal, inflexible, qui
prend la divinité pour origine et l'autel pour limite de
sa constitution, la population est un crime de lèse-
égoïsme, de lèse-oisiveté, une demande continuelle de
vie adressée au privilége ; et il ne faut pas hésiter, au
premier prétexte, à l'enlèvement d'Hélène, à la première
barricade, adorateurs de la force, étanchez l'iniquité
et diminuez les hommes devenus nombreux, turbu-

lents. Frappez! égorgez! De Maistre, votre grand-prêtre, ne dit–il pas qu'il n'y a que violence dans l'univers et que la philosophie seule nous a gâtés en nous rendant sensibles ; égorgez encore !... Dignes descendants de Romulus, n'avez–vous pas quelque *ager limitatus* à défendre, quelque dieu Terme à venger ; fermez la porte de la salle à ces tard-venus du domaine quiritaire, du franc-aleu et du fief, qui veulent prendre place au festin de la richesse, du pouvoir et de la vie ; allons, sus, chassez du monde la population, ce monstre qui a faim et voudrait souiller vos priviléges en les partageant.

Ainsi parlent les monopoles !

Ainsi parlent les monarchies !

La révolution de 89 fut, avant tout, une émancipation de la servitude personnelle : la communauté féodale, qui unissait forcément le vassal au seigneur, fut dissoute, ne laissant plus après elle d'autre inégalité, d'autre infériorité que celle du dogme réel. L'histoire et la philosophie ont justifié cette grande époque, et il ne peut arriver à l'esprit de personne, aujourd'hui, de blâmer une révolution qui a ouvert la voie à nos institutions civiles.

Cependant, au moment où parut le décret qui prononçait l'anéantissement des droits féodaux, les nobles rédigeaient à Paris un recueil intitulé : *Les Actes des apôtres, commencés le jour des morts et finis le jour des innocents.*

Dans le tome treizième de cette publication, aujour-d'hui si curieuse et si loin des conquêtes de l'esprit français, on trouve cette satire *sur le septième bien-fait* de la révolution, bienfait qui consistait à avoir brisé les relations forcées du seigneur et du vassal :

« En vérité, est-il écrit page 16ᵉ, une réflexion
« m'attristait : cette violation des propriétés tombait
« sur les patriotes, mes amis, elle pénétrait mon cœur
« d'affliction ; j'imaginais qu'un décret qui taxe d'u-
« surpation une propriété de mille ans et qui a passé
« par mille mains, méritait quelque chose de mieux
« qu'une *quittance forcée*. Mais le génie de la patrie
« m'ayant fait voir que les hommes étaient nés libres
« et égaux, les nobles avaient conservé la liberté de
« garder leurs titres, leurs vassaux avaient pris celle
« de ne pas payer, et que par ce moyen, la liberté
« était restée égale des deux parts. »

Au fond de cette raillerie, on voit que la noblesse regardait la suppression des droits féodaux comme une éviction dont elle donnait quittance forcée. Ce point de vue avait sa justesse; seulement, il ne tenait compte ni du progrès de l'humanité ni de l'égalité entre les hommes, ni de cette loi formidable du tra-vail, qui commençait à vérifier les titres de chacun à la jouissance des biens de la terre. Eh bien! aujour-d'hui, quand nous appelons l'attention de tous sur les blasons du capital, on répète la satire des *Actes des apôtres*, on crie à la spoliation, on parle de quittance forcée, on bombarde la critique avec des boulets rougis dans l'arsenal du communisme, les orateurs de l'ordre servent les pièces et Harpagon y met le feu.

Puis le philosophe parasite s'écrie :

La noblesse, le privilége, l'usure, c'est la divinité ; y porter une main protestante, impie, c'est de l'irréligion, de l'athéisme ; ce sacrilége appelle la vengeance des hommes et les anathèmes de la philosophie. Arrière donc, socialistes, vous niez Dieu !!!

Première Partie.

APPAREIL DU CRÉDIT.

LES LUTTES ÉCONOMIQUES.

L'histoire de l'humanité n'est que le développement continuel d'une comptabilité en partie double ; chaque siècle fait sa balance et de terribles faillites viennent ensuite solder les découverts.

La comptabilité se passe entre les deux classes de citoyens qui ont de tout temps composé à eux seuls l'organisme social, les propriétaires, les capitalistes, les entrepreneurs d'une part, et les salariés d'autre part. Ils tiennent entr'eux compte de la consommation et de la production des richesses ; leurs relations s'établissent par le phénomène de la circulation ; dès lors l'organisme est clos, il a vie sociale, il peut fonctionner et faire naître l'égalité, la réciprocité dans l'échange des services.

Mais avant d'arriver à cet équilibre, que de faillites à essuyer, que d'évanouissements de la puissance circulatoire, que de révolutions, que de misères à subir! Le grabat du pauvre est le champ de bataille de cette lutte où l'esclave, le manant et le salarié sont vaincus depuis tant de siècles! ! !

La comptabilité féodale présenta sa balance en 1789; le travail était débiteur sur toute la ligne. En examinant les comptes de plus près, il découvrit des escomptes, des commissions tirées dans chaque colonne au nom d'une domination personnelle, qui n'avait plus la justice et l'équité pour soutiens; il refit le compte au moyen de la révolution, et la noblesse eut à subir la faillite de tous ses priviléges. Aujourd'hui, le capital présente sa facture au travail et lui réclame non plus le solde de la noblesse, mais le solde de l'usure. Avant de le satisfaire, il convient que l'on étudie les éléments de sa comptabilité. Ce sera l'objet de la première partie de ce livre.

Au moment de pénétrer dans cet examen, remarquons que toujours la comptabilité sociale a présenté un excédant en faveur des propriétaires, et que toujours les oisifs ont été créditeurs, créanciers. Cette faillite perpétuelle du travail, cette anticipation persévérante du capital a été la suprême combinaison de la société catholique. Utile pour développer la liberté, cette situation économique était une entrave au progrès de l'égalité, et tous les hommes d'Etat, illuminés aujourd'hui par les grands événements de 1848, le confessent avec une certaine noblesse. M. Guizot lui-même, dans son livre *De la Démocratie en France*, n'hésite pas à faire ce grave reproche au passé :

« Si j'avais à rechercher quel a été le mal le plus
« profond, le plus funeste de cette ancienne société
« qui a dominé en France jusqu'au XVIe siècle, je
« dirais sans hésiter que c'est le mépris du travail.
« Le mépris du travail, l'orgueil de l'oisiveté sont des
« signes certains ou que la société est sous l'empire
« de la force brutale, ou qu'elle marche à la déca-
« dence. » Oui, ce mépris du travail est contemporain de la souveraineté du capital, quelque forme qu'il affecte; près du roi se trouve l'esclave, dont nous allons chercher à faire connaître les détresses, les infortunes et les longues luttes.

Avant nous, avant ce XVIIIe siècle, si plein de la philosophie moderne, des personnages, des penseurs du premier ordre avaient été frappés au cœur par le spectacle de la profonde misère que présentait la société. Alors, au sein de tous les apanages de la caste et de tous les priviléges de la propriété, aucun remède ne pouvait être efficace. Les amis du pauvre avaient recours à la charité, à des distributions gratuites de denrées, à des impositions sur le trop plein des grandes fortunes, à l'assistance personnelle, chétifs et infertiles sacrifices qui ne faisaient que constater la grandeur du mal.

Le duc de Lesdiguières, écrivant à Colbert, lui disait :

« Il est asseuré, monsieur, et je vous parle pour en
« estre bien informé, que la plus grande partie des
« habitants de la dite province n'ont vécu pendant
« l'hyver que de pain, de glands et de racines, et que
« présentement on les voit manger l'herbe des prez et
« l'escorce des arbres. »

Et ces infortunés, réduits à la nourriture des animaux, étaient cependant ces mêmes travailleurs agricoles à qui les divinités anciennes promettaient la récolte de leurs fruits et les doux repos de l'hiver.

Neque illum
Flava Ceres alto nequicquam spectat Olympo.

La Bruyère ne fut pas insensible à ce désolant aspect de la condition des habitants de la campagne; observateur exact et désintéressé, il nous en a laissé cette cruelle peinture :

« On voit, dit-il, certains animaux farouches, des
« mâles et des femelles, répandus dans la campagne,
« noirs, livides, nus et tout brûlés du soleil, attachés
« à la terre qu'ils fouillent et remuent avec une opi-
« niâtreté invincible. Ils ont comme une voix articulée,
« et quand ils se lèvent sur leurs pieds, ils montrent
« une face humaine, et, en effet, ils sont des hommes.

« Ils se retirent la nuit dans des tanières où ils vi-
« vent de pain noir et de racines. Ils épargnent aux
« autres hommes la peine de semer, de labourer et
« de recueillir pour vivre, méritant ainsi de ne pas
« manquer de ce pain qu'ils ont semé. »

Ce passage ne rappelle-t-il pas l'immortelle satire
que Swift fait de l'homme, lorsque cet auteur, con-
duisant son voyageur chez les Houyhnhnms, qui ont
pour esclaves les Yahous, décrit ainsi ces immondes
animaux à deux pieds :

« Les Yahous font tous les travaux de la campagne,
« on les attèle, on les conduit ; mais il n'est rien qui
« les rende plus odieux que la voracité qui les porte
« à manger avidement tout ce qu'ils trouvent sur leur
« chemin, herbes, fruits, racines, chairs corrompues,
« tout cela mêlé ensemble. »

Il semble que Swift se soit inspiré de la situation
des classes laborieuses en Irlande et même en France,
pour reproduire avec cette exactitude la physionomie
de ce phénomène indéfinissable qu'on appelle la misère, et que signalait La Bruyère.

A la fin du xvii siècle, après la paix de Ryswick,
Vauban disait, dans son projet d'une *Dîme royale,*
chapitre 2 :

« Il est certain que le mal est poussé à l'excès, et
« si l'on n'y remédie, le menu peuple tombera dans
« une grande extrémité dont il ne se relevera jamais,

« les grands chemins des campagnes et les rues des
« villes et des bourgs étant pleins de mendiants que
« la faim et la nudité chassent de chez eux. »

Ces maux sont loin de nous, dit-on ; nous pouvons aujourd'hui en raisonner philosophiquement ;
les sanglantes révolutions de nos pères nous ont
fait conquérir une situation qui nous met à l'abri de
toutes ces horreurs. Espérance illusoire, et que nous
allons apprécier à sa juste valeur en peu de mots.

« Il faut voir, s'écrie monsieur Villermé, dans son
« *Rapport sur l'état des ouvriers en France*, cette
« multitude d'enfants maigres, hâves, couverts de hail-
« lons, qui s'y rendent pieds nus par la pluie et la
« boue, portant à la main, et, quand il pleut, sous
« leurs vêtements, rendus imperméables par l'huile
« des métiers tombée sur eux, le morceau de pain qui
« doit les nourrir jusqu'à leur retour !!! »

M. Fix, dans ses *Observations sur les classes ouvrières*, nous donne cette hideuse peinture de la situation des ouvriers de Lille :

« Lille est, sans contredit, de toutes les cités indus-
« trieuses de la France, celle où les ouvriers sont
« dans l'état le plus misérable. Nous voyons, dans
« l'ouvrage de M. Villermé, que le quartier des Eta-
« ques, où, sur un espace de 24,000 mètres carrés,
« on trouve entassés 3 à 4,000 ouvriers, présente
« un tableau effrayant. Les habitants y sont beau-

« coup plus agglomérés que dans les quartiers les
« plus peuplés de Paris. Les plus pauvres ouvriers de
« la rue des Etaques habitent les caves et les gre-
« niers. Les caves n'ont aucune communication avec
« l'intérieur des maisons ; elles s'ouvrent sur les rues
« ou sur les cours, et l'on y descend par un escalier
« qui en est souvent à la fois la porte et la fenêtre.
« Elles sont en pierres ou en briques, voûtées, pa-
« vées, carrelées, et toutes ont une cheminée, ce
« qui prouve qu'elles ont été construites pour ser-
« vir d'habitation. Communément, leur hauteur est
« de six pieds prise au milieu de la voûte, et elles
« ont de dix à quinze pieds de côté. C'est dans ces
« sombres et tristes demeures que mangent, cou-
« chent et travaillent un grand nombre d'ouvriers.
« Le jour arrive pour eux une heure plus tard que
« pour les autres, et la nuit une heure plus tôt. Leur
« mobilier ordinaire se compose, avec les objets de
« leur profession, d'une sorte d'armoire en plan-
« ches pour déposer leurs aliments, d'un poêle, d'un
« réchaud en terre cuite, de quelques poteries, d'une
« petite table, de deux ou trois chaises, et d'un gra-
« bat dont les seules pièces sont une paillasse et des
« lambeaux de couverture. Dans plusieurs de ces de-
« meures, les individus des deux sexes, la plupart
« sans chemise et d'une saleté repoussante, sont con-
« fondus dans le même lit. Père, mère, vieillards,

« enfants, adultes, s'y pressent, s'y entassent. — Eh
« bien ! ces caves ne sont pas les plus mauvais loge-
« ments, car dès qu'on allume le réchaud qui se place
« dans la cheminée, il s'établit un courant d'air qui
« les sèche et les assainit. Les pires demeures sont
« les greniers, où rien ne garantit des températures
« extrêmes ; leurs locataires, tout aussi misérables que
« ceux des caves, manquent également des moyens
« d'y entretenir du feu pour se chauffer pendant
« l'hiver. »

Et lorsque, harcelés par cette misère, les travailleurs
se réunissent et demandent aux capitalistes une augmentation de salaire, c'est-à-dire une diminution de
servitude, la société traîne ces malheureux devant la
police correctionnelle et les punit d'avoir voulu pro-
tester contre l'arrêt de mort que la monarchie usuraire a prononcé contre eux.

« Quoi, s'écriait M. Berryer, défendant, en 1845,
« la grève des charpentiers, la prétention de 10 centi-
« mes par heure, vous la trouvez injuste, inconcevable,
« tyrannique !... Comment ! quand tout participe au-
« tour de vous au progrès, qui, depuis dix ans, a
« pour ainsi dire transformé la société ; quand vous
« agrandissez tous les jours votre capitale ; quand les
« rues étroites disparaissent pour faire place à des
« voies luxueuses et magnifiques ; quand la prospérité
« étend partout ses ailes ; quand une force mystérieuse

« double les facultés de tous, la fortune de tous, le
« bien-être du pays ; quand les subsistances augmen-
« tent ; quand l'embellissement continuel des maisons
« produit nécessairement l'augmentation des loyers ;
« quand l'ouvrier ne peut plus se loger à des prix
« minimes ; quand il est obligé de prendre sa part de
« ce mouvement général, d'en profiter, mais aussi de
« le subir, de payer ses habitations, ses aliments, ses
« vêtements, plus cher, vous ne voulez pas qu'il trouve
« son salaire actuel insuffisant et qu'il réclame....
« quoi ?... une misérable augmentation de 10 cen-
« times pour ses sueurs, par chaque heure de tra-
« vail !

« Et, à côté de cela, vous représentez-vous toutes les
« misères sociales ?.. J'ai voté avec des députés un cré-
« dit pour l'émancipation des noirs. Mais ne savez-
« vous pas que nos ouvriers blancs sont beaucoup
« moins heureux que les noirs dont on a réglé l'é-
« mancipation ? Et, en vérité, je comprends qu'on ait
« parlé d'enrôler des prolétaires français pour les
« substituer aux noirs, puisque, les assimiler à ces der-
« niers, c'est leur donner une existence supérieure à
« celle qu'ils trouvent en France.

« Cinq francs ! Egalité de salaire pour tous ! Un
« traité de dix ans seulement ! Tout cela vous a semblé
« injustifiable, tyrannique, effrayant... Mais il est des
« professions beaucoup plus lucratives !... Les tailleurs

« de pierres, par exemple, gagnent jusqu'à dix et même
« quinze francs par jour. Et, quant à l'égalité des
« salaires, n'avez-vous pas entendu les explications si
« justes, si raisonnables, données à ce sujet par Vin-
« cent? Si les uns sont plus adroits, plus intelligents,
« les autres sont plus robustes, plus exposés ; si les uns
« ont la science, les autres ont le danger ; ceux-là, il
« est vrai, sont supérieurs, mais les travaux de choix
« leur sont réservés. A eux revient le soin de diriger le
« chantier; si la pluie tombe, si le soleil brûle, ils sont
« à couvert. Ceux-ci sont moins habiles ; mais regardez-
« les! Ils sont obligés de monter au sommet du bâti-
« ment, de se charger de tous les labeurs périlleux, de
« risquer à tout moment leur vie. L'équilibre n'est-il
« pas parfait? Contesterez-vous à l'homme, toujours
« placé à deux pas de la mort, le droit de recevoir un
« salaire égal à celui que reçoit un ouvrier meilleur,
« il est vrai, mais dont l'existence est beaucoup moins
« compromise ?

« Vous vous étonnez encore que des ouvriers ne
« veuillent s'engager que pour dix ans ! Et dans dix
« ans, ajoutez-vous, ils déferont l'ancien traité et en
« solliciteront un nouveau. Eh bien ! où est le mal ?
« Pouquoi pas, en effet? Est-ce que, dans dix ans, d'im-
« menses progrès ne seront pas accomplis ?

« Quand le génie de mon pays lui fait créer tant de
« prodiges, quand la vapeur s'apprête à sillonner la

« France en tout sens , quand les efforts de la mé-
« canique se multiplient, quand l'âme de la patrie
« s'en va, pour ainsi dire, féconder toutes les bran-
« ches du commerce, de la science et de l'industrie,
« en communiquant à toutes les veines sociales une
« circulation immense, quand de magnifiques monu-
« ments s'élèvent de toutes parts, vous ne voudriez
« pas que ces braves ouvriers, sans lesquels toutes ces
« grandes choses dont vous jouissez ne se feraient
« point, recueillent à leur tour le fruit de leurs tra-
« vaux, participent au progrès qu'ils ont réalisé, aient
« l'espoir d'être plus heureux, eux aussi ?... Vous ne
« voudriez pas qu'au lieu de 5 fr. ils en gagnassent 6
« et même 7 ?...

« Eh ! messieurs, c'est la loi du progrès. Tout cela
« est légitime, désirable. Mais pourquoi vous êtes-vous
« attachés exclusivement aux honnêtes charpentiers
« que vous avez sous les yeux ? Il fallait nous dire ce
« qui se passe au dehors de cette audience. Les com-
« pagnons qui sont ici, sont... décents, c'est vrai ;
« mais allez donc, ô messieurs, allez dans ces bouges
« affreux où tant de misérables gémissent sans pain,
« sans habit, sans paillasse... Allez visiter le pauvre
« peuple dans tous ces réduits, et vous nous direz
« ensuite s'il est trop heureux. »

Ah ! quand le capital additionne ses cruelles commissions, ses homicides escomptes et fait étalage de sa

fastueuse comptabilité, voilà où en est réduit le travailleur. Le typhus de l'usure le dévore, il mange à peine, il pourrit dans l'obscurité des bouges humides ou frissonne et se sent glacer dans des greniers éventrés ; alors il offre au capital sa vie, son temps, son génie pour solder son compte, pour disputer à la mort, pendant quelques jours encore, une existence dont la misère a déjà marqué le terme.

Le capital accepte toujours.

Moitié de l'humanité dévore l'autre.

Cependant, attendons, la tragédie économique ne doit pas ainsi finir : l'homicide Argan ne peut continuer à régner et à tenir le sceptre ; quelque fier génie, poussé par la vengeance divine, viendra rendre le repos aux victimes et la liberté aux vaincus de trente siècles.

Voici Malthus, écoutez-le ; il a promené pendant quarante ans sa vigilante pensée sur toutes les faces du problême de la misère et de la vie sociale ; son cœur honnête a senti toutes les tristesses du pauvre ; écoutez-le, il va dérouler, devant les générations abâtardies des salariés, la solution désirée et terminer le drame du paupérisme social. On fait silence autour du grand-prêtre ; les vieux gaulois, en haillons, arrêtent leur garrulité. Silence donc, capitalistes et mendiants, il va peut-être nous révéler l'évangile de l'Égalité.

L'homme est soumis à deux entraînements antipathiques, ennemis, contradictoires : le besoin de nourriture et la passion d'un sexe pour l'autre ; le second prend fatalement les devants sur le premier, et la famine ramène de temps en temps l'équilibre. Pour empêcher ces terribles représailles du privilége débordé par la vie, Malthus s'adresse aux pauvres, et leur dit :

— Vos enfants n'auront aucun droit à l'assistance.

— Mais ces infortunés sont nés malgré eux, leur consentement n'a pas été demandé, pourquoi donc la vie serait-elle pour eux peines du corps, chagrins de l'esprit, faim, nudité, abaissement et mépris ?

— Parce qu'il existe dans la loterie humaine des billets privilégiés et des billets morts, secs et nus, et qu'ils ont eu le destin de tirer un billet perdant.

— Et pour cela il faut qu'ils périssent, qu'ils laissent la place vide ?

— Oui, la population finirait par ronger les priviléges, par les anéantir. La vie est un monstre qui détruit plus qu'il ne produit. Vous qui vivez, arrêtez la vie et rappelez-vous que le vice, la misère, la faim sont les soutiens de l'ordre privilégié et de l'organisation sociale, basée sur l'individualisme.

Puis, se tournant vers les riches, le barde de la propriété les catéchise ainsi :

— Riches, vous avez tiré un bon numéro, le hasard

vous a servis en rois ; jouissez de la vie, dissipez vos biens en folies diverses, lancez des chevaux brillants autour de vous, entassez le luxe dans vos châteaux, multipliez vos désirs et n'allez pas assister les pauvres ; leur condition est de s'étioler dans la détresse et de mourir de faim : la misère est de prévision divine. Obéissez-moi, car voici mes redoutables formules :

« *Nous pouvons regarder comme certain que,*
« *lorsque la population n'est arrêtée par aucun*
« *obstacle, elle va doublant, tous les 25 ans, et croît,*
« *de période en période, selon une progression géo-*
« *métrique.*

« *Les moyens de subsistance, dans les circonstances*
« *les plus favorables à l'industrie, ne peuvent jamais*
« *augmenter plus rapidement que selon une progres-*
« *sion arithmétique.*

Ces deux axiômes peuvent se traduire en chiffres :
La population ::   2,   4,   8,   16,   32,   etc.
La production ::   1,   2,   3,   4,   5,   etc.

Ils mènent infailliblement à cette conclusion, que dans tout pays une partie de la population doit nécessairement mourir de faim.

Quoi ! voilà dans son sens le plus clair, le plus définitif, le plus philosophique, le dogme de l'économie politique ! Voilà comment cette science paraphe, *ne varietur*, la comptabilité capitaliste et reconcilie l'antagonisme social !

Ah ! lorsque Fourier s'écriait :

« Dans les lieux où le peuple civilisé ne meurt pas
« de faim pressante, il meurt de faim lente, par les
« privations, de faim spéculative qui l'oblige à se
« nourrir de choses malsaines, de faim imminente en
« se livrant, par besoin, à des fonctions pernicieuses,
« à des fatigues outrées, d'où naissent les fièvres, les
« infirmités. » Il avait jugé, d'un seul coup, la fin dernière de l'économie politique, et son génie portait à
cette science le défi d'organiser autre chose que la
philosophie de la misère, le stoïcisme du suicide, la
prostitution de l'ouvrière, le proxénétisme des matro-
nes et la mise à prix de la conscience. — Oui, accroissement rapide de la population, accroissement plus lent
des subsistances, voilà les deux faces d'une même
idée, du même phénomène ; c'est la réduction, en
axiômes philosophiques, de la peinture de La Bruyère
et du préambule de la dîme royale, c'est la concision
algébrique des trois volumes de M. Villermé, sur la
misère des classes ouvrières.

Ainsi, socialistes émus, arrêtez vos plaintes et conte-
nez votre douleur, la société est la proie d'une fatalité
invincible.

Le capital et le travail représentent le dualisme
antique. Typhon est armé contre Osiris ; la vie est
jetée en pature à la vie, elle lutte inutilement contre
le démon de la misère et la furie de la famine ; la

lutte sera éternelle ; l'homme doit dévorer l'homme pour se perpétuer ; c'est ce qu'apprend Malthus.

Il constate le profond antagonisme de la propriété et de la vie ; puis, sans chercher la synthèse, il recule saisi d'effroi, comme saint Augustin, qui, se voyant entraîné avec son Dieu omni-créateur à faire remonter l'origine du bien et du mal jusqu'à la volonté divine elle-même, s'arrête en faisant appel aux décrets insondables de l'Eternel, pour opérer la réconciliation des deux principes : *Aliæ et profondæ ordinationis.*

L'économie politique est donc manichéenne ; prosternée devant les faits accomplis, avec le respect d'un frère mineur adorant le squelette vivant de saint François d'Assise, elle n'ose lever les yeux au-delà des horizons de la propriété, et, s'abandonnant au Dieu d'Isaïe, qui se donnait naïvement comme auteur du bien et du mal, *ego sum deus faciens bona et creans mala*, elle s'irrite contre ceux qui proposent à la misère des palliatifs tels que les émigrations ou la culture des solitudes Américaines.

« Que vient-on nous parler des vices de nos ins-
« titutions », s'écrie M. Rossi, se dressant contre ces palliatifs aux prises avec la théorie de Malthus, « de
« l'excessive inégalité des conditions, de la fécondité
« inépuisable du sol, des vides immenses qui restent
« sur la surface du globe, et que les émigrations
« peuvent remplir ? Il est évident que tout cela ne

« touche pas au fond de la question ; car après que
« nous aurons fait sur tous ces points les plus larges
« concessions, qu'en résultera-t-il ? ceci seulement,
« que, dans plus d'un pays, d'autres causes de souf-
« france et de malheur viennent s'ajouter à la cou-
« pable imprévoyance des pères de famille, et que les
« populations excessives auraient pu trouver un
« soulagement temporaire sous un gouvernement
« meilleur, dans une organisation sociale plus équi-
« table, dans un commerce plus actif et plus libre ou
« dans un long système d'émigration. Est-il moins
« vrai que, si l'instinct de la reproduction n'était
« jamais refréné par la prudence ou par une moralité
« haute et difficile, toutes ces ressources seraient enfin
« épuisées, et qu'alors il n'y aurait plus ni remèdes
« temporaires pour le soulager, ni palliatifs pour
« l'adoucir. »

La société se remue donc en vain; les philanthropes
sont des crétins sans aucune philosophie; Siva, le grand
dieu destructeur, est là, avec ses griffes et son trident,
attendant l'homme à la fin de tous ses travaux, au
soir de chacune de ses journées, au terme de ses laborieuses émigrations, pour lui rappeler que, partout,
dans tous les siècles et sous tous les climats, il appartient à la misère, à la faim, à la destruction, à l'éma-
ciation sur la tige même de la vie. Quand l'Irlande
tombe exténuée, se relève furieuse et retombe mitraillée;

quand Vienne ensanglantée essaie de secouer les entraves féodales du capital; quand l'ouvrier met dix ans
à mourir de travail à l'atelier ou de faim dans sa bauge;
quand la jeune fille se fane de labeurs infertiles ou
se suicide dans la prostitution et les voluptés de
l'alcôve du riche, tout cela c'est la loi divine. Remuez
le sol plus profondément, émigrez, allez fertiliser les
déserts de l'Amérique, vous y transporterez avec vous
ce génie du mal, cette fatalité de la misère qui vous
suit en croupe ; le spectre de Banco n'était pas plus
opiniâtre que le paupérisme : on n'échappe pas à son
destin !!!

Tel est le langage de M. Rossi, telle est la philosophie de cette science réveillée des odieux souvenirs du
manichéisme qui, reconnaissant dans l'homme deux
principes antagonistes, organisa l'inquisition et la
peine de mort pour lutter contre l'indépendance de
l'esprit et les débordements de la population. Lorsque
Lactance posa en principe que le mal n'est dans ce
monde que par opposition au bien, et que Dieu, après
avoir créé un être bon, source du beau et du juste, a
créé ensuite un être mauvais, source du laid et de l'injuste, il avait donné la définition exacte du dogme
de l'économie politique. Il nous reste maintenant à
déterminer quel est le génie du bien, quel est le génie
du mal ?

N'allons pas blasphémer, et sachons au moins

entourer de nos respects ce qui doit en être toujours digne. Hé bien! ce berceau autour duquel la jeune mère veille avec tendresse et laisse s'écouler dans l'insomnie les heures vigilantes de la nuit, ce berceau, près duquel l'homme ne s'approche jamais sans émotion, sans la joie grave et sereine de la paternité, ce berceau contient-il le génie du mal, le fléau de la destruction et le monstrueux *Siva*? Cet enfant qui sommeille apporte-t-il la misère dans la famille, ou bien le bonheur de voir les anciens jours unis aux jours futurs, par cet intermédiaire adoré? Qu'éprouvez-vous, parents aveugles, qui couvrez de baisers cette jeune vipère du mal; elle doit mordre l'humanité au talon et la faire faillir dans l'infortune. — Etouffez-la. — Les tressaillements de vos cœurs vous égarent!!! — Non il n'en est pas ainsi. Cet enfant, c'est le génie du bien qui entre dans la famille, c'est la vie divine qui circule dans la société, c'est la loi du Dieu de bénédiction qui s'accomplit. Non, impitoyables économistes, la population ne fait pas le paupérisme, elle n'en est que la victime; je le jure au nom des tressaillements de la tendresse maternelle, au nom de tout ce qu'il y a d'élevé dans le cœur de l'homme!

Mais le génie du mal, où est-il donc?...

M. Rossi va nous l'apprendre :

« Au point de vue économique, on répond que les « produits ne se proportionnent nullement au nombre

« des travailleurs qui se présentent sur le marché,
« mais au travail effectif. La demande de travail n'est
« pas déterminée par la population, mais par *le*
« *capital.* »

Le capital, voilà donc le Typhon qui lutte contre la
population, qui l'affame à sa volonté, la jette dans
les grèves ou dans les prisons, quand il lui plait.
Voilà le grand destructeur de la vie, le grand ordon-
nateur du festin de l'antropophagie dont la civilisation
a dressé la table; c'est lui qui, par la bouche de Jean-
Jacques Rousseau, dit au travailleur :

« Vous avez besoin de moi, car je suis riche et
« vous êtes pauvre. Faisons donc un accord entre
« nous. Je permettrai que vous ayez l'honneur de me
« servir à condition que vous me donnerez le peu qui
« vous reste, pour la peine que je prendrai de vous
« commander. » Oui, c'est là le tyran de l'homme,
le mesureur de la vie !!!

Ce dieu des ténèbres a ses adorateurs, son académie,
sa théodicée, sa morale, ses temples ; il a son inquisition, comme autrefois l'Eglise ; il a ses Cajetan, ses
Suarez et ses Gravina ; il permet la dénonciation et autorise la peine de mort, pour maintenir sa divinité ; il
étrangle la liberté de la presse et en livre le cadavre à
son Torquemada, parce que la liberté de la pensée est
une des émanations de la vie, du principe du bien, et
qu'il est le génie de la mort et du mal. Dieu terrible,

qui chasse de la terre les hommes de la liberté, quand il est fatigué de les assassiner; comme ce saint Jean de Ribera, archevêque de Valence, qui, n'ayant pas le loisir de jouir du spectacle d'un *auto-da-fe* de mille Maures convertis, les fit exporter par un acte de *clémence royale*, les arrachant ainsi à leurs familles, à leurs amis, au sol qu'ils avaient cultivé, fertilisé, aux fortunes qu'ils avaient acquises par leurs travaux.

Hé bien! ce génie infernal, on le caresse, on l'exalte, on se fait un honneur de l'admirer, de lui préparer les voies de la tyrannie et de l'homicide, et de lui dorer la rampe qui conduit chez le bourreau. Voilà ce que font nos écrivains modernes. *O servum pecus.*

Ecoutons M. Fix.

« Il était réservé à notre temps de bien comprendre
« la puissance du capital et de l'épargne et leur in-
« fluence sur l'activité humaine. Mais le capital n'est
« fécond qu'à la condition d'être libre (Lisez domina-
« teur du travail). Imposez-lui des entraves, et aussitôt
« il disparaît, il s'anéantit comme un instrument dont
« on abuse, et il ne se rétablit que par de nouveaux
« et d'intelligents efforts. Détournez violemment ses
« profits en faveur de ceux qui ne le possèdent pas,
« et ses traces bienfaisantes se perdent au détriment
« de ceux qui le possèdent et au détriment de ceux
« qui en ont abusé. »

Vous croyez que lorsque La Bruyère et Vauban;

voyaient les misères dont ils nous ont laissé la peinture, ils ne connaissaient pas la puissance du capital ! Mais qu'était-ce donc que la noblesse, si ce n'était le capital en fief ?.. Non, malheureusement, notre époque n'a pas été la seule à comprendre cette puissance que vous exaltez au profit d'une féodalité nouvelle ; les meurtres du capital n'ont rien de bien nouveau, et, depuis longtemps les Médicis de toutes les nations ont enfermé la liberté des peuples dans leurs cassettes ensanglantées.

Vous demandez, pour ce dieu du néant, une liberté entière ; il faut qu'il soit souverain, qu'il ne se heurte à rien ; lisez donc l'histoire, jeune adorateur de *Siva*, et voyez ce qu'a produit la liberté illimitée que vous réclamez.

« Ils grandiront, ces petits, dit **M.** Michelet, en par-
« lant de la transmission héréditaire du fief, s'il plait
« à Dieu ! Ils succéderont tout naturellement aux ab-
« bayes, aux évêchés de leurs pères : il serait dur de les
« ôter de ces palais, de ces églises ; l'église elle-même
« leur appartient, c'est leur fief, à eux. Ainsi l'hérédité
« succède à l'élection, la naissance au mérite. »

Voyez-vous la liberté du capital constituant l'oisiveté du bénéfice. Ce n'est rien encore, continuez à feuilleter le même auteur.

« Chaque membre de la société féodale, quelque
« petit qu'il soit, est un propriétaire souverain. Ce

« que nous avons dit ailleurs de l'orgueil de la pro-
« priété doit se reproduire ici. La terre est tout, dans
« ce système. L'homme y est attaché ; il a pris racine
« dans le rocher où s'élève sa tour. Nulle terre sans
« seigneur, nul seigneur sans terre. Il est classé,
« qualifié par la terre ; il en suit le rang et en porte
« le nom. Il la possède, mais il en est possédé ; les
« usages de sa terre le dominent, le fier baron ! Le
« système féodal est comme une religion de la terre. »

La religion de la terre ou du capital, telle est la fin
dernière de la liberté illimitée que demande M. Fix.
L'homme serait possédé par le capital ; il en prendrait
le nom au lieu de revêtir celui de sa fonction, de son
activité, de son génie !...

La liberté illimitée du capital n'est autre chose que
la pétition du fief et la demande du retour à la vassalité ; et lorsque la société orne le capital du droit
souverain, elle imite ce marchand de Bagdad qui,
ayant fait présent à ses esclaves de turbans parsemés
d'or, et de robes magnifiques, fut tellement saisi de
respect, lorsqu'il les en vit revêtues, qu'il se prosterna
devant elles en implorant leur protection.

Il faut donc le reconnaître : le capital, dans sa
constitution actuelle, est le génie du mal, choyé et
exalté par l'économie politique ; il est l'antagoniste du
principe de la vie, et conséquemment de la population ; il est le mythe final du dualisme dont la société

civilisée a accepté la formule; il est l'allégorie sociale du terrible *Siva* qui détruit sans cesse l'œuvre renaissante du génie de la création et anticipe sur les développements de la vie.

Le capital est la distribution, par anticipation, de la production; il la frappe de destination et de monopole avant la mise en train du travail.

Le capital est le passé qui dévore l'avenir; il tend à l'immobile, au perpétuel, à l'éternel; tandis que le travail est fugitif, momentané, personnel. Le capital est une fiction inflexible qui prend ses aises, s'accommode à sa convenance, dépèce, à sa guise, les riantes vallées de la terre, les rives des beaux fleuves et les profondes forêts des montagnes; il domine sur tout, il a soif de tout, il accapare tout : les travaux de l'homme, la virginité de la jeune fille et le temps, qu'il appelle à son secours comme un complice, pour se donner un droit inattaquable, à cause de sa vieillesse, divin à force d'antiquité. Le travail porte le manteau brodé de ce roi du monde; il le suit, mais de loin; il plante les bornes de son domaine : les vallées, les beaux fleuves, les belles forêts…, il les féconde, il n'en jouit pas. Aujourd'hui il fonctionne, demain vivrat-il? Il est frappé de misère avant de produire; son salaire est escompté depuis nombre d'années; une mort anticipée glace ses espérances. Et, quand le capital se retire, il ne lui reste que le suicide ou la mort.

Cette situation est-elle d'ordre divin ou d'ordre humain ?
Dieu a-t-il voulu que le paupérisme fut l'émonctoire
nécessaire de la société, ou bien ce fléau est-il le produit d'institutions qui n'ont pas encore atteint leur
équilibre ?

Telle est la question dont nous allons essayer la
démonstration, en ramenant l'histoire, la philosophie,
le droit, la justice, le commerce, l'agriculture, l'industrie, à un compte de banque. La société, avons-
nous dit, est divisée en deux classes : les propriétaires
et les travailleurs salariés. Désignons les premiers par
P. et les seconds par T.

COMPTES

De P., capitaliste, banquier, prêteur d'argent, avec T., travailleur.

P. prête à T. 10,000 fr. pour développer son industrie.
Les conditions de cet emprunt sont celles ordinaires en
pareille matière ; le remboursement aura lieu à la fin de
l'année.

Doit T. à P., du 1er janvier :

1er janvier.	Espèces versées.	10,000 f.
	Intérêt 6 %.	600
	Commission pour l'année 1 %	100
	T., Débiteur au 31 décembre. .	10,700

T., dans son industrie, a gagné 10 %, ce qui est énorme,
et à la fin de l'année, il remet à P. onze traites de 1,000
chacune. Le banquier les reçoit, et établit le compte suivant :

Doit P. à T.

Onze traites à recouvrer sur A., B., C., D., de 10,000 fr. chacune, à 3 mois de date . . . . 11,000 f.

1/2 % de recouvrement 55   ⎫
Perte d'intérêt : 3 mois . . . . 165 ⎭   220

P., débiteur au 31 décembre. . . 10,780

Récapitulation du compte.

T. doit à P.

1er janvier.   Espèces versées. . . . . 10,000 f.
Intérêt : 6 %. 600
Commission : 1 % pour l'année   100
Recouvrement : 1/2 %. . . . 55
Perte d'intérêt. 165
Crédit 80

Débiteur au 31 décembre. . 11,000

P. doit à T.

31 décembre, onze traites de 1,000 sur A., B., C., à 3 mois ci . . . . 11,000 f.

10,000 Capital.
920 Intérêts, commission, etc.
80 Débiteur.

11,000 Somme égale.

Ainsi, T. a travaillé pendant un an, son bénéfice était de 10 pour cent, ses acheteurs ont tous très-bien payé, enfin, il a réuni trois conditions extrêmement favorables, et il a eu au bout de l'année 80 fr. pour vivre. Le banquier, au contraire, n'a rien fait que passer écriture d'un compte, et il a touché 920 fr.

Y a-t-il eu équilibre dans la circulation et réciprocité dans la répartition.

Si, au lieu de gagner 10 °/₀, T. n'avait réalisé que 9 °/₀ ; si un de ses acheteurs avait failli ; s'il n'avait travaillé que 6 mois au lieu de 12, la déconfiture était certaine, et P. devenait créancier.

Donc il est manifeste que par la productivité du capital, par l'effet de tous les priviléges d'escompte, de commission, de suppression des mortes saisons que s'arroge le monopoleur, il arrive toujours, de deux choses l'une :

Ou le banquier enlève à l'emprunteur travailleur partie de son travail social, et même tout le produit de son industrie; en un mot, le capitaliste a détruit un travailleur ;

Ou bien le travailleur, ne pouvant solder la dîme réclamée par le banquier, lui fait faillite des priviléges de sa propriété; et alors le travailleur a tué le privilége, l'escompte, l'intérêt, etc.

Dès-lors, toute comptabilité capitaliste doit présenter à sa balance, ou la misère, la faillite et la mort du travailleur, ou la banqueroute du privilége propriétaire et souvent la ruine du propriétaire lui-même.

Ainsi, tantôt le capitaliste vole le travailleur, tantôt le travailleur vole le capitaliste.

Tel est le résultat de l'inéquilibre de la circulation.

Le banquier, au moyen du dogme de la propriété, à

l'aide du fétichisme dont l'argent est l'objet, est le dragon commis à la garde de cet unique instrument de circulation; la férocité est la nécessité de son existence; il doit vaillamment défendre son trésor, sous peine de le voir s'annihiler, s'éteindre, comme une royauté constitutionnelle : quand il en permet l'approche, il faut qu'il rançonne, qu'il dépouille, qu'il étrille l'imprudent qui veut manier le privilége, le faire circuler, le déplacer, le lancer dans les voies sociales et les artères industrielles.

Cette garde farouche du privilége détermine, entre le gardien propriétaire capitaliste et le travailleur salarié, l'inégalité réelle, qui est toute la misère. Le produit livré par le banquier est le souverain du produit livré par le travailleur; il a le droit de préempter, de dîmer, d'usurer sans perte de temps, sans acception des hasards, sans cause d'infortunes ; roi, il dicte ses conditions, le produit travailleur les accepte et se livre pieds et poings liés à la misère.

Le profit capital est donc l'entrave à la circulation.

C'est la négation de la réciprocité, la négation de la population ; le profit du capital, c'est la théorie de Malthus, c'est Alexandre se mettant entre le soleil et Diogène et lui dérobant cette chaleur bienfaisante qui doit répandre ses bienfaits sur tous les hommes.

Oui, nous ne saurions trop le répéter, la misère a

pour cause les profits du capital, l'usure est le Typhon social,

Mais, dira-t-on, l'homme n'aura pas la libre disposition des fruits de son travail, sous peine d'engen-
drer la misère et tous les maux dont vous venez de
nous faire la description ?

Qui parle des fruits du tavail ?

Qui veut lui ôter cette légitime propriété ? Ce n'est
pas moi, ce n'est pas vous, ne confondez donc pas.

Jouir des fruits de son travail, est-ce faire l'usure
avec l'instrument unique de circulation ? Jouir de son
travail, est-ce opprimer, spolier et vivre sans travailler ? Jouir de son travail, est-ce dresser la comptabilité et préparer à chaque heure du jour la faillite du
travail et la mort du travailleur ?

Répondez oui ou non.

Tout le problème est là.

Ah ! je vous en supplie, jetez encore un regard
sur les bilans révolutionnaires déposés à différentes
époques par le travail, et dites-moi s'ils ne signifient
pas ceci :

Pour vivre, il faut la permission du seigneur propriétaire et du capitaliste entrepreneur. Hé bien ! manants de la glèbe et du salaire, vivons sans cette permission ! A bas la propriété seigneuriale et foncière, à
bas le capital !

Le cri de Babœuf n'est pas autre chose.

La pétition du voyage en Icarie ne signifie que cela.

Choisissez! économistes, philosophes, hommes d'Etat, gouvernements, propriétaires, capitalistes, empereur, président, choisissez entre ces deux formules :

A bas le capital !

A bas l'usure du capital !

Et ensuite, dites-moi quelle est la plus conservatrice.

Toute la morale de l'économie politique peut se résumer dans ces formules :

Le capital reçoit *plus* qu'il ne donne.

Le travail reçoit *moins* qu'il ne donne ; la différence fait la fortune du banquier et la misère du travailleur ; la différence est toute la théorie, *l'inégalité* économique.

Cette absence de réciprocité compose ce qu'on appelle l'exploitation de l'homme par le capital.

Prouvons-le par des chiffres tirés du *Représentant du Peuple* de 1848.

Première opération.

Verres est un banquier ayant des chevaux, des maisons de campagne, des terres, des bois, des prés, et par dessus tout des loisirs. Il veut travailler, exploiter, s'occuper. Il prend dans sa fortune 100,000 fr., se fait faire un grand coffre bardé de fer, le baptise du nom de caisse, l'élève à la dignité de personnalité, lui institue un budget et met dans ses flancs les

100,000 francs. Dès-lors, il écrit en tête de sa comptabilité.

1. La caisse doit, à Verres au 1er janvier, compte de capital : 100,000 fr.

Deuxième opération.

Verres loue A., B., C., D., E., travailleurs de matières premières, et leur en fait fabriquer pour 50,000 fr. puis il loue cinq ouvriers, T., U., V., Y., Z., pour convertir les matières premières, travail primitif d'extraction, en marchandises de son commerce, en utilités spéciales de son ressort. Il exprime ainsi cette conversion en services de deux séries, qui dépouille la caisse de ses écus et emplit ses magasins de marchandises. Chaque ouvrier en a fait pour 10,000 fr.

Marchandises générales à caisse.

Achat de services réalisés :

de A., travail des matières premières. .	10,000 f.
de B., ...	10,000
de C., ...	10,000
de D., ...	10,000
de E., ...	10,000
de T., dernier travail formel	10,000
de U., ...	10,000
de V., ...	10,000
de Y., ...	10,000
de Z., ...	10,000
Total. . .	100,000

Troisième opération.

Ces marchandises attendent la vente, c'est-à-dire la conversion en argent, la rentrée à la caisse, dont le gouffre béant appelle sa proie, et je suppose ici que la vente se fasse au comptant. Les marchandises générales étant un capital, il y a nécessité de les remettre dans la circulation avec une prime, avec un bénéfice représentatif de la productivité du capital, de l'usure, de la commission du monopoleur. Ainsi, le bénéfice qui va se réaliser dépend de causes multiples, au milieu desquelles il en est une dominante, inflexible, fatale, c'est la légitimité de l'intérêt du capital enfoui dans les magasins. A qui Verres va-t-il vendre?

Aux capitalistes propriétaires ou aux travailleurs, les deux seuls hommes qui composent une société économique. Admettons donc qu'il cède tous ces services accumulés à 10 $\%$ de gain, et voyons l'opération qui va s'établir par la caisse.

Doit caisse aux suivants :

à 8 capitalistes chacun un huitième . .	88,000 f.
à A., travailleur de la première série. .	11,000
à Z., travailleur de la seconde série. .	11,000
Total. .	110,000

Quatrième opération.

Inventaire de Verres, capitaliste.

Doivent,	Avoir.
100,000 f., débit de caisse.	Crédit de caisse, 110,000 f.
10,000 bénéfice sur les marchandises.	
———	———
110,000	Balance. 110,000

Voilà le brillant de l'affaire. Verres a gagné 10,000 francs ; mais examinons le compte du travailleur, et voyons s'il a de quoi faire bondir d'allégresse, la science économique.

Cinquième opération.

Compte particulier de A., travailleur.

1. Doit caisse à A., compte de marchandises.
Vente au comptant des produits réalisés de son travail. . . . . 10,000 f.
Mais A., acquéreur des produits fabriqués par Verres, est débiteur au compte de caisse 11,000 f.
2. Doit A., au compte de caisse.
Montant des fournitures en produits de fabrication. 11,000

Sixième opération.

Inventaire de A., travailleur.

Doit.
11,000 fr.	Débit de son compte de caisse.	
	Crédit de ce compte. . . , .	10,000 fr.
	Différence que le travailleur ne peut payer que par l'emprunt ou la faillite, c'est-à-dire par la misère.	1,000
———		———
11,000		11,000

Le travailleur **A.**, de la première série, trouve dans le produit définitif une somme de travail que **Z.**, travailleur de la seconde, y a ajoutée; d'accord, toujours est-il que la somme des services payés des premiers travailleurs et des seconds ne s'élève qu'à 100,000 f., et qu'en achetant la dixième partie de ces produits pour 11,000 fr., le travailleur qui la veut compenser avec ses services personnels, crédités *aux marchandises générales*, ne peut le faire entièrement, parce que la somme de 1,000 fr. d'excédant, ne représentant ni service, ni travail, ni utilité, il reçoit moins qu'il n'a donné, et paye 11,000 fr. un travail qui ne vaut que 10,000 fr. et n'a été payé que 10,000 au collége des travailleurs. Verres, au contraire, reçoit 11,000 fr., donne 10,000 fr. de travail réalisé, et voit grossir chez lui cette fiction menteuse de la caisse, qui s'enrichit sans produire et enregistre en cette occurence un bénéfice de 1,000 fr. Le travailleur de la première série et le travailleur de la seconde ayant tous deux dépensé le même travail, la dixième partie du produit définitif, qui vaut 100,000 fr., peut se résumer ainsi :

Le produit acquis par A. se compose :

1° du travail de la première série. 5,000 fr. ⎫
2° du travail de la seconde série. 5,000 ⎭ 10,000 fr.

Cette distribution en séries est utile pour la division du travail et la spécialisation des fonctions; mais ce procédé de l'organisation économique ne peut porter atteinte à ce grand principe, *que les services s'échangent contre les services, et que l'inégalité dans cet échange est un vol.* Or, le travailleur, rachetant 11,000 fr. le produit que l'atelier a primitivement échangé pour 10,000 fr., est nécessairement spolié.

Faites le compte de Z., travailleur de la seconde série, et vous arriverez à cette conclusion formidable, que ses services n'ont pu payer les produits qu'il a acquis. L'emprunt, s'il a des biens, le mont-de-piété, s'il n'a que des meubles, la faim, s'il n'a rien, telle est la conséquence nécessaire, inévitable de cette comptabilité de Verres, comptabilité que son siècle trouve morale, que son pays respecte, que les lois protégent et que la philosophie défend contre les empiétements du socialisme.

Verres a reçu *plus* qu'il n'a donné.

Dès-lors, nous pouvons poser ces deux hypothèses explicatives de cette inégalité :

Ou il vole sciemment ;

Ou son siècle est dupe de la philosophie.

Verres vole-t-il le travailleur? Non, les hommes l'applaudissent, le couronnent d'estime, et au fond de l'opinion publique, il y a toujours le développement vrai, absolu d'une loi divine, peut-être antérieure et déjà morte, peut-être vivante et pleine d'avenir.

Le monde est-il dupe de la philosophie?

C'est ce que ce livre est destiné à faire connaître, longtemps après des révélations plus brillantes et plus austères.

Dès maintenant, disons-le donc, quand Vauban et La Bruyère s'apitoyaient sur le paupérisme dont la société féodale était infectée ; quand Berryer protestait à la façon de Jean-Jacques contre les sentences impitoyables du capital livrant le salaire, cette pétition de vie et de justice, aux caprices et aux jalouses inspirations de sa rapacité, ces hommes ne faisaient que constater l'éternelle spoliation dont le travail est la victime de la part du monopole.

L'arme de cette spoliation est le *crédit*, et cependant ainsi que nous allons le voir dans une esquisse rapide, au fur et à mesure que la propriété déroule une nouvelle institution de crédit, le monopole abaisse ses exigences, le travail a plus d'espace, la liberté grandit quoique la formule de la réciprocité des services n'entre pas encore dans nos mœurs sociales.

Le crédit est né du monopole et du droit de vivre.

La propriété, divinisée entre les mains du propriétaire, avait simultanément fait naître l'esclavage du travail et la sacerdotalité du privilége.

Affamé, voué à la misère, repoussé dans la famine et la chaumière, le travail emplit l'histoire de ses opiniâtres protestations et de ses lugubres gémissements. De siècle en siècle, la terreur s'empare du capital, qui fait chaque fois fléchir ses anciennes rigueurs, diminue l'énergie de ses tyrannies, se dégage peu à peu de son olympe immobile, et abandonne aux protestants une nouvelle institution de crédit plus profonde que la dernière. Ces dégagements successifs composent l'ensemble des phases de l'émancipation du travail et des conquêtes de la liberté. Aussi, toute révolution n'est-elle qu'un dégagement de capitaux, qu'un effacement de priviléges, et toutes les commotions sociales et politiques forment-elles le développement intégral et nécessaire du crédit capitaliste. Au premier âge, la scène du monde appartient au monopole, à la propriété, à la force. La divinité est une limite, éternelle gardienne du privilége ; le propriétaire est un prêtre qui, seul, a le droit de recueillir les fruits de la terre, cette mère commune des hommes ; la puissance politique est son patrimoine ; la société est son temple ; il a seul accès dans le sanctuaire.

Ce grand-prêtre, ce saint possède, produit, consomme ; il est à lui seul tout son monde, tout son organisme social ; il ne voit rien au-delà d'une circulation intérieure, il ne pourrait pas franchir les limites de sa personnalité territoriale ; sa liberté n'est pas universelle, elle est individuelle et bornée.

Sa propriété touche celle du sénateur Clodion ; entre eux il n'y a ni échange, ni prêt ; ce sont deux mondes en contact sans être en rapport, et du haut de leurs limites jalouses, la convoitise armée s'élance par fois ; l'agrandissement par la force ou la ruse est le destin de la propriété.

Dans ce primitif état, la propriété, exclusive jusqu'à l'extermination, *engagée dans le monopole* jusqu'à la perpétuité, se présente naturellement comme le radical obstacle au développement de la vie et de la circulation. Le flot de la misère monte autour d'elle, la famine menaçante s'élance et lui demande du travail, du pain. La propriété résiste d'abord au nom de son droit, au nom de la divinité dont elle est la fille ; elle menace, elle s'arme ; le temple se teint de sang, les cadavres s'amoncèlent ; la première heure de l'abaissement du privilége a sonné ; le monopole doit entrer dans la circulation, la royauté de la propriété se constitutionalise, la démocratie marche vers le sanctuaire.

Cette sanglante révolution éversive de l'absolutisme propriétaire, est le premier anneau de cette chaîne d'institutions de crédit destinées à faire triompher la république sociale, et c'est à elle qu'il faut faire remonter les anciennes pétitions du socialisme, qui se produit dans l'humanité comme une révolution en permanence.

La première conquête de la population sur le monopole a été le prêt, c'est-à-dire la tolérance de l'usage du privilége moyennant dîme, droit souverain et prime de permission. Dès ce jour, la liberté du travail a pu concevoir la légitime espérance de son émancipation et préparer de longue main la chute de la propriété sacerdotale. En effet, le prêt installe l'emprunteur dans le monopole pour un temps déterminé; celui-ci use, jouit, travaille, paye, réserve, accumule et en sort, par l'épargne, souverain, d'esclave qu'il y est entré. Pour opérer cette métamorphose, il a suffi d'une seule chose, que la propriété reconnût l'existence du travail et lui accordât confiance et crédit. Nous verrons plus tard que l'institution destinée à émanciper le prolétariat n'a pas d'autre point de départ, et qu'avec la formule qui a donné naissance à la première forme du crédit, on peut résoudre le dernier problème que l'oligarchie capitaliste enveloppe de toutes ses mesquines résistances et de toutes ses paniques icariennes.

La propriété a donné crédit à la misère. Voyons comment elle débute.

A l'époque patriarcale, on ne prêtait que des choses fongibles destinées à la consommation, et comme il fallait restituer, la nature des récoltes, la périodicité des produits de la terre firent admettre l'usage d'un prélèvement annuel, comprenant tout à la fois le capital et la prime d'usage, de confiance ou les intérêts. Quelquefois même l'emprunteur, par une fiction légale, transportait la propriété de tout son champ au prêteur, qui alors percevait la totalité des fruis et ne laissait rien au triste emprunteur, qui avait ainsi dévoré son avenir à l'avance. Au berceau du crédit usuraire, nous voyons le capital être toujours en avance sur le travail, dévorer par anticipation les produits du travailleur et mettre en perpétuelle faillite l'atelier.

Rien n'était, du reste, plus sujet à la fraude, à l'indétermination des droits respectifs, que ces crédits de choses fongibles à remboursement en nature ; la balance avait beau être l'instrument nécessaire, indispensable à toute transaction, les payements étaient frappés d'une variabilité infinie, qui tenait à l'*inconstitution* économique des produits et qui permettait à l'injustice de se glisser du côté de la force, c'est-à-dire du prêteur. Il n'y avait aucune égalité dans l'échange des services ; les utilités n'ayant aucun caractère social étaient abandonnées à l'arbitrage du poids, de la pesée, sans que leur valeur, c'est-à-dire leur droit, fut déterminé d'une manière absolue.

Les vices de ce système donnèrent naissance à la monnaie, qui fut constituée par le travail pour s'affranchir des transactions en nature et pour connaître sa puissance, son être social. Par la monnaie on résolut le grand problème du dégagement de la valeur de tous les produits, de toutes les utilités, et le crédit devint une création officielle, destinée à servir de type à toutes les valeurs oscillantes.

Oui ! mais le travail, ce Luther éternel de l'usure, devait rencontrer partout l'antinomie des phénomènes du monopole ; son génie l'avait conduit à créer la monnaie pour son affranchissement, son destin était de voir cette marchandise souveraine, cette arche sainte de la royauté, de la justice, de la puissance, devenir pour lui le signe de son oppression et le Pharaon d'un nouvel esclavage.

La monnaie, à peine constituée, devint une royauté, c'est-à-dire une chose accessible seulement à la puissance, au privilége, à la caste des forts. Objet de convoitise universelle, on fit des coffres pour l'enfouir, des celliers pour la garder ; avec elle on tenait la société tout entière. Recherchée, choyée, adorée, la monnaie se déroba aux regards, son cours fut bientôt tracé, le courant l'entraîna dans les cassettes des Médicis et des Lombards ; elle abandonna l'atelier, la rue, s'installa dans les palais, s'enveloppa de marbre et de soie, et devint invisible, comme ces voix funèbres de Dodones, qu'on entendait dans les protecteurs ombrages des vieux chênes et dont on respectait les commandements.

Le travail reprit le chemin des révoltes, il demanda à vivre, il s'irrita contre l'autocratie de l'or, fit le siége des palais ; c'en était fait du capital monétaire sans une nouvelle concession, sans une nouvelle forme de crédit.

Le travail avait des produits, des instruments ; le capital les reçut, et en échange, il donna de l'or, ce but de tant d'aspirations, de tant de désirs. Ah ! cette pétition formidable de monnaie n'était autre chose que la demande de services, d'échanges, de produits, de débouchés ; les infortunés apportaient au dépôt du banquier les réalités mobilières qu'ils enfouissaient dans l'antre de l'usure, et ne faisaient, par là, que constater la supériorité du capital, que s'incliner devant la royauté de l'argent et la force du privilége.

Ils recevaient l'instrument souverain d'échange et couraient apaiser la faim la plus pressante, les besoins les plus vifs ! Les monts-de-piété sont le type de cette forme nouvelle donnée au crédit ; la lettre de change, la banque de dépôt, tout cette famille d'institutions adossées au principe du nantissement préalable, sont issus de cette émeute du travail contre la formidable et solitaire autorité de l'or dans le monde économique.

La source de ces dépôts s'épuise promptement ; la garde-robe du pauvre est vite parcourue ; sa provision de réalités escomptables est bientôt consommée ; et un jour le Travail vient dire au Capital : J'avais crédit lorsque je pouvais vous nantir ; aujourd'hui je ne le puis, et cependant... j'ai faim.

— Et moi ! s'écrie le Capital : Je suis épuisé de sacrifices ; ma puissance, une fois entrée dans la circulation, ne m'appartient plus ; elle repose sur la vague flottante des rentrées, sur la loi du remboursement ; or, la société ne produit plus, ne consomme plus ; je ne puis rien retirer de cet Océan à sec, et peut-être bientôt irai-je vous demander crédit, à vous, Travail, qui depuis tant de siècles avez eu recours au mien !

— Quoi donc ! répond la lamentable voix du sacrifié : vous aussi, vous avez faim ; vous aussi, vous connaissez l'infortune ; et quand je gémis aux portes de vos palais, vous gémissez également dans vos somptueux intérieurs. Votre caisse est vide ; mais enfin vous avez des titres, des valeurs, des billets ; vous tenez la société dans votre portefeuille ; et si la monnaie reparaissait, au jour des transactions vous seriez riche et puissant. Hé bien ! je vous fais crédit. Prenez du papier, signez-le de votre nom ; nos services seront échangés contre ce signe que je consens à admettre. C'est une crise à passer ; tenons-nous fraternellement pendant l'ouragan : l'orage passé, vous échangerez ces signes contre des gages.

Le pacte se produit dans le monde : le règne du papier-monnaie commence, le privilége des réalités mobilières accomplit sa dernière phase. La monnaie, le dépôt, représentent au moins la valeur des services qui les ont produits ; on tient sous sa main une somme de travail ; il n'y a là ni fiction, ni mensonge, et jusque-là, à part l'usure, le travail n'a pas eu à se plaindre.

Mais le papier de confiance n'est rien de tout cela . il repose sur une chimère, il est un signe sans être un gage, et jamais la société n'avait confié ses destinées à un aussi frêle esquif. En effet, le papier s'émet, il est signé d'une certaine valeur ; en échange, la banque reçoit des produits, du travail réalisé. Que la banque absorbe à un moment donné tous les produits de la société, et que, par un événement d'agio aussi insaisissable que difficile à prévenir, la confiance du papier diminue de 50 0/0, voilà immédiatement la société en perte de 50 0/0 ; le papier fond dans ses mains jusqu'aux limites de la plus cruelle misère, tandis que la banque, avec zéro de capital, réalise tous les bénéfices, accapare tous les produits, étend son privilége sur toutes les réalités, et abandonne gravement en échange les fumées de la rue Quincampoix.

D'où vient ce danger, et pourquoi est-il inévitable?

C'est que le papier-monnaie ou assignat n'est pas une valeur socialement constituée; c'est qu'il repose sur une convention, un contrat plein de vent, un mensonge, et qu'il est fatalement l'instrument du vol. La banqueroute est le corrélatif de la confiance, et après l'expérience du crédit qu'il a donné au banquier, à son souverain, à l'Etat, le Travail se présente de nouveau plus énergique, plus impitoyable, plus affamé, plus décidé que jamais à rentrer dans la communauté si le capital ne le fait pas vivre. Nous arrivons ainsi à la troisième forme du crédit capitaliste ; encore un effort, et la liberté sera conquise. Allons, vieux soldats de 89 et des barricades, entonnons la chanson guerrière et marchons sur le monopole. C'est le vieux Capitole romain qu'il faut prendre d'assaut ; c'est la propriété sacerdotale qu'il faut soulever de son Sinaï ; c'est le donjon du domaine éminent qu'il s'agit d'émietter comme les pierres de la Bastille. En avant, et suivons notre porte-étendard !

— Que voulez-vous ? s'écrie le Capital avec effroi ; vous m'avez tout arraché, les choses fongibles, la monnaie, le papier-monnaie ; je n'ai plus rien. Voulez-vous tenter une seconde émission d'assignats, je vais faire graver la planche ?

— Non, répond le Travail, plus de mensonges, plus de fictions, plus d'hypothèses, je veux des réalités ; et puisque le capital est nécessaire au travail, faites-moi travailler, mes enfants ont faim…

— Je n'ai plus que les assignats à vous offrir.

— Ecoutez ce que répond à cela le plus grand écrivain de vos théories capitalistes, et jugez vous-même si votre proposition est acceptable.

« Il n'y a que l'actualité et non l'espérance qui « peut servir de base au crédit. Il faut qu'il soit « adossé à des réalités et non à des expectatives, il « demande des hypothèques et non des hypothèses. »

— Comment puis-je donner des hypothèques ?

— Cela vous embarrasse? Ecoutez encore la leçon d'un des vôtres.

« Nous voici arrivés au point de pouvoir formuler
« les deux vices radicaux de l'organisation actuelle du
« crédit et d'en indiquer en même temps la réforme.
« Ces vices, dont l'un est exactement l'inverse de l'au-
« tre, sont : 1° le manque de *garantie réelle* des va-
« leurs de circulation, d'une part ; 2° le manque de
« *circulabilité* des valeurs réelles, de l'autre ; c'est-à-
« dire : tandis que les valeurs émises en circulation
« se trouvent dénuées de *fonds*, les fonds, au contraire,
« sont privés de *mobilisation*. Il en résulte un double
« inconvénient, qui paraîtrait contradictoire s'il n'exis-
« tait en réalité, à savoir : il y a simultanément *manque*
« et *excès* de valeurs circulantes, mais manque de va-
« leurs réelles et excès de valeurs fictives. Voilà pour-
« quoi, en présence d'une exubérance de circulation,
« il y a souvent une atonie véritable ; car on court
« après l'avenir et on néglige le passé. Les deux vices
« du crédit se trouvent donc évidemment dans une
« liaison réciproque, qu'on pourrait nommer com-
« plémentaire, parce que l'un est précisément le
« contre-pied de l'autre ; en effet, les gages réels ne
« sont pas circulables et les effets de circulation n'ont
« pas de gages réels. C'est donc la solution de cette
« antinomie que revendique le crédit ; et son avenir
« peut se réduire d'une manière générale, abstraction

« faite encore de son mode d'organisation, à la double
« proposition suivante : *dégager les valeurs engagées*
« *et gager les valeurs dégagées.*

« Le dégagement de valeurs engagées, c'est-à-dire
« la mise en circulation de fonds fixes et réels, est
« le seul moyen normal et suffisant de pourvoir aux
« besoins de la circulation par de vrais capitaux arrié-
« rés et non anticipés. En effet, on en est encore à
« des notions bien élémentaires en matière de crédit,
« lorsqu'on parle de l'affluence des capitaux du de-
« hors ; et, en vérité, on en serait encore à un état
« d'enfance incroyable, si une pareille affluence pou-
« vait avoir lieu réellement d'une manière autre
« qu'exceptionnelle. Bien au contraire, le besoin de
« capitaux réels se fait généralement sentir, et cela
« d'autant plus que les pays augmentent en richesse ;
« de manière qu'à tout prendre ce seraient plutôt les
« pays pauvres qui pourraient encore en fournir le
« plus, parce que, en raison de leur pénurie de capi-
« taux, le besoin de ceux-ci y est comparativement
« moins développé que là où ils semblent abonder. En
« général, la demande surpasse, plus ou moins, par-
« tout, l'offre des capitaux *réels ;* de manière que cet
« état se trouvant être universel, il est évident qu'il
« n'y a plus de *dehors*, et que c'est du *dedans* qu'il
« faut *susciter* des capitaux. Susciter est le mot, car
« ces capitaux existent, mais virtuellement, et non en

« actualité. Il y en a qui dorment, —il faut les éveil-
« ler ; il y en a d'oisifs, — il faut les activer. Toute es-
« pèce de fonds est un capital produisant non seule-
« ment ses propres revenus comme *capital fixe*, mais
« *pouvant* participer à une extension de productivité
« moyennant le crédit, en devenant en même temps
« *capital circulant*. C'est donc cet excédant de pou-
« voir qu'il faut susciter ; c'est donc ce fonds lui-
« même qu'il faut amener à se *réfléchir*, tout en le
« laissant fonctionner comme capital fixe. Cette sur-
« abondance de pouvoir que lui accorde le crédit,
« cette valeur *réfléchie* qui se trouve, pour ainsi dire,
« *dégagée* du corps matériel, peut tantôt se déverser
« sur lui-même, pour en exalter les forces, en alléger
« les charges, etc., tantôt aller agir ailleurs pour y
« fructifier indépendamment à son tour. Ainsi, re-
« marquons-le bien, le *crédit ne multiplie nulle-*
« *ment les capitaux*, comme on le répète souvent, il
« ne fait que les *réfléchir ;* mais ce qu'il multiplie,
« effectivement, ce sont les *revenus*, en ajoutant des
« profits aux intérêts et en stimulant la productivité
« des capitaux fixes ; c'est-à-dire, il fait agir double-
« ment et différemment le même capital, et il en mul-
« tiplie ainsi les produits, en raison de ce surcroît
« d'activité. Voilà toute la magie du crédit. »

Oui, vous avez encore entre les mains cette propriété
souillée du sang de Remus, objet de l'admiration de Ma-

chiavel ; c'est un capital *engagé* qu'il faut faire réfléchir, *dégagez-le*, mettez-le dans la circulation : il ne doit y avoir rien d'immobile dans le monde ; la vie, c'est la ronde éternelle des réalités ; la tyrannie seule a inventé la perpétuité du privilége. Allons, vite, des billets à rente. M. Wolowski, un représentant du peuple, vient de publier un système d'organisation du crédit foncier dans lequel on signale ce passage remarquable :

« Le *crédit foncier* mérite également d'être étudié
« sous un autre aspect. Une des conditions de la ri-
« chesse publique, c'est la transmission facile des
« biens, des instruments du travail, qui, multipliés
« et accrus par le respect du droit sacré de propriété,
« doivent passer, sans entraves, entre les mains de
« ceux qui en font le meilleur usage et qui savent en
« tirer le plus grand profit.

« Le premier, le plus important instrument de tra-
« vail, c'est la terre, à laquelle est venu s'adjoindre,
« s'incorporer, pour ainsi dire, le travail des généra-
« tions. Pour que l'exploitation du sol obtienne un
« grand degré de perfection, il faut répondre à deux
« nécessités :

« Il faut que le propriétaire obtienne facilement,
« et à de bonnes conditions, le crédit dont il a besoin
« pour améliorer le fonds, afin de le conserver quand
« il le désire ;

« Il faut que la mutation de la propriété soit facile,

« pour ceux qui préfèrent un autre emploi de leur for-
« tune. Si les hommes qui aspirent à devenir proprié-
« taires du sol sont à même d'arriver à leur but,
« sans être obligés de posséder et de débourser à l'a-
« vance tout le prix d'acquisition ; si le *crédit foncier*,
« fortement constitué, permet d'opérer les mutations,
« d'acquérir l'instrument du travail avec des ressources
« moins considérables, un classement plus régulier,
« plus normal donnera la distribution de la propriété
« foncière. Le sol deviendra de plus en plus l'apa-
« nage de cette race d'hommes forts et dévoués qui le
« fertilisent de leurs sueurs, et qui forment aujour-
« d'hui la base large et solide de l'ordre social.

« Le *crédit foncier* sert à la fois à consolider la pro-
« priété entre les mains de ceux qui sont dignes de la
« conserver, et la transmettre entre les mains de ceux qui
« peuvent en faire jaillir le plus de produits ; il est le
« complément de la constitution démocratique du sol.

« Que faut-il pour réaliser ce bienfait ? Ouvrir un
« *grand-livre de la dette foncière*, qui fonctionnera
« d'une manière analogue au *grand-livre de la dette
« publique*, et qui amènera à la fois, pour l'agricul-
« ture, la baisse du taux de l'intérêt et la faculté de la
« libération par voie d'amortissement modéré, et pour
« les porteurs de titres, la sécurité complète du place-
« ment, ainsi que la facilité de la réalisation.

« La faiblesse actuelle du crédit territorial tient à

« deux causes : les vices de la loi hypothécaire, et l'i-
« solement des intérêts. Pour élever le crédit du sol
« au-dessus de la puissance du crédit public, il faut
« corriger les imperfections de nos Codes et recourir
« au levier puissant de l'*association*.

« Le commerce a rencontré un auxiliaire énergique
« dans les comptoirs d'escompte, qui généralisent les
« garanties individuelles. L'*intermédiaire* qui vient
« s'interposer entre le capitaliste et l'industriel, éprouve
« et garantit la solvabilité de ce dernier ; l'intervention
« de la *Banque* dispense de recherches délicates et
« souvent impossibles ; la confiance qu'elle inspire
« suffit pour faire accepter un papier transformé entre
« ses mains, frappé d'un coin uniforme, divisé en
« coupures commodes, revêtu d'une valeur en quelque
« sorte *authentique* et *tangible*, doté d'une facilité de
« transmission, qu'il emprunte à la régularité et à la
« certitude du payement.

« Tel est, en deux mots, le mécanisme des banques
« de circulation, dont les billets émanent de l'*es-*
« *compte*, et qui deviennent le centre où convergent
« les fonds des capitalistes et les engagements des
« commerçants. La diversité infinie de ces engage-
« ments se trouve ramenée à l'unité, au moyen du
« papier de banque ou de sa garantie.

« L'*organisation du crédit territorial* doit réali-
« ser, au profit de la propriété foncière, un phéno-

« mène analogue quant aux effets, mais modifié dans
« son essence par la nature particulière de la propriété
« immobilière. Qu'on imagine un centre où viennent
« aboutir la demande et l'offre des capitaux destinés
« au placement hypothécaire ; que l'intermédiaire,
« ainsi créé, éprouve et garantisse la solvabiltié de l'em-
« prunteur, qu'il réponde efficacement de la régula-
« rité du service des intérêts et de l'exactitude du
« remboursement, et tous les avantages, réalisés pour
« le commerce par la *Banque d'escompte*, se reprodui-
« ront, pour le sol, par la *Banque foncière*.

« Seulement, au lieu de lettres de change rembour-
« sables à courte échéance, reflet des opérations
« industrielles et commerciales qui s'accomplissent et
« se renouvellent promptement, il s'agira ici d'*obli-
« gations consolidées*, identiques, quant à leur carac-
« tère, aux inscriptions de rente sur l'Etat. L'autorité
« *intermédiaire*, dont nous avons supposé l'existence,
« répondrait du service des intérêts de ces obligations,
« comme le Trésor public répond du service des arré-
« rages de la rente.

« La propriété foncière ne se prête point aux ra-
« pides transformations du commerce et de l'industrie ;
« il lui faut donc des *capitaux de placement* et non
« des *capitaux de circulation*.

« *L'autorité intermédiaire*, munie du pouvoir de
« contrôle sur la propriété des débiteurs, recevant

« d'une main les intérêts qu'elle déverse de l'autre,
« peut fonctionner ou comme une entreprise de *spé-*
« *culation*, appelée à recueillir des bénéfices pour son
« propre compte, ou comme une entreprise d'*utilité*
« *générale*, qui s'élève à la hauteur d'une institution
« d'intérêts publics.

« Une *banque foncière*, envisagée comme une opé-
« ration industrielle ordinaire, aurait besoin d'un
« immense capital de garantie ; elle devrait aussi im-
« poser un supplément de charges à la propriété,
« puisque les actionnaires qui auraient contribué à
« fonder un pareil établissement demanderaient à par-
« tager un bénéfice légitime.

« Or, la simplicité et la sécurité du mécanisme sont
« telles, que l'on peut se passer de tout rouage oné-
« reux, que l'on peut directement faire appel à l'*asso-*
« *ciation* des intéressés, si on recule devant la pensée
« de rendre l'*Etat* lui-même la cheville ouvrière de
« cette organisation, colossale et simple à la fois.

« *L'association du crédit territorial*, tel est, dans
« la situation actuelle des esprits, le mode le plus pra-
« tique d'arriver à une solution prompte et favorable ;
« telle est donc la forme que nous avons adoptée dans
« la proposition que nous venons de soumettre à
« l'*Assemblée nationale*. Elle est consacrée par l'expé-
« rience ; elle ne soulève pas les objections que suscite,
« dans nombre d'esprits, l'intervention directe de

« l'Etat ; elle peut donc fonctionner avec avantage.

« Cependant, la terre, nous ne saurions trop le re-
« dire, est un *métier au soleil* ; le *capital*, c'est-à-dire
« l'effort concentré du labeur accompli qui vient en
« aide au labeur présent, doit en être le moteur. Chez
« nous surtout, où la terre devient de plus en plus
« l'apanage de ceux qui la cultivent, où le crédit
« *foncier* tend ainsi à se confondre avec le crédit
« *agricole*, les avances, obtenues par l'emprunt, de-
« viennent indispensables et au bon classement de la
« propriété et au bon aménagement du sol. Autre-
« ment, l'infériorité humiliante qui nous déprime vis-
« à-vis d'autres pays agricoles deviendra plus saillante
« encore. »

Mais, s'écrie le Capital, quand j'aurai tout engagé,
jusqu'au monopole immobilier, que me restera-t-il ?

Le travail, cette rude loi sous laquelle il faut que
tous se courbent, la liberté, conquise pour tous par
l'anéantissement du dernier vestige de la longue
tyrannie qui enserre le monde depuis 3,000 ans. Que
vous restera-t-il, ô race de parasytes ! Qu'importe à
Dieu, qui mène l'humanité ; qu'importe à la Providence, que nous découvrons à chaque révolution ;
qu'importe à la logique, dont le temps n'est que le
développement ! Marchez ! marchez ! vieux prévaricateurs ! Mobilisez vos priviléges, abaissez vos murailles,
coupez les pieds de votre trône, ou tout cela va dispa-

raître dans une tempête sociale ; ayez au moins l'air de vous dévouer quand la nécessité approche avec ses verges de fer. Vous avez arboré cette devise sanglante, que *créditer c'est prêter*. Allons, créditez, créditez, c'est votre rôle dans la société capitaliste. A nous de travailler et de mourir de faim ; à vous, rois du privilége, à faire fonctionner la machine sociale. Allons, pas de trève, pas de répit, les générations sortent du sol plus rapides que les pierres de Deucalion et de Pyrrha ! Le monde marche, vous n'oserez l'arrêter ! Allons, capitalistes, en avant ! Le char du crédit est lancé, les chevaux de la liberté l'emportent, et le cirque bondit sous les applaudissements du peuple, ce Cæsar de nos temps ! Automédon, lance tes chevaux de bonne grâce ! *Agitator equorum !* voici la borne des billets hypothécaires, franchis-là, Cæsar le veut, il le faut ; laisse flotter les rênes et regarde devant toi le brillant avenir que les coryphées du remède promettent à ton courage.

« Après avoir traversé de terribles épreuves, la
« France va entrer dans l'ère du développement pa-
« cifique qu'elle s'est donnée. Pour que ces institu-
« tions portent un fruit salutaire, il faut, tout le
« monde le reconnait, ne jamais oublier que l'indus-
« trie agricole est et demeurera la base de la pro-
« priété matérielle de notre pays. Venir en aide à
« l'agriculture par une bonne organisation du crédit,

« tel est le problème qu'il s'agit de résoudre en pre-
« mier lieu. »

Le sort de la France est là.

Les lettres de gages hypothécaires sont constituées :
a-t-on sauvé la société et affranchi le travail ?

Examinons un peu, nous autres socialistes.

Le monopole a ainsi défini le crédit :

Créditer c'est prêter avec usure.

Dès-lors, la mise en circulation de toute valeur
mobile ou immobile n'a été que la gigantesque organisation de deux choses :

1° De la royauté de l'argent, mesure, âme, esprit,
soutien de tout capital dégagé et circulant ;

2° De la productivité du capital, qui, sous toutes
les formes possibles, a été la constante pétition de
l'usure adressée au travail et qui a offert ce monstrueux phénomène d'une production coutant *plus*
qu'elle ne vaut.

Ainsi, les lettres de gages ont laissé subsister la
royauté de l'or, royauté qui se manifeste par une servitude légale que l'on nomme *l'intérêt* ; la liberté du
capital a grandi, l'esclavage du travail a augmenté.

Oui, économistes, philosophes, représentants, mo-
narchiens, écrivassiers à colonnes et à inspirations
numérotées ; oui, vantez les lettres à gages ; dégagez,
dégagez les capitaux engagés ; faites voler en feuilles
impalpables ces terres, ces bois, ces châteaux jus-

qu'ici formidables dans leur immobilité ; jetez-les au courant des fluctuations de l'agio, protégez leur départ par ces lois qui nous régissent et nous affament ; que le vent les pousse dans les spéculations où se tiennent en embuscade les coffres-forts de la banque ; qu'ils s'y enfouissent à l'aide de tous les crimes qui passent à travers le crible de nos lois ; oui, poussez à cette orgie de la richesse et de la puissance, faites à l'or un trône grand comme l'Atlas ; pavez son palais avec les crânes usés des travailleurs, et vous aurez servi la grande cause de la révolution. L'or, après avoir usuré, dévoré le travail, sera obligé de s'en prendre à lui-même, et l'humanité ne serait bientôt plus qu'un tombeau, si le génie social ne lui réservait des destinées plus hautes et plus profondes. Qu'on se le rappelle, le moment choisi pour cette révolution sera l'époque la plus brillante du monopole, l'heure la plus grandiose de son immense royauté et l'instant où l'agio sera dans toute sa chaleur.

Oui, le crédit, s'il n'était métamorphosé et lancé dans les voies nouvelles de la révolution, arriverait nécessairement à tuer le travail, ce qu'il fait tous les jours, et encore à s'excéder lui-même par l'excès du monopole.

En effet, l'homme fait tout venir du privilége, la puissance, le génie disciplinant la force productrice ; il met en dehors de lui, dans une sphère étoilée et défendue, les forces vives de l'industrie et le destin suprême de la production. Ce déplacement anime ce qui ne l'est pas, dépouille de la vie ce qui a des pulsations propres, et l'humanité chemine entre une vie artificielle et une mort par suicide, un esclavage par servitude volontaire. Le monopole ainsi constitué, couronné, reconnu, donne impulsion au travail, qui oublie que toute impulsion vient de lui, que toute puissance, que toute force sociale est son émanation, que sans lui rien ne serait au monde que nature aveugle, que force imprévoyante, que matière inappropriée. Pour se soutenir, pour se perpétuer, le monopole est obligé de dévorer la substance du travail, de recevoir de lui toujours plus qu'il ne lui rend, et il est alors vrai de dire que le monopole n'existe qu'autant qu'il y a des travailleurs consentant à se dépouiller, à se priver, à se suicider, pour alimenter sa vie et sa royauté.

Ce consentement a été donné au commencement du monde; nous l'avons vu dans les différentes formes successives du crédit, et, depuis lors, le retrait de cette adhésion est le but apparent, quoique non atteint, de toutes les combinaisons de crédit que demande le travail.

Nous avons, à grands traits, indiqué comment l'abdication volontaire du travail avait divisé les choses humaines en deux zônes distinctes et incompatibles : l'une, comprenant le capital, le génie de la force, la puissance de l'ordre, les blasons de l'or, les droits du parasitisme, tenant le glaive de la justice, ayant seul le droit d'interpréter le texte sacré, organisant l'inquisition, mettant le feu aux bûchers, dressant l'échafaud, philosophant contre la vie, étranglant les enfants, armant en guerre contre la population et instituant des banques où l'on vend les produits plus cher qu'ils ne coûtent, plus cher qu'ils ne valent. L'autre, comprenant le travail, l'exilé des plaisirs et du droit, l'habitant de l'atelier, l'hôte des prisons, le déshérité de la force, l'éternel Savoranorole des jugements rendus par les dominations, le triste affamé rôdant autour des remparts du monopole pour y surprendre quelque bribe oubliée, la victime de l'arithmétique sociale, qui, dans des barêmes homicides, dresse à chaque page la raison numérique et la démonstration algébrique de la misère.

Entre ces deux camps de l'humanité, la lutte est éternelle depuis trois mille ans ; tantôt Vauban, tantôt La Bruyère, tantôt Berryer, tantôt Jean-Jacques, animent de leur éloquence et revêtent de leur génie les plaintes des vaincus, plaintes que nous avons fait connaître. Ces protestations n'ont pas été inutiles, car nous avons vu le monopole, forcé de varier les *moyens* de son exploitation, arriver enfin à faire tout pivoter, même le donjon féodal, autour de la monnaie. Cet appel immense de tout ce qui est valeur et richesse a

pour résultat de faire passer le niveau de l'or sur
tout, de ramener les produits naturels aussi bien que
les produits humains à la discipline de la valeur monnayée, de coter, de numérer, de constituer la nature
et la société, et d'enrégimenter la richesse sous la bannière de la marchandise royale par excellence.

Le génie social s'est donc appliqué, à faire porter
la livrée de l'or à toute chose, pour fonder la société
économique sur le type de la valeur et de la puissance,
et établir ensuite la hiérarchie dont la monnaie lui
donnait le secret et le droit.

Une valeur inconstituée, non monnayée, paraissait
un mystérieux privilége, un confus amas de pouvoir
qu'une nouvelle forme de crédit devait analyser, com-
menter, coter et appeler au mot d'ordre de la valeur
sociale. Cette mobilisation de ce qui était immobile,
cette vérification de ce qui était obscur s'est toujours
faite sous la pression d'une révolution, d'une menace
sortie de la bouche du travail, qui croyait trouver le
bonheur dans l'agrandissement du monopole et le dégagement de sa servitude dans une nouvelle conquête
de son dominateur.

Cruelle mystification des révolutions qui se contentent de changer les moyens sans porter en avant le
but. En mettant le monde sous l'empire et la loi de
la monnaie, on avait asservi les valeurs anarchiques
et indépendantes pour les soumettre au régime de la

monarchie absolue ; on avait donné au monopole monétaire toute son énergie et favorisé ses développements extrêmes ; mais toutes ces phases du crédit ressemblent à ces longues batailles que la royauté livra en France à la féodalité, elles ont abouti à la vaste autorité de Louis XIV, sans que le peuple en eût plus de liberté ni plus de bien-être.

Cette unité du monopole économique, n'améliore donc pas la situation du travail. En effet, le crédit, par sa constitution, par sa royauté, par son origine, par sa définition actuelle, est toujours la spoliation de la masse, l'abandon d'une fraction du droit pour la rentrée d'une fraction plus grande ; son usage est dans tous les temps une opération *unilatérale* productive pour le fort, pour le capitaliste ; ruineuse pour le faible, pour l'emprunteur, forcé d'accepter sous peine de mort.

Ouvrez un de ces livres que l'on nomme *Barême*, *Comptes faits*, *Guide du capitaliste*, qu'y trouvez-vous ? Que le travailleur qui emprunte un capital, doit, au bout de la quatorzième année, deux capitaux, ce qui veut dire que le travail double le privilége en quatorze ans et perd un capital dans la même période. Résultats qui donnent les deux progressions suivantes :

Capital $+ 2 + 4 + 8 + 16 + 32\ldots$
Travail $- 1 - 3 - 7 - 15 - 31\ldots$

En cinquième période, c'est-à-dire en soixante et

dix ans, le capital originaire a produit 34 capitaux enlevés tous au travail; on conçoit facilement que l'équilibre ne peut s'établir que par la banqueroute, et que si ces événements providentiels ne venaient pas à leurs heures apurer les comptes et les quittancer, toute la prodigieuse activité humaine ne pourrait solder la dîme et payer la gerbe, tant le monopole se gonfle. La banqueroute est donc une véritable émancipation des droits du privilége et de la saisine seigneuriale; mais après l'apuration forcée du compte, la gigantesque proportion des capitaux, enlevés au travail, recommence son ascension jusqu'à une nouvelle faillite, c'est-à-dire jusqu'à une nouvelle forme de la monnaie, que découvre le mouvement social qui va, par ses pulsations perpétuelles, du capital au travail et du travail au capital, et qu'il est dans la destinée du capital d'entretenir, puisqu'il a le rôle de la puissance et de l'initiative.

Cet accroissement des capitaux, obtenu au moyen de la spoliation du travail, a pour effet de multiplier tellement le monopole, qu'il tombe dans le discrédit, qu'il est forcé d'abaisser les péages, les rentes, les intérêts, les dividendes, qu'il se tue de ses propres mains, à ce point que des socialistes, ne pouvant renoncer à la mythologie économique, ont prêché la gratuité du crédit par *l'excès de capitaux*.

Ce système, qui repose sur une contingence, est

dangereux en ce qu'il laisse subsister dans le texte au moins, sinon dans les faits, la contradiction des intérêts et des salaires, contradiction qui peut, au premier jour, reparaître avec énergie dans les réalités, et armer la banque contre l'atelier ; or, nous savons que la solution du problème social se trouve dans la conciliation de l'antagonisme qui existe entre le monopole et la misère.

Ainsi, les luttes économiques amènent la mort du travail et la mort du capital. Verres, après avoir volé pendant soixante et dix ans, sera volé lui-même ; le crédit capitaliste, fondé sur la double opération de prêter et d'emprunter, est donc sans issue.

CRÉDIT RÉPUBLICAIN,

DE 1848.

Tout le systême de Malthus repose sur cette donnée : que les moyens de subsistance ne suivent pas le rapide accroissement de la population, et que, si l'on n'arrête l'essor de celle-ci, il y aura des famines permanentes, nécessaires. Hé bien ! la statistique de ces deux derniers siècles donne à cette théorie le démenti le plus formel.

Prenons pour exemple la France.

En 1700, la population était de. . .	19,669,320.
En 1762, ...	21,769,163.
En 1784, ...	24,800,000.
En 1801, ...	27,349,003.
En 1806, ...	29,107,455.
En 1821, ...	30,469,875.
En 1826, ...	31,958,957.
En 1831, ...	32,569,233.
En 1836, ... , ...	33,540,910.
En 1846, ...	35,400,486.
De 1700 à 1846, l'accroissement est de	15,869,166.

En comparant la production agricole de la France, depuis la même époque, on trouve :

En 1700, la valeur pour toute la
    France était de. . . . . 1,500,000,000.
En 1760,. . . . . 1,526,750,000.
En 1788, ... 2,032,333,000.
En 1813, ... 3,356,971,000.
En 1840, ... 6,022,169,350.

Ainsi, la production a quadruplé de 1700 à 1840, quand, à peine, la population a doublé.

De sorte que ces chiffres nous donnent le commencement de deux progressions que l'on peut traduire ainsi : la faculté génitale de l'homme suit la progression arithmétique, 1, 2, 3, et la puissance productive du travail ; la progression géométrique 2, 4, 16, etc. — La production s'accroît comme le carré du nombre des travailleurs, formule démontrée déjà par un socialiste, d'accord en cela avec les faits. Chose remarquable, et qui prouve combien le régime *de la grande propriété* avait poussé Malthus dans sa détestable philosophie, c'est la diminution successive de l'étendue du sol à la disposition de chaque habitant. Il semble que plus l'homme est en contact immédiat, personnel, avec ce métier au soleil qu'on appelle la terre, plus il dompte les forces rebelles de la nature et les dirige dans la production déterminée, dans la richesse sociale, de sorte que l'on pourrait dire que l'énergie de la production est en raison inverse de l'énergie du monopole :

En 1700, la part de chaque habitant dans le domaine agricole de la France est de. . . . . 246 ares.
En 1760, de. . . . . 231 —
En 1788, de. . . . . 210 —
En 1813, de. . . . . 167 —
En 1840, de. . . . . 150 —

D'où vient donc cette augmentation de la force productive du travail, dans une progression aussi étonnante ? Quelle en est la cause vive, efficiente ? Cette cause est multiple, mais elle peut se ramener à une idée générale, fixe, et que l'humanité n'a pas un instant perdue de vue depuis le commencement des phases économiques. C'est la métamorphose du *dominium* de la caste, en *dominium* de l'individu. Ainsi, voyez quelles sont les révolutions, qui ont le plus contribué à faire franchir à la production les termes gigantesques de la progression géométrique que nous signalons, ce sont celles qui ont dégagé les capitaux, en les mettant à la portée immédiate du travail. Cette révolution de 89, qui a porté la richesse agricole, de 2 milliards à 6 milliards, en cinquante ans, n'a été que le dégagement du capital féodal, que le dispersement du monopole terrien de la noblesse et de l'église, et sa conversion en monopole individuel, en un instru-

ment circulant, en un métier qui reçoit immédiatement la force, l'effort, l'âme, la vie du propriétaire
travailleur.

Évidemment, avant cette époque, le crédit terrien
que faisait le seigneur au cultivateur, était tout *unilatéral :* la flagellation du travailleur y était écrite
et avouée, et le privilége, se pavanait dans mille
actes scellés de la puissance publique et qui n'étaient,
en résumé, que les pompes aspirantes des péages
variés, dont la cueillette était le droit sacré du seigneur. Les usages féodaux retardaient donc le ressort
de la production : moitié de la société nourrissait
l'autre, et la terre, à la disposition directe du travailleur, était restreinte. Cette inique vassalité de la personne, du travail et des choses, avait cependant ses
défenseurs, et les hommes de l'ordre monarchique
d'alors, appelaient désordre, iniquité, rébellion, toute
tentative d'émancipation des droits féodaux; comme
de nos jours, on crie à la spoliation et au vol, quand
on parle de supprimer l'usure. Les monopoles ont de
tout temps employé le même langage pour défendre
leurs royautés chancelantes ; nous l'avons fait voir
dans notre premier chapitre, et cependant, nous ne
pouvons résister au désir d'en citer encore un curieux
exemple.

Boncerf, commis de finances, ami de Turgot, avait
publié un volume intitulé : *Les inconvénients des*

droits féodaux. Rien de plus conforme à l'équité et aux vrais principes que les idées de l'auteur qui conseillait la suppression des redevances féodales par voie de remboursement. Quelques années plus tard, la révolution solda ces redevances par une faillite qu'il eut été facile d'éviter en appliquant les idées de Boncerf, mais il est dans les destins des puissances de ne fléchir que sous les coups énergiques des révolutions et des catastrophes ; aussi, ce livre si sage, si applicable aux besoins généraux de la population, fut-il poursuivi comme attentatoire aux droits sacrés de la couronne et *de la propriété*, voici, du reste, comment Bachaumont raconte cette persécution dans le volume neuvième, page 63, de ses *Mémoires secrets* :

« 2 mars 1776. La brochure, *Les inconvénients des* « *droits féodaux*, est condamnée comme injurieuse aux « lois et coutumes de la France, aux droits sacrés et « inaliénables de la couronne, et aux droits des pro- « priétés des particuliers ; comme tendant à ébranler « toute la constitution de la monarchie en soulevant « tous les vassaux contre leurs seigneurs et contre le « roi même, en leur présentant tous les droits féodaux « et domaniaux, comme autant d'usurpations, de « vexations, de violences également odieuses et ridi- « cules, et en leur suggérant les prétendus moyens de « les abolir, qui sont aussi contraires au respect dû « au roi et à ses ministres, qu'à la tranquillité du

« royaume. Tout cela est précédé d'un réquisitoire à
« grandes phrases de l'avocat-général Séguier, fort
« verbeux, fort emphatique, où, sous prétexte d'avoir
« à peine eu le temps de lire cet écrit, il le discute peu,
« mais se perd en déclamations et injures contre les
« économistes. »

Malgré ces déclamations, qui ressemblent beaucoup
aux savants réquisitoires que nous entendons, tous les
jours, tomber du haut des parquets contre le socialisme,
le monopole féodal fut brisé par la Révolution française,
et la formule de Malthus, vérité du régime monarchique et privilégié, commença à devenir une erreur :
nous n'attendons plus que la chute du monopole
usuraire pour en faire une défroque historique, aussi
espérons !

Cette nécessité de franchir les limites du monopole
pour donner à la production toute sa force, toute sa
puissance, a été sentie par les esprits les plus judicieux,
et le docteur Price n'exprimait pas une autre pensée
lorsqu'il disait dans ses *Payements reversibles* :

« Un fonds de terre d'une étendue considérable,
« dans les mains d'un seul homme, ne rapporte pas
« un aussi grand produit, et n'occupe pas autant
« d'hommes, que si ce terrain était partagé entre un
« certain nombre de propriétaires. »

Aussi notre révolution, suivant la pente positive de la
philosophie, nous a-t-elle amené à ce point, de voir le

sol se démocratiser, s'individualiser, d'une façon presque universelle.

De nos jours, le sol de la France peut se diviser en trois classes de propriétaires.

1° Les petits propriétaires, qui, au nombre d'environ 3,500,000, possèdent la moitié du terrain productif; chaque individu ne possédant pas en moyenne plus de 6 hectares.

2° Les moyens propriétaires, au nombre d'environ 350,000, possédant la moitié de ce qui reste et réunissant, sur chaque tête, 30 hectares.

3° Enfin, les grands propriétaires qui, au nombre de 90,000, possèdent chacun 20 hectares.

Nous marchons, comme on le voit, à un morcellement complet; le sol s'émiette, le travailleur conquiert son instrument, la population abaisse les priviléges, se les partage, s'arme *du jus in re*, travaille, produit et favorise ainsi la marche de la progression que nous avons indiquée.

Est-ce un bien, est-ce un mal, que ce dispersement de la propriété? s'écriait M. Rossi, dans une de ses savantes leçons, où il ne laissa jamais percer son dernier mot, tant sa position officielle lui faisait un devoir de voiler le sanctuaire de sa pensée. « Non ! car il n'y a « aucune raison de s'effrayer de cette subdivision du « sol, qui enfante des propriétaires. Que sont ces hom- « mes, à proprement parler ? Des travailleurs qui ont

« acquis la propriété d'un métier, qui réunissent, à la
« moralité d'une vie laborieuse, le sentiment et la di-
« gnité d'un maître du sol. Au lieu d'un métier formé
« de planches et de fer, relégué dans un bouge obscur
« et enfermé ; ils ont acquis une machine naturelle,
« de la verdure, de l'air, de la lumière, du soleil, le
« bonheur de leurs enfants, la santé de leur famille.»

C'est donc une opération admirable que ce fraction-
nement de la propriété, que cette création des individualités jusques-là méconnues et opprimées, que cette
transformation de la terre en métier, en instrument,
en machine sociale. Hé bien ! ce n'est pas avec cela
seulement que l'on donne à la population toute sa
puissance richifiante, toute sa force multiplicatrice.

La parcelle, ou, comme l'appelle Godwin, la substitution de la bêche à la charrue, du champ au pré,
du jardin potager au champ ; tout ce mouvement, tout
ce remplacement, toute cette enquête de la production
ne sont pas le moyen définitif.

Avant d'entrer dans l'examen des causes profondément révolutionnaires qui font prendre à la production
les devants sur la population, constatons, encore une
fois, ce fait : Que la sortie, que l'émergement du monopole est une cause de quadruple produit, et pour
cela, nous interrogerons la statistique industrielle.

On sait ce qu'était autrefois l'industrie. Le travail,
considéré comme *domanial*, était absorbé par les

communautés qui, seules patentées, avaient le droit de faire le commerce. On les appelait le *Collége des Six-corps*, et leur fédération était tellement un droit reconnu, que Savary disait : « *Il faut les considérer « comme les canaux par où tout le commerce doit « passer.* » Leur devise était un hercule assis, et faisant des efforts inutiles pour briser un faisceau de six baguettes ; ce faisceau était le symbole de leur union et de leur monopole. Cette fédération donnait licence d'apprentissage et de maîtrise ; sans sa permission, il était impossible de travailler, et le génie et l'ardeur, venaient inutilement solliciter le droit au travail, qui était le droit de vivre.

On comprend qu'avec une semblable organisation, la production devait se ralentir et donner raison à la théorie de Malthus. Turgot sentit toutes les funestes conséquences d'un système pareil et, aussitôt qu'il fut au pouvoir, il sollicita et obtint du roi, la liberté illimitée du travail, dans un édit dont le préambule restera comme un témoignage impérissable de son génie, et que les usuriers de notre temps devraient bien méditer.

Le voici :

« Louis, etc. Nous devons à tous nos sujets de leur assurer la jouissance pleine et entière de leurs droits; nous devons surtout cette protection à cette classe d'hommes qui, n'ayant de propriété que leur travail et leur industrie, ont d'autant plus le besoin et le droit d'employer, dans toute leur étendue, les seules ressources qu'ils aient pour subsister.

« Nous avons vu avec peine les atteintes multipliées qu'ont données, à ce droit naturel et commun, les institutions anciennes à la vérité, mais que ni le temps, ni l'opinion, ni les actes, même, émanés de l'autorité, qui semble les avoir consacrées, n'ont pu légitimer.

« Dans presque toutes les villes de notre royaume, l'exercice des différents arts et métiers *est concentré entre les mains d'un petit nombre de maîtres réunis en communauté*, qui peuvent seuls, à l'exclusion de tous les autres citoyens, fabriquer ou vendre les objets du commerce particulier dont ils ont le privilége exclusif; en sorte que ceux de nos sujets qui, par goût ou par nécessité, se destinent à l'exercice des arts et métiers, ne peuvent y parvenir qu'en acquérant la maîtrise, à laquelle ils ne sont reçus qu'après des épreuves aussi longues et aussi pénibles que superflues, et après avoir satisfait à des droits ou à des exactions multipliées, par lesquelles une partie des fonds dont ils auraient eu besoin pour monter leur commerce ou leur atelier, ou même pour subsister, se trouve consumée en pure perte.

« Ceux dont la fortune ne peut satisfaire à ces dépenses, sont réduits à n'avoir qu'une subsistance précaire sous l'empire des maîtres, à *languir dans l'in—*

digence, ou à porter hors de leur patrie une industrie qu'ils auraient pu rendre utile à l'Etat.

« Les citoyens de toutes les classes sont privés du *droit* de choisir les ouvriers qu'ils voudraient employer, et des avantages que leur donnerait la concurrence pour le bas prix et la perfection du travail. On ne peut souvent exécuter l'ouvrage le plus simple sans recourir à plusieurs ouvriers de communautés différentes, sans essuyer les lenteurs, les infidélités, les exactions que nécessitent ou favorisent les prétentions de ces différentes communautés, et les caprices de leur régime arbitraire et intéressé.

« Ainsi, les effets de ces établissements sont, à l'égard de l'Etat, une diminution inappréciable de commerce et de travaux industrieux ; à l'égard d'une nombreuse partie de nos sujets, une perte de salaires et de moyens de subsistance ; à l'égard des habitants des villes en général, l'asservissement à des priviléges exclusifs dont l'effet est absolument analogue à celui d'un monopole effectif, monopole dont ceux qui l'exercent contre le public, en travaillant et vendant, sont eux-mêmes les victimes dans tous les moments où ils ont à leur tour besoin des marchandises ou du travail d'une autre communauté.

« Ces abus se sont introduits par degrés. Ils sont originairement l'ouvrage de l'intérêt des particuliers, qui les ont établis *contre le public.* C'est après un long intervalle que l'autorité, tantôt surprise, tantôt séduite par une apparence d'utilité, leur a donné une sorte de sanction.

« La source du mal est dans la faculté même accordée aux artisans d'un même métier, de s'assembler et de se réunir en un corps.

« Il paraît que, lorsque les villes commencèrent à s'affranchir de la servitude féodale et à se former en communes, la facilité de classer les citoyens par le moyen de leur profession introduisit cet usage inconnu jusqu'alors. Les différentes professions devinrent ainsi comme autant de communautés particulières, dont la communauté générale était composée. Les confréries religieuses, en resserrant encore les liens qui unissaient entre elles les personnes d'une même profession, leur donnèrent des occasions plus fréquentes de s'assembler, et de s'occuper, dans ces assemblées, de l'intérêt commun des membres de la société particulière ; intérêt qu'elles poursuivirent avec une activité continue, au préjudice de ceux de la société générale.

« Les communautés, une fois formées, rédigèrent des statuts, et, sous différents prétextes de bien public, les firent autoriser par la police.

« La base de ces statuts est d'abord d'exclure du droit d'exercer le métier quiconque n'est pas membre de la communauté ; leur esprit général est de restreindre, le plus qu'il est possible, le nombre des maîtres, et de rendre l'acquisition de la maîtrise d'une difficulté presque insurmontable pour tout autre que pour les enfants des maîtres actuels. C'est à ce but que sont dirigés la multiplicité des frais et des formalités de réception, les difficultés des chefs-d'œuvre toujours jugés arbitrairement, surtout la cherté et la longueur inutile des apprentissages et la servitude prolongée du compagnonnage : institutions qui ont encore l'objet de faire jouir les maîtres gratuitement, pendant plusieurs années, du travail des aspirants.

« Les communautés s'occupèrent surtout d'écarter de leur territoire les marchandises et les ouvrages des forains : elles s'appuyèrent sur le prétendu avantage de bannir du commerce des marchandises qu'elles supposaient être mal fabriquées. Ce prétexte les conduisit à demander, pour elles-mêmes, des réglements d'un nouveau genre, tendant à prescrire la qualité des matières premières, leur emploi et leur fabrication : ces réglements, dont l'exécution fut confiée aux officiers des communautés, donnèrent à ceux-ci une autorité qui devint un moyen, non-seulement d'écarter encore plus sûrement les forains, comme suspects de contravention, mais encore d'assujettir les maîtres mêmes de la communauté à l'empire des chefs, et de les forcer, par la crainte d'être poursuivis pour des contraventions supposées, à ne jamais séparer leur intérêt de celui de l'association, et par conséquent à se rendre complices de toutes les manœuvres inspirées par l'esprit de monopole aux principaux membres de la communauté.

« Parmi les dispositions déraisonnables et diversifiées à l'infini de ces statuts, mais toujours dictées par le plus grand intérêt des maîtres de chaque communauté, il en est qui excluent entièrement tous autres que les fils de maîtres, ou ceux qui épousent les veuves de maîtres.

« D'autres rejettent tous ceux qu'ils appellent étrangers, c'est-à-dire ceux qui sont nés dans une autre ville.

« Dans un grand nombre de communautés, il suffit d'être marié pour être exclu de l'apprentissage, et par conséquent de la maîtrise.

« L'esprit de monopole, qui a présidé à la confection de ces statuts, a été poussé jusqu'à exclure les femmes des métiers les plus convenables à leur sexe, tels que la broderie, qu'elles ne peuvent exercer pour leur propre compte.

« Nous ne suivrons pas plus loin l'énumération des dispositions bizarres, tyranniques, contraires à l'humanité et aux bonnes mœurs, dont sont remplis ces espèces de codes obscurs, rédigés par l'avidité, adoptés sans examen dans des temps d'ignorance, et auxquels il n'a manqué, pour être l'objet de l'indignation publique, que d'être connus.

« Ces communautés parvinrent cependant à faire autoriser, dans toutes les villes principales, leurs statuts et leurs priviléges, quelquefois par des lettres de nos prédécesseurs, obtenues sous différents prétextes, ou moyennant finance, et dont on leur a fait acheter la confirmation de règne en règne ; souvent par des arrêts de nos cours, quelquefois par de simples jugements de police, ou même par le seul usage.

« Enfin, l'habitude prévalut de regarder ces entraves mises à l'industrie comme un droit commun. Le gouvernement s'accoutuma à se faire une ressource de finance des taxes imposées sur ces communautés, et de la multiplication de leurs priviléges.

« Henri III donna, par son édit de décembre 1581, à cette institution, l'étendue et la forme d'une loi générale. Il établit les arts et métiers en corps et communautés dans toutes les villes et lieux du royaume ; il assujettit à la maîtrise et à la jurande tous les artisans. L'édit d'avril 1597 en aggrava encore les dispositions, en assujettissant tous les marchands à la même loi que les artisans. L'édit de mars 1673, purement bursal, en ordonnant l'exécution des deux précédents, a ajouté, au nombre des communautés déjà existantes, d'autres communautés jusqu'alors inconnues.

« La finance a cherché de plus en plus à étendre les ressources qu'elle trouvait dans l'existence de ces corps. Indépendamment des taxes, des établissements de communautés et de maîtrises nouvelles, on a créé dans les communautés des offices sous différentes dénominations, et on les a obligées de racheter ces offices, au moyen d'emprunts qu'elles ont été autorisées à contracter, et dont elles ont payé les intérêts avec le produit des gages ou des droits qui leur ont été aliénés.

« C'est sans doute l'appât de ces moyens de finance qui a prolongé l'illusion sur le préjudice immense que l'existence des communautés cause à l'industrie, et sur l'atteinte qu'elle porte au droit naturel.

« Cette illusion a été portée, chez quelques personnes, jusqu'au point d'avancer *que le droit de travailler était un droit royal, que le prince pouvait vendre, et que les sujets devaient acheter.*

« Nous nous hâtons de rejeter une pareille maxime.

« Dieu, en donnant à l'homme des besoins, en lui rendant nécessaire la ressource du travail, *a fait du droit de travailler la propriété de tout homme*, et cette propriété est la première, la plus sacrée et la plus imprescriptible de toutes.

« Nous regardons comme un des premiers devoirs de notre justice, et comme un des actes les plus dignes de notre bienfaisance, d'affranchir nos sujets de toutes les atteintes portées à ce droit inaliénable de l'humanité. Nous voulons, en conséquence, abroger ces institutions arbitraires, *qui ne permettent pas à l'indigent de vivre de son travail*; qui repoussent un sexe à qui sa faiblesse a donné plus de besoins et moins de ressources, et qui semblent, en le condamnant à une misère inévitable, seconder la séduction et la débauche; qui éteignent l'émulation et l'industrie, et rendent inutiles les talents de ceux que les circonstances excluent de l'entrée d'une communauté; qui privent l'Etat et les arts de toutes les lumières que les étrangers y apporteraient; qui retardent le progrès de ces arts, par les difficultés multipliées que rencontrent les inventeurs, auxquels différentes communautés disputent le droit d'exécuter des découvertes qu'ils n'ont point faites; qui, par les frais immenses que les artisans sont obligés de payer pour acquérir la faculté de travailler, par les exactions de toute espèce qu'ils essuient, par les saisies multipliées pour de prétendues contraventions, par les dépenses et les dissipations de tout genre, par les procès interminables qu'occasionnent entre toutes ces communautés leurs prétentions respectives sur l'étendue de leurs priviléges exclusifs, surchargent l'industrie d'un impôt énorme, onéreux aux sujets, sans aucun fruit pour l'Etat; qui, enfin, par la facilité qu'elles donnent aux membres des communautés de se liguer entre eux, de forcer les membres les plus pauvres à subir la loi des riches, *deviennent un instrument de monopole, et favorisent des manœuvres dont l'effet est de hausser au-dessus de leur proportion naturelle les denrées les plus nécessaires à la subsistance du peuple.* »

Ce remarquable préambule pose nettement la question révolutionnaire en face des institutions.

Le droit au travail est de droit royal, domanial. Par délégation, le roi permet, moyennant péage, à six corporations, de concentrer ce droit. Ceux qui ne peuvent entrer dans ces corporations, ne peuvent non plus travailler et meurent de faim : tel est le tableau que Turgot nous trace de l'organisation industrielle : c'est le génie du monopole arrivé à son paroxisme.

Turgot, ennemi du système réglementaire en toute chose, proclame que le droit au travail est de droit divin, et qu'en empêcher l'exercice, au nom d'un monopole, est une iniquité. Le socialisme ne tient pas un autre langage au régime usuraire ; il se contente de reprendre, dans ses protestations, le magnifique reproche que Turgot adressait aux jurandes.

Dans le premier chapitre, et sous le titre de *Prologue*, nous avons montré, à l'occasion de la propriété romaine prise pour type, les fantaisies chatouilleuses du monopole et ses dispositions à s'armer de violence lors des concessions que lui arrache la population. Évidemment Turgot, qui venait demander la déchéance de la formule malthusienne des jurandes et la liberté illimitée du travail, devait rencontrer les résistances et les haines qui s'élèvent aujourd'hui contre les partisans du *droit au crédit*.

Le Parlement de Paris se chargea d'en être l'organe, et l'avocat-général Séguier signalant cet écrit au Parlement, se livra, dans son réquisitoire, à une apologie du système réglementaire, contre la libre concurrence ou, comme nous dirions de nos jours, contre le libre échange.

« Le but qu'on se propose, dit-il, est d'étendre et
« de multiplier le commerce en le délivrant des gênes
« et des entraves des prohibitions introduites par le
« régime réglementaire. Nous osons avancer, à votre
« Majesté, la proposition diamétralement contraire :
« ce sont ces gênes, ces entraves, ces prohibitions
« qui font la gloire, la sûreté, l'immensité du com-
« merce de la France... car sans elles, les profits se-
« raient diminués...

Ce n'était pas, on doit le voir, au point de vue de la liberté et du droit de vivre que l'avocat-général prenait la parole ; c'était, au contraire, pour le maintien des bénéfices de la bourgeoisie ; pour la conservation du *revenu net industriel*, dont Turgot voulait, non la ruine totale, mais la diminution dans de sérieuses proportions. Le ministre de Louis XVI fut poursuivi par les protecteurs du revenu net industriel, comme, de nos jours, la meute des usuriers se lance sur les partisans de la mutualité du crédit. On fit même des vers sur ce noble Turgot ; et les plus curieux sont ceux que rapporte Bachaumont.

> Inonder l'État de brigands,
> Multiplier les mendiants (les travailleurs),
> Des malheurs augmenter la somme
> Et soulever les paysans,
> Sont les résultats effrayants
> Du système de ce grand homme,
> Dont les fous sont les partisans.
> Riez, chantez, peuples de France,
> Vous recouvrez la liberté ;
> Quant à votre propriété,
> Le prince en garde la finance !
> Et de ce fortuné bienfait,
> Zéro sera le produit net.

C'est ce *zéro sera le produit net* qui excite, encore aujourd'hui, les fureurs des Jurandes usuraires, contre le socialisme.

Louis XVI, qui pouvait retarder la chute de son trône, en suivant les réformes qu'indiquait Turgot, abandonna celui-ci à la haine des réglementaires et eut la faiblesse de rapporter l'édit que lui avait fait publier ce grand homme d'Etat. Les considérants et les résultats de l'édit d'abrogation, en date du 23 août 1776, durent consoler le ministre disgracié, car ils donnaient, partiellement, raison à la révolution intégrale qu'il avait essayée pendant trois mois. On va en juger.

« Louis, par la grace de Dieu, Roi de France et

de Navarre : A tous présents et à venir : Salut, etc.
Notre amour pour nos Sujets nous avait engagé à
supprimer, par notre Edit du mois de Février dernier,
les Jurandes et Communautés de Commerce, Arts et
Métiers. Toujours animé du même sentiment et du
desir de procurer le bien de nos Peuples, nous avons
donné une attention particulière aux différents Mémoires qui nous ont été présentés à ce sujet, et no-
tamment aux représentations de notre Cour de Parlement ; et ayant reconnu que l'exécution de quelques-
unes des dispositions que cette Loi contient, pouvait
entraîner des inconvénients, nous avons cru devoir
nous occuper du soin d'y remédier, ainsi que nous
l'avions annoncé. *Mais persévérant dans la résolu-
tion où nous avons toujours été de détruire les abus
qui existaient avant notre Edit dans les Corps et
Communautés d'Arts et Métiers, et qui pouvaient
nuire aux progrès des Arts*, nous avons jugé nécessaire, en créant, de nouveau, six Corps de Marchands
et quelques Communautés d'Arts et Métiers, de conserver libres certains genres de Métiers ou de Commerce qui ne doivent être assujettis à aucun Réglements particuliers ; de réunir les Professions qui ont
de l'analogie entr'elles, et d'établir à l'avenir des
règles dans le régime desdits Corps et Communautés
à la faveur desquelles la discipline intérieure et l'autorité domestique des Maîtres sur les Ouvriers *seront*

maintenus, sans que le commerce , les talents et l'in-
dustrie soient privés des avantages attachés à cette
liberté, qui doit exciter l'émulation, sans introduire
la fraude et la licence. La concurrence établie pour
des objets de commerce , fabrication et façon d'ouvrages, produira une partie de ces heureux effets ; et
le rétablissement des Corps et Communautés fera cesser les inconvénients résultants de la confusion des
Etats. Les Professions qu'il sera libre à toutes personnes d'exercer indistinctement, continueront d'être
une ressource ouverte à la partie la plus indigente de
nos Sujets. *Les droits et frais, pour parvenir à la*
réception dans lesdits Corps et Communautés, réduits
à un taux très-modéré, et proportionné au genre et
à l'utilité du Commerce et de l'Industrie, ne seront
plus un obstacle pour y être admis. Les filles et
femmes n'en seront pas exclues. Les Professions qui
ne sont pas incompatibles pourront être cumulées.
Il sera libre aux anciens Maîtres de payer des droits
peu onéreux, aux moyens desquels leurs anciennes
prérogatives leur seront rendues. Ceux qui ne voudront pas les acquitter *n'en jouiront pas moins du*
droit d'exercer, comme avant notre Edit, leur
Commerce ou Profession. Les particuliers qui ont été
inscrits sur les Livres de la Police , en vertu de notre
dit Edit, jouiront aussi, moyennant le paiement qu'ils
feront chaque année d'une somme modique, du bé-

néfice de cette Loi. La facilité d'entrer dans lesdits Corps et Communautés, les moyens que notre amour pour nos Sujets et des vues de justice nous inspireront, feront cesser l'abus des priviléges. Nous nous chargerons de payer les dettes que lesdits Corps et Communautés avaient contractées ; et, jusqu'à ce qu'elles soient entièrement acquittées, leurs créanciers conserveront leurs droits, priviléges et hypothèques. Nous pourvoirons aussi au paiement des indemnités qui pourraient être dues à cause de la suppression des Corps et Communautés. Les procès qui existaient avant ladite suppression, demeureront éteints ; et nous prendrons des mesures capables d'arrêter les contestations fréquentes, qui étaient si préjudiciables à leurs intérêts et au bien du Commerce. En rectifiant ainsi ce que l'expérience a fait connaître de vicieux dans le régime des Communautés, en fixant par de nouveaux Statuts et Réglements un plan d'administration sage et favorable, lequel dégagera des gênes que les anciens Statuts avaient apportées à l'exercice du Commerce et des Professions, et détruisant des usages qui avaient donné naissance à une infinité d'abus, d'excès et de manœuvres dans les Jurandes, et contre lesquels nous avons dû faire un usage légitime de notre autorité, nous conserverons de ces anciens établissements les avantages capables d'opérer le bon ordre et la tranquillité publique. A ces causes et autres à ce nous mouvant, de l'avis de notre Conseil, et de notre certaine science, pleine puissance et autorité royale, nous avons par notre présent Edit, perpétuel et irrévocable, dit, statué et ordonné, disons, statuons et ordonnons, voulons et nous plaît ce qui suit :

« Art. 1er. Les Marchands et Artisans de notre bonne ville de Paris seront classés et réunis, suivant le genre de leur Commerce, Profession ou Métier; à l'effet de quoi, nous avons rétabli et rétablissons, et en tant que besoin est, créons et érigeons de nouveau six Corps de Marchands, y compris celui des Orfèvres, et quarante-quatre Communautés d'Arts et Métiers. Voulons que lesdits Corps et Communautés jouissent, exclusivement à tous autres, du droit et faculté d'exercer les Commerces, Métiers et Professions qui leur sont attribués et dénommés en l'état arrêté en notre Conseil, lequel demeurera annexé à notre présent Edit. »

Ainsi, le monarque était fatalement entraîné :

1° A avouer les abus de l'oppression de la liberté individuelle;

2° A diminuer le monopole des jurandes;

3° A réglementer le péage d'entrée;

4° A ordonner que certaines personnes, autrefois exclues, y seraient admises.

C'était une transaction entre Turgot et l'absolutisme

du système réglementaire ; la puissance publique établissait la légalité des jurandes, comme elle avait déjà établi la légalité d'une portion de l'usure, en présence de l'absolutisme usuraire ; en un mot, Louis XVI créait le juste milieu de la liberté du travail, comme Napoléon, par la loi de 1807 sur l'intérêt légal en matière de commerce et en matière civile, instituait, trente ans plus tard, le juste milieu du droit au crédit que les économistes ne veulent pas reconnaître.

Pour juger l'importance de la révolution qui venait de s'accomplir, il faut comparer le réglement des péages que faisait chaque industrie, à la fédération des six corps, avant 1776, et après l'Edit 1776. Ce réglement se trouve dans le *Dictionnaire portatif du Commerce*, publié par Bastien, en 1777.

ÉTAT

Des six Corps de Marchands, et des quarante-quatre Communautés d'Artisans, rétablis, créés et réunis par l'Edit de ce mois ; contenant l'indication des genres de Commerce et des Professions qui sont attribués à aucuns desdits Corps ou Communautés, soit exclusivement, soit concuremment entre eux.

En général, tous les Fabricants et Artisans qui font partie des Corps et Communautés, auront le droit de vendre nonseulement les marchandises et les ouvrages qu'ils auront faits ou fabriqués, mais encore tous ceux qu'ils auront droit de faire et fabriquer, et même de les tirer de Province, ainsi que les matières premières qu'ils emploieront par concurrence avec les Marchands.

SIX CORPS.

Indication des genres de Commerce et des Professions attribués à chaque Corps.

DÉNOMINATION. Nos	ATTRIBUTIONS.	Pay. anc. liv.	Pay, act. liv.
1. Drapiers-Merciers.	Le Drapier-Mercier pourra tenir et vendre, en gros et en détail, toutes sortes de marchandises, en concurrence avec tous les Fabricants et Artisans de Paris, même ceux compris dans les six Corps ; mais il ne pourra fabriquer ni mettre en œuvre aucunes marchandises, même sous prétexte de les enjoliver.	4940	1000
2. Epiciers.	*Objets de Commerce réunis aux Epiciers, en concurrence seulement avec quelques Communautés.* Le Commerce des drogues simples sans manipulation, celui du vinaigre, indéfiniment, en concurrence avec le Vinaigrier. Celui de l'eau-de-vie et des liqueurs, même en détail, sans pouvoir les servir et donner à boire dans leurs boutiques et magasins. Le café brûlé, en grains et en poudre, en concurrence avec le Limonadier. La Graineterie, indéfiniment, en concurrence avec le Grainier.	1700	800
3. Bonnetiers Pelletiers, Chapeliers.	Ils pourront seuls exercer la profession de Coupeur de poil.	3600	600
4. Orfèvres, Batteurs d'or, Tireurs d'or.	La mise en œuvre, en pierres fines seulement, en concurrence avec les Lapidaires.	2400	800

8

DÉNOMINATIONS.	ATTRIBUTIONS.	Pay. anc. liv.	Pay. act. liv.
5 { Fabricants d'étoffes et de gazes. Tissutiers-rubanniers }	La peinture des gazes et des rubans, en concurrence avec les Peintres.	1750	600
6 { Marchands de vins, etc. }		800	600

Le monopole des jurandes avait diminué des 3/4 pour certaines professions. Hé bien ! c'est dans cet état de semi-liberté qu'il nous faut examiner, avec attention, la statistique de la production industrielle ; et nous n'oublierons pas un instant, dans cette inspection, que le monopole côtoyait la liberté et qu'il fallait encore licence pour avoir le droit au travail.

En 1788, M. de Tolosan, intendant général du commerce, voulut réaliser le projet, déjà conçu par Colbert, de dresser le tableau des principales industries de la France, avec une évaluation des produits fabriqués de chacune d'elles. Voici le résumé de ce travail :

Industrie de la France en 1788, d'après les estimations de M. de Tolosan.

I. — *Produits minéraux.*

Valeur de la production.

	Valeur de la production
1. Sel gemme et marin, 40,000,000 kilogram.	3,600,000
2. Faïence, porcelaine..	4,000,000
3. Verrerie, glaces..	6,000,000
4. Fer brut, 69,000,000 kilog. de fonte ; 600 grosses forges.	31,360,000
5. Plomb, 1,257,000 kilogrammes	700,000
6. Cuivre.	5,000,000
7. Quincaillerie, mercerie.	100,000,000
8. Orfèvrerie, bijouterie.	12,500,000
Total.	163,160,000

II. — *Produits végétaux.*

1.	Papeterie.	8,000,000
2.	Amidon.	24,000,000
3.	Savon.	18,000,000
4.	Raffinerie de sucre.	30,000,000
5.	Tabac récolté, 1,000,000 kilogrammes (1).	1,500,000
6.	Chanvre, lin, coton, toiles et autres tissus.	200,000,000
7.	Lin, bonneterie.	6,000,000
8.	Coton, bonneterie..	9,000,000
9.	Lin, dentelles.	10,000,000
10.	Chanvre, lin, cordages, filets, rubans de fil.	10,000,000
	Total.	316,500,000

III. — *Produits animaux.*

1.	Modes en soie	5,000,000
2.	Tapisserie, ameublement.	800,000
3.	Pelleteries, tanneries.	66,000,000
4.	Pêcheries, salaisons..	10,000,000
5.	Étoffes de laine, serges, camelots, draps com^s	100,000,000
6.	Draps fins.	100,000.000
7.	Bonneterie de laine.	25,000,000
8.	Chapellerie.	20,000,000
9.	Soieries.	70,000,000
10.	Bonneterie de soie.	25,000,000
11.	Rubans, blondes, gazes, passementerie . .	30,000,000
	Totaux.	451,800,000

Récapitulation de la production industrielle en 1788.

Produits minéraux	163,160,000	fr.
— végétaux	316,500,000	
— animaux	451,800,000	
Total général. . .	931,460,000	
Arts et métiers	60,000,000	

40,000 ouvriers.

---

(1) Consommation, 900,600 kilogrammes.

Il était dans la brillante destinée de l'Assemblée nationale de reprendre l'œuvre de l'illustre ministre de Louis XVI ; aussi, dans la séance du 15 février 1791, M. Dallarde présenta-t-il, au nom du comité, un projet de décret sur l'abolition des jurandes. Ce décret fut admis, sur les conclusions du rapporteur, qui s'exprimait ainsi :

« La faculté de travailler est un des premiers droits de l'homme. Ce droit est sa propriété, et c'est sans doute, suivant l'expression de ce ministre philosophe, qui avait deviné quelques-unes de vos pensées, c'est sans doute *la première propriété, la plus sacrée, la plus imprescriptible*. Cependant on a vu, dans presque toutes les villes du royaume, l'exercice des arts et métiers se concentrer dans les mains d'un petit nombre de maîtres réunis en communautés. Ces maîtres pouvaient seuls fabriquer ou vendre les objets de commerce particuliers, dont ils avaient le privilége. La longueur de l'apprentissage, la servitude du compagnonnage, les frais de réception épuisaient une partie de la vie du citoyen laborieux et des fonds dont il avait besoin pour monter son commerce ; un repas de communauté absorbait les produits d'une année. En voyant se combiner avec ces exactions les franchises accordées aux fils de maîtres, l'exclusion donnée aux étrangers, c'est-à-dire aux habitants d'une autre ville, enfin la facilité avec laquelle ces corporations pouvaient se liguer pour hausser le prix des marchandises, et même des denrées; on parvint à croire que tous leurs efforts tendaient à établir, dans l'État, une caste exclusivement commerçante. C'était déjà un mal pour quelques citoyens; ce fut aussi un mal pour tous: plus de choix, plus de concurrence parmi les ouvriers, par conséquent moins de bénéfice pour l'acheteur, qui aurait gagné, soit la diminution du prix, soit la perfection du travail. Ce fut un mal pour eux-mêmes : le concours de plusieurs communautés pour un ouvrage, leur rivalité, les prétentions réciproques dont elles se fatiguèrent, firent naître des procès interminables. L'esprit de fiscalité, qui voit moins ce qui est en droit que ce qui est en produit, protégea ces abus dont les communes introduisirent la servitude, au moment qu'elles échappaient à celle de la féodalité. Couverts de la poussière des siècles, ces abus exercèrent leur funeste activité jusqu'au temps où un Turgot parut; il éclaira le roi un moment, et un moment ces abus cessèrent d'être. Ils se relevèrent bientôt : le temps n'était pas encore mûr pour ces idées. Le parlement regrettait les procès; les princes regrettaient le privilége qu'ils avaient de faire échapper, moyennant finance, quelques sujets à la police des jurandes. Un arrêt du conseil détruisit le fruit d'un des plus beaux édits qui aient honoré le commencement du règne du roi, et rétablit les juran-

des, les maîtrises, les communautés d'arts et métiers...
Il vous reste à effacer ces derniers vestiges de la servitude. Mais les maîtres actuels ont acheté un privilége, les dépouillera-t-on? Non. On leur rendra au
contraire les capitaux utiles à leur commerce, en
même temps que la liberté de l'étendre à toutes les
parties qui pourront leur convenir, selon leurs capa-
cités et leurs moyens. Cette liberté était conforme à
l'intérêt des négociants, elle est conforme à leur pa-
triotisme. Dirait-on qu'elle est opposée à l'intérêt
du commerce? L'âme du commerce est l'industrie;
l'âme de l'industrie est la liberté. Je ne m'arrêterai
pas à prouver des vérités aussi généralement recon-
nues. Craindrait-on la multiplicité des ouvriers?
Mais leur nombre se compose toujours en raison de
la population, ou, ce qui revient au même, en raison
des besoins et de la consommation. Craindrait-on
d'être exposé aux risques d'une fabrication incomplète
ou frauduleuse? Mais on sait combien, sur cet objet,
la police des jurandes était illusoire, on sait que les
ouvriers des faubourgs et des autres lieux privilégiés
ne travaillent pas moins bien que ceux qui sont soumis à l'inspection des maîtres. On sait que, par la rivalité, ils exercent les uns sur les autres une sorte
d'inspection bien plus efficace; cette rivalité élève,
perfectionne les talents qu'une police despotique dé-
courage et flétrit. D'ailleurs, il est une surveillance

qui est très à la portée du citoyen, et dès qu'il peut l'exercer, celle de la loi n'a plus lieu; la surveillance de la loi doit commencer là où cesse celle du citoyen. Or, il n'y a que deux professions dont les éléments soient tellement reculés des connaissances du citoyen, qu'il ne puisse plus exercer par lui-même cette surveillance. Ces deux professions sont celles des pharmaciens et des orfèvres, pour lesquelles votre comité réclame des réglements particuliers.

« D'après ces considérations, votre comité a cru devoir vous proposer que tout homme serait libre d'exercer telle profession, tel commerce, tel métier, telle cumulation de métiers et de commerce qui lui paraîtront conformes à ses talents et utiles à ses affaires ; et au lieu des capitaux considérables qu'il fallait débourser pour être admis dans une jurande qui ne donnait le droit de faire qu'un seul métier, qu'un seul commerce, et qui laissait le maître soumis à la perte entière de ce capital, si son entreprise ne réussissait pas, de n'exiger, d'aucun des aspirants, que de se faire connaître à leur municipalité, et de payer une redevance annuelle, proportionnée à l'étendue et au succès de leurs spéculations, augmentant, diminuant, cessant avec elles. La quittance de cette redevance annuelle serait consignée dans une patente, dont le droit serait tarifé dans des proportions tellement modérées, que l'obtention de cette patente serait toujours accessible. La base proportionnelle de ce droit serait établie d'après la valeur locative de l'habitation, seule mesure approximative de l'importance du commerce, que les principes de votre constitution vous permettent d'adopter; car l'insulte que ferait à la liberté toute inquisition domestique doit faire rejeter tout autre moyen. Votre comité a cru qu'il pouvait être fixé un *maximum* pour cette sorte de contribution, et qu'il y avait quelques motifs pour fixer ce *maximum* à 250 livres. »

Le rapporteur insiste sur les considérations de justice qui exigent le remboursement des dettes des maîtrises et des droits de maîtrise payés au trésor. Il termine en présentant un projet de décret en vingt-quatre articles.

M. *Begouin*. « On disait, autrefois, que le droit de travailler était un droit régalien. Nous pensons maintenant, et le comité paraît penser avec nous, que c'est un droit national. Cependant le projet qu'il nous présente tend à faire renaître les jours où l'on s'enorgueillissait de vivre sans rien faire : on appelait cela vivre *noblement*. Au lieu d'exiger des patentes pour travailler, il faut plutôt soumettre à *en prendre ceux qui resteront oisifs*. Je demande donc la question préalable sur le projet de décret. »

Cette parole, couverte de murmures, échappée, pour ainsi dire, à M. Begouin, contient le germe de toute une grande protestation de la liberté contre d'autres jurandes, dont nous aurons bientôt à développer le systême. Mais ici, constatons-le, à partir de 1791, le constitutionalisme des jurandes est anéanti et la liberté du travail est entière, illimitée, avec licence du capital.

Aussi lorsqu'en 1812, c'est-à-dire vingt-quatre ans après le travail de M. de Tolosan, Napoléon fit dresser la statistique de la production industrielle de la France, voici les chiffres qui furent constatés et qui, recueillis jusqu'en 1812, obtinrent la publicité par l'impression qu'en fit M. Chaptal, ancien ministre de l'intérieur, dans un ouvrage édité sous la Restauration et portant ce titre : *De l'Industrie française.* Paris, Paul Renouard, 2 vol. in-8.

Industrie de la France en 1812, d'après les estimations de la Statistique impériale, reproduites par M. Chaptal.

I. — *Produits minéraux.*

		Valeur de la production.
1. Sel gemme et marin. 150,000,000 kilogr.		18,000,000
2. Tuileries		17,600,000
3. Faïence, porcelaine		11,000,000
4. Verrerie, glaces		10,000,000
5. Fer brut, 111,500,000 kilogr. de fonte		190,301,000
6. Cuivre		16,171,009
7. Quincaillerie, fers marchands		67,500,000
8. Bijouterie, orfèvrerie		40,000,000
9. Horlogerie		47,500,000
10. Plomb, céruse, acide sulfurique		3,600,000
Total		394,572,000

II. — *Produits végétaux.*

1.	Papeterie.	31,700,000
2.	Amidonnerie.	6,000,009
3.	Savon.	33,000,000
4.	Raffinerie de sucre.	55,138,000
5	Tabacs, 14,663,000 kilogrammes.	44,000,000
6.	Parfumerie.	13,000,000
7.	Ébénisterie, instruments de musique	41,000,000
8.	Librairie.	21,652,009
9.	Coton, filature, tissus, passementerie, bonneterie.	191,600,000
10.	Lin et chanvre, filature, tissus, passementerie, bonneterie.	242,796,000
11.	Teinturerie.	44,117,009
12.	Bière, 2,802,000 hectolitres.	47,635,000
	TOTAL	771,648,000

III. — *Produits animaux.*

1.	Lainages, filature, tissus, passementerie, bonneterie.	238,133,000
2.	Soieries, filatures, tissus, passementerie, bonneterie.	107,560,000
3.	Tannerie, corroierie, chamoiserie.	143,392,000
4.	Chapellerie	19,500,000
	TOTAL.	508,585,000

Récapitulation de la production industrielle en 1812.

Produits minéraux	391,572,000 fr.
— végétaux	771,638,000
— animaux	508,585,000
Autres produits	148,405,000
Total de la production	1,820,200,000

Ces chiffres sont instructifs et curieux ; il en résulte une série de faits historiques qui sont restés inédits, parce que les moyens de comparaison entre différentes époques n'avaient point été préparés ou même recherchés.

En vingt-cinq ans, de 1788 à 1812, la fortune industrielle de la France a doublé, et s'éleva de 931 millions à 1,820.

Cette progression de la valeur des produits est toute due à l'abolition des jurandes ; et cependant, de 1788 à 1812, l'état de la France est purement guerrier, et non-seulement les camps ne travaillent pas, ne produisent pas, mais leur présence brise les fils du crédit, arrête l'essor des combinaisons, et paralyse les spéculations à longue portée. Aussi, pour bien apprécier les résultats complets de la victoire de la liberté sur le monopole des jurandes, il faut étudier la statistique industrielle de la France après deux règnes de paix et de luttes économiques.

Malheureusement ce travail n'est pas encore complet ; néanmoins, en prenant les résultats généraux qu'il présente, pour quarante-trois départements à l'Est du méridien de Paris, on obtient ce chiffre imposant que nous extrayons du onzième volume de la *Statistique de la France*, page 350. On sait que cet ouvrage est publié sous la direction du savant M. Moreau de Jonnès.

Produits minéraux. . .	428,230,933
— végétaux. . .	944,321,595
— animaux. . .	910,237,058
Total.	2,282,789,586

On peut espérer que, quand tous les renseignements seront recueillis, on aura quatre milliards pour la production totale; ce qui revient à dire que, de 1788 à 1846, en cinquante-huit ans, par conséquent, la production a quadruplé, sous la double influence de l'abolition des jurandes et de l'augmentation, à peine du double, de la population.

Ainsi donc, nous le voyons après ce long exposé, l'anéantissement de tout monopole est une *nécessité* sociale pour que la production conserve les avantages numériques qu'elle a sur le chiffre de la population. Hé bien! y a-t-il encore une révolution à accomplir après le décret de 1791? Existe-t-il encore des jurandes? Avons-nous, dans nos mœurs économiques, une fédération d'hommes ayant le pouvoir et le droit de concéder la liberté du travail? Certainement oui! le monopole du capital est tout aussi fatal aux développements possibles du *travail seul,* que les jurandes l'étaient à l'essor *du travail associé au capital;* et, sous nos yeux, nous voyons le système réglementaire des banques et du crédit, opprimer, spolier et affamer le travail, comme au temps où Turgot disait aux Six Corps : *Nous voulons abroger vos institutions arbi-*

*traires, qui ne permettent pas à l'indigent de vivre
de son travail.*

Le socialisme se trouve en présence d'un monopole,
comme l'économisme avait pour antagoniste le régime
réglementaire des corporations.

Voici l'homme suprême directeur de sa liberté, de
son activité, de la fantaisie de son génie, dominateur
de sa propriété ; il a le sentiment de sa dignité, comme
disait M. Rossi, qui imprimait au propriétaire les
graves et puissantes qualités du travailleur qui épargne ;
voici, cet homme qui a ramassé dans les débris de la
révolution un morceau du fief, une parcelle du domaine éminent ; il est, à lui seul, toute la contradiction
sociale, et résume l'antagonisme du capitaliste et du
travailleur. Le voyez-vous produire et consommer,
sans cesse ; le voyez-vous interroger le ciel, d'un air
inquiet, car l'orage de la soirée pourrait anéantir sa
récolte ; le voyez-vous clore son champ, d'une main
jalouse ; le voyez-vous, enfin, faire de chaque butte de
terre un donjon féodal immobile ? Il a travaillé, il a
fertilisé son champ, il s'est ennobli ; mais il n'a travaillé
que pour lui, et son champ a vu se faner une partie de
sa grande vigueur, en l'absence du labeur. La terre a
l'avenir dans ses flancs ; il faut la fouiller, lui arracher
moisson à moisson ; la terre, c'est l'égoïsme du hasard,
que le génie de l'homme peut conjurer, peut diriger,
peut utiliser ; pour cela il faut la sonder sans cesse, l'in-

terroger, l'opprimer à toute heure; la terre est comme
une négation de la providence, que le travail de
l'homme amène à l'affirmation divine, à la production sociale. Hé bien! cet homme qui a vu tomber le
XVIIIe siècle, *ce parcelleur* moderne, n'a pas assez brisé,
déchiré, l'improvidence du sol; une bêche plus pro-
fonde, un sillon plus ouvert, aurait doublé, triplé
la récolte; que voulez-vous, il est seul; seul dans
sa terre, avec sa haie, ses fossés et sa surveillance
jalouse; seul avec sa femme et ses enfants; il ne voit
au-delà que misère, qu'inimitié, que rapine, que
guerre; ah! il lui manque la grande inspiration qui
enfle les voiles de la force et la lance dans les possibi-
lités infinies : cette grande inspiration, c'est le génie
de l'association, qui commence à agiter le monde.

Ce génie, disons-le de suite, la science économique
s'en est emparée; elle a voulu en faire le boulevard
protecteur du privilége de la jurande capitaliste;
l'imprudente! cette alliance est mortelle pour le
capital; les embrassements de la robe de Déjanire
ont étouffé le centaure; tôt ou tard, l'association
doit étouffer le monstre; mais avant que ne se lève
l'aurore de ce grand jour de l'égalité, que de fois
le travail sera opprimé, que de fois il lui sera refusé de vivre de sa peine, de sa sueur, de son sang!
Cependant il lutte; son arme est l'association; et
déjà il a trouvé son Turgot, rédacteur du préam-

bule de l'édit d'abolition des corporations usuraires.

L'esprit d'association n'est pas prime-sautier chez l'homme ; il est la perfection dernière de l'individualisme ; il est comme sa rentrée dans la communauté, par la mutualité. Grande a donc été l'erreur de M. Rossi qui prétend que l'association est un sentiment contemporain du berceau de nos institutions, et qu'il n'y a rien de nouveau dans cet entraînement du siècle, vers la fusion des intérêts. Jusqu'ici, l'association était en l'homme comme la synthèse se trouve dans la thèse ; elle y gisait à titre de développement ultérieur, de courbe à décrire, avant le départ du projectile ; elle y était comme la propriété se trouvait dans la communauté, comme la réciprocité est dans le monopole propriétaire.

A l'époque économique de la division du travail, où était l'association ? où M. Rossi pourrait-il la trouver, si ce n'est dans l'intervention de la machine convertissant l'abrutissement de la spécialité et de la routine en monopole d'action, en gouvernement de puissance dynamique, et représentant parfaitement l'union des forces créatrices de l'homme pour dominer la nature ?

La machine est une association de force, une condensation de puissance ; elle favorise la liberté en débarrassant le capital de l'oppression du travail divisé ; mais ensuite, la population, repoussée dans le salariat,

dans la grève, dans la faillite, se ligue, se serre, se
rue dans la concurrence, s'arme de vitesse, de force;
s'aggrave de travail, et finirait par se tuer dans cette
lutte de vie contre vie, si, faisant un pas de plus vers
l'association, elle ne maçonnait autour d'elle les
grandes murailles du monopole.

C'est dans cette forme du monopole que la sur-
prennent et veulent l'utiliser, les économistes, dont l'un
d'eux signale ainsi son existence.

« Les communes, les corporations de métiers, l'uni-
« versité, les parlements, le barreau, les corps ecclé-
« siastiques, les banques : voilà l'association dans son
« action entière. »

Qu'on ne s'y trompe pas, l'association dans le
monopole et par le monopole est une antinomie,
une contradiction qu'il faut résoudre, sous peine de
laisser l'humanité expirer sur le calvaire où les jurandes de toutes natures la tiennent garottée depuis si
longtemps, et de voir la solution fuir encore sous les
doigts et la pensée. Le monopole est le droit de dîmer, de péager à chaque entrée dans le privilége;
l'association, au contraire, unit les individualités, les
groupe, les met en relation immédiate et personnelle
avec l'instrument, avec les produits, avec les propriétés créés. L'association est donc la négation du
monopole. Aussi exige-t-elle l'abolition des maîtrises
usuraires, et le sentiment universel, qui se mani-

feste, indiquant que la civilisation française reprend le travail d'abolition, commencé par le décret du 16 février 1794, le seul, l'unique moyen de continuer le démenti que la statistique donne depuis un siècle à Malthus, est-il de mettre l'homme en possession de son instrument de travail, de son métier, et de toute la propriété qui est le résultat immédiat et naturel de son activité et de sa force, sans aucune intervention parasite.

Là, non seulement est la révolution, mais le salut du monde; puisque la production ne peut franchir les termes de sa progression géométrique que par l'anéantissement de tout cens, de tout péage.

A l'aide de ces idées générales, nous allons examiner comment l'Assemblée nationale a compris ce grand mouvement du siècle, et en a favorisé le développement; et nous n'oublierons pas, un instant, que c'est pour l'humanité une question de famine ou de quadruple abondance.

L'article 13 de la Constitution pose en principe que la société française doit aider les associations volontaires, en leur fournissant des capitaux puisés dans le trésor de l'Etat.

Loin de penser que le travail puisse se commanditer lui-même, que le travail, étant la source unique de la richesse et de la propriété, il y a possibilité de faire du travailleur son propre banquier, l'Assemblée nationale a reconnu, au contraire, que le travail ne pouvait vivre qu'à la condition d'être associé au capital !

Sans le capital, a-t-elle dit, le travail serait impuissant à produire ; sans le banquier, l'ouvrier, destitué de l'énergie industrielle, n'aurait qu'à mourir de faim ! La vie du travailleur dépend du bon plaisir du propriétaire, qui représente le principe de la force, de l'autorité, de la discipline commerciale, de l'ordre, du génie socialisant.

Telle a été, dans ses rudiments intimes, la donnée économique qui a abouti à consacrer la prépondérance du MONOPOLE capitaliste sur les destinées du pays, à substituer une profonde inégalité RÉELLE à l'égalité tentée par la forme républicaine; et cependant, chose bizarre, les auteurs du projet sont les descendants de ces mêmes économistes qui ont eu la gloire de demander et d'obtenir l'abolition des jurandes ! Ah ! philosophes du juste-milieu, *carbonari*, aux trousses des *Six-Corps*, soyez donc conséquents !

Des salariés et des maîtres, et la monarchie est rétablie. Ne le voyez-vous pas ? la royauté est morte, vive la présidence ! et les bœufs du travail vont de nouveau sentir l'aiguillon du capital.

Lorsque fut discuté, à l'Assemblée nationale, le projet de loi relatif aux contrats à passer pour l'organisation des associations volontaires, M. le Ministre du commerce s'exprimait ainsi, dans la séance du jeudi 16 novembre 1848 :

« Les ouvriers apportent l'argent que vous donnez, « et le patron apporte son établissement. »

Que voulait dire ceci ?

Ou que le travail n'est rien et que le capital est tout !

Ou que le travail est quelque chose, mais que son produit doit appartenir au maître de l'établissement. En effet, le maître dote l'association de son capital.

Les ouvriers y apportent : 1° le travail; 2° un capital fourni par l'Etat.

Donc, les ouvriers fournissent quelque chose de plus que le maître! Ce quelque chose, c'est le travail, c'est la puissance qui crée, c'est la main qui exécute. Hé bien ! si les ouvriers, dans les associations volontaires, n'ont pas double part, ils sont volés.

Voilà, cependant, où conduit l'application fraternelle de cette vieille maxime, qui regarde le travail comme étant le sergent indispensable du capital; et il n'y a pas d'alternative possible ; les paroles du ministre sont concluantes : l'ouvrier doit être capitaliste, pour vivre, pour entrer en association, pour devenir un être industriel. L'Assemblée nationale a donc proclamé la commandite capitaliste, la légitimité du monopole usuraire, la supériorité du droit de quelques-uns, la royauté d'un instrument, qui est le partage d'une caste, et a frappé d'infériorité l'homme armé de sa force, de son intelligence, de son DROIT de vivre en produisant, en travaillant.

Les patriciens triomphent dans la Constitution, l'antique phalange des usuriers peut avoir des transports d'allégresse ; les Cicéron du capital, du haut de la tribune, peuvent désormais foudroyer les Rullus et les vouer à l'exécration du sénat ; le travail a été lâchement enchaîné au char du privilége, et le triste captif ne peut demander, aujourd'hui, qu'une diminution de son esclavage, qu'un allégement du principe constitutif de son infériorité.

Ces excès du principe propriétaire ont été, du reste, bientôt châtiés ; en voulant les assouvir, l'Assemblée est tombée dans la communauté. En effet, la monarchie décrétée, où aller chercher l'instrument de servage ? Ce capital promis aux associations, où aller le puiser ? A qui l'emprunter ? Aux particuliers ? A l'Etat ?

Aux particuliers ?

S'il ne veulent pas, il faudra les exproprier ! c'est à-dire les voler !

S'ils veulent, l'Etat ne peut intervenir dans le contrat, à moins que l'Etat ne consente à se faire le directeur de toutes les libertés individuelles !

L'emprunt aux particuliers se trouve donc impossible, entre le vol et le communisme.

A l'Etat ?

Comment, voici l'Etat banquier des industries particulières, les commanditant, les réglant, les organisant; mais nous sommes en pleine communauté. Ecoutons M. Louis Blanc, l'auteur le plus accrédité en matière d'organisation gouvernementale.

Page 102 de l'*Organisation du travail.*

« Le gouvernement leverait un emprunt dont le
« produit serait affecté à la création d'ateliers sociaux,
« dans les branches les plus importantes de l'industrie
« nationale.

« Le gouvernement étant considéré comme fonda-
« teur unique des ateliers sociaux, ce serait lui qui
« rédigerait les statuts. Cette rédaction, délibérée et
« votée par la Représentation nationale, aurait forme
« et puissance de loi. »

Le citoyen Paulin-Gillon, représentant du peuple, avait beau dire à la Chambre : Ce que vous allez faire prend un certain air de famille avec le communisme prêché au Luxembourg! Prenez-y garde!

— Allons donc! lui disaient les Républicains de la propriété, vous ne savez ce que vous dites; nous voulons que tout le monde soit content de notre Constitution; nous voulons que Considérant y trouve l'association; Louis Blanc la banque gouvernementale; Thiers l'assistance et l'aumône, dont on doit être flatté, suivant lui; Wolowski ses institutions de crédit; les usuriers une honnête moisson; les ouvriers, du pain, quand le capital le voudra ; et les dynastiques une monarchie.

Aussi, lorqu'il s'est agi de réaliser l'article 13 et de favoriser les associations volontaires, on n'a trouvé rien de mieux que de copier Louis Blanc en les commanditant par l'impôt. Mais là s'est présentée une grave question : quel taux d'intérêt demanderait-on ?

Le projet de constitution, écrit sous l'impression des événements qui avaient amené la royauté du travail, voulait que l'intérêt fût de 3 0/0.

La commission, animée d'un esprit moins démocratique, proposa que les prêts de 25,000 fr. fussent soumis à un intérêt de 3 0/0, et ceux au-dessus de cette somme à celui de 5 0/0.

La royauté, mise en jeu, oscillait donc entre le 3 0/0 et le 5 0/0 ; 5 0/0 était son maintien, 3 0/0 indiquait la voie de réduction dans laquelle elle doit nécessairement entrer dans une république ; on adopta le mezzo-termine de la commission, et les dynastiques, habitués au 5 0/0 de la monarchie, purent se glorifier de cette victoire, qui laissait encore flotter entre leurs mains l'oriflamme de l'usure.

Examinons maintenant les bases de l'arithmétique économique qui ressort de ce décret.

La loi fondamentale de la justice commutative est celle-ci : le produit est égal au travail. T = A.

Représentons par T le travail d'un année, par A le

produit d'une année, par R le capital du propriétaire,
et par R le prêt de l'Etat.

Première année.

État. $R \times 0$ de travail $= R + 3\ \%$.
Propriétaire. $R \times 0$ de travail $= R + 5\ \%$.
Ouvrier... Capital $0 \times T = A - (R + 3\ \%) - (R + 5\ \%)$.

Deuxième année.

$R \times 0 = R + 3\ \% + 3\ \%$.
$R \times 0 = R + 5\ \% + 5\ \%$.
$2\,T \times 0 = 2\,A - (R + 3\ \% + 3\ \%) = (R + 5\ \% + 5\ \%)$.

Vingtième année.

$R \times 0 = R + 60\ \%$.
$R \times 0 = R + 100\ \% = 2\,R$.
$20\,T \times 0 = 20\,A - (R + 60) - 2\,R$.

Quarantième année.

$R \times 0 = R + 120\ \% = 2\,R + 1/5$.
$R \times 0 = R + 200\ \% = 3\,R$.
$40\,T = 40\,A - (5\,R + 1/5)$.
En réunissant les équations on a
$R + R + 40\,T = 40\,A - (5\,R + 1/5)$.
En retranchant les R communes
$40\,T = 40\,A - (3\,R + 1/5)$.
En divisant par 40
$$T = \frac{A - (3\,R + 1/5)}{40}.$$

Cette formule explique la valeur du produit pour
chaque année de travail de la période de 40 ans. Hé
bien! il peut se présenter trois cas.

— Ou le produit est inférieur au travail, ce qui implique toujours la perte, le mauvais emploi, la faillite du travail ; A est plus petit que T.

Plus l'ouvrier travaille, moins il a, et, à un moment donné, à un terme quelconque de la progression des annuités, l'intérêt $\dfrac{3\,R + 1/5}{40}$ deviendra nécessairement égal au produit A ; alors on aura, pour valeur du travail, une équation de cette forme :

$$2 = 2 - 2. = 0.$$

tandis que le capital suivra cette progression rapide,

$$2 = 0. \quad 2 = 1. \quad 2 = 2. \quad 2 = 3. \quad 2 = 4.$$

En un mot, quand le travailleur trouvera 0 à la fin de ses laborieuses années, le capitaliste doublera, triplera, quadruplera son capital, à l'aide de son oisiveté et de la fiction de l'usure.

— Ou le produit est égal au travail et l'équation est mensongère, puisque $T = A - \left(\dfrac{3\,R + 1/5}{40} \right)$ se réduit à cette forme $2 = 2 - 1$: ce qui est faux ; mais comme en dernière analyse cette formule $2 = 2 - 1$ présente toujours un résultat positif $1 = 2$, résultat qui est la consécration du vol à raison de 50 0/0 de perte, nous verrons avec étonnement quelle est la seule formule possible du produit à répartir entre les travailleurs.

— Ou, enfin, le produit est supérieur au travail ; ce qui est impossible, puisque le produit est la génération dont le travail est la matrice immédiate et limitée ; car, pour admettre cette équation, il faudrait croire que le contenu est plus grand que le contenant.

Ainsi $2 = 0$. $2 = 1$. $2 = 3$.

Tels sont les résidus des trois analyses des relations du travail et du produit.

Les deux premières prouvent qu'au moyen du préjudice tantôt intégral, tantôt partiel qu'éprouve le travail, une féodalité financière se formera avec d'autant plus de facilité que, le capital de l'Etat ne rapportant que 3 0/0 et celui de l'entrepreneur 5 0/0 ou 6 0/0, ce dernier, avec cet axiôme économique, *plus on a de capitaux, plus on fait d'affaires*, aura plus de chances de trouver tous les ans ses intérêts entiers ; de sorte que le prêt, consenti par l'Etat, fait la fortune de l'entrepreneur et non celle de l'ouvrier.

Le décret de l'Assemblée nationale est donc une manne de bourgeois et une fabrique de grands seigneurs.

En second lieu, cette arithmétique, qui consiste à dire que deux est égal à zéro ou deux est égal à un, prouve jusqu'à l'évidence que le décret de l'Assemblée nationale laisse régner dans nos mœurs économiques la loi mathématique de l'assassinat et du vol des travailleurs, et la raison numérique de l'inégalité, dont l'effacement a été toute la tentative de la révolution.

Enfin, en détruisant la formule du produit égal au travail, l'Assemblée nationale a fait disparaître le criterium de la certitude, l'arche sainte de la justice, pour y substituer le vagabondage de l'arbitraire, la puissance des abus capitalistes et le gouvernement de la force.

Et en dernier lieu, le capital étant fixe par sa nature, et devant être retiré *intégralement* après l'association, et le travail, au contraire, zéro avant sa mise en œuvre, étant d'une fécondité infinie, illimitée, tous les frais, toutes les primes, tous les intérêts sont dès lors pris sur le produit qui donne sans recevoir, et entretiennent une machine qui ne fait rien, consomme beaucoup sans s'altérer, et qu'on nomme le capital.

Comment se fait-il donc que, dans toute cette assemblée, une voix n'ait pas demandé : De quel droit stipulez-vous un intérêt ? De quel droit, voulant favoriser le travail, lui prenez-vous une partie de son produit? De quel droit, enfin, constituez-vous, pour l'Etat, le privilége de percevoir sans impôt et sans travail ?

L'Etat n'est pas propriétaire de l'impôt, il n'en est que le dispensateur. L'impôt est un prélèvement annuel sur le travail, prélèvement destiné aux travaux d'utilité publique, aux dépenses du gouvernement de tous, et aux traitements des paperassiers improductifs qui grattent le papier et croient produire, dans les couloirs des ministères; et comment donc, avec ces prélèvements arrachés au travailleur, vient-on commanditer le travail, par stipulations usuraires ?...

Comment, par les perceptions, par les douanes, par mille entraves à la circulation, par les garnisaires, force-t-on le producteur à solder des dîmes qui deviendront, entre les mains de l'Etat, l'instrument de la spoliation du travailleur? Ne dirait-on pas que les revenus publics ne sont plus qu'une caisse d'épargnes *forcées*, destinée à alimenter les petites semaines du gouvernement? Cela rappelle l'histoire de ce seigneur, qui faisait très-laborieusement élever par ses manants, une potence, où il les pendait ensuite.

Réjouissez-vous donc économistes, voilà l'Etat préteur ;

Collecteur d'intérêts ;

Ramasseur de propriétés qui ne sont pas le produit de son travail ;

Exploiteur d'un domaine éminent qui s'accroît des labeurs du vassal ;

Seigneur d'un fief usuraire ;

Propriétaire d'une directe cotée à 5 0/0 ;

Chef oisif et cependant jouissant d'une puissance, d'une force qui est la résultante des puissances et des forces individuelles ;

Suzerain du capital, qui attend l'hommage du travail à raison de 5 0/0.

Monarque absolu du droit de faire jouir, de faire vivre, de faire travailler.

Oui, réjouissez-vous, ce triomphe n'est pas le seul :

les actes du gouvernement républicain sont pleins de combinaisons pareilles ; nous allons en citer un exemple remarquable. Une ordonnance *royale* du 7 décembre 1835, règle ainsi le taux de l'intérêt en Algérie :

ART. 1ᵉʳ *Dans les possessions françaises au nord de l'Afrique, la convention sur le prêt à intérêt fait la loi des parties.*

C'est-à-dire que le roi proclamait la liberté illimitée de l'usure ; les rapines de Verrès devenaient légitimes.

ART. 2. *L'intérêt légal, à défaut de convention, et jusqu'à ce qu'il en soit autrement, sera de dix pour cent, tant en matière civile qu'en matière commerciale.*

Quoi, dans un pays pauvre, qui a besoin pour vivre, non pas d'argent, mais de travail, et de travail à encourager, à disséminer, on donnait au capital une puissance double de celle qu'il a en France! Aussi les quelques produits algériens sont-ils devenus, non pas la récompense et la propriété du travailleur, mais la proie du capitaliste. Les Lombards flétris de France se sont élancés sur cette curée faite, par la loi, à l'usure, et leurs ravages ont plus arrêté l'essor de la colonie que les guerres de nationalité soutenues par Abd-el-Kader.

Le général Cavaignac a dû voir ces misères de près, mais il partage sans doute cette erreur des économistes qui, voyant l'aisance d'un pays dans la masse d'argent, n'ont d'autres moyens de le fixer sur un marché que de lui accorder des primes très-élevées. Cette erreur avait déterminé les anciens rois de France à autoriser les prêts à 20 et 25 0/0 sur les foires de Champagne et de Lyon, pour y attirer le numéraire. Comme on le voit, le procédé n'est pas nouveau ; le premier édit en remonte à Philippe-le-Bel, il est donc une émanation directe de la monarchie ; aussi la république française de 1848 vient-elle d'en consacrer l'usage, par un arrêté contre-signé Cavaignac, et inséré au *Moniteur* du 17 novembre 1848 :

ART. 1. *L'intérêt légal en Algérie, en matière civile et commerciale, sera de* 10 0/0 *sans retenue.*

ART. 2. *L'intérêt conventionnel ne pourra, en aucun cas, excéder le taux légal, sous les peines portées par les art.* 3 *et* 4 *de la loi du* 3 *sept.* 1807.

Lorsque vous lancez ces émigrations sur le sol africain, vous les embarquez avec l'usure pour pilote et pour maître. Ah! je ne m'étonne plus que M. Rossi ait tenu les émigrations et les défrichements des solitudes pour des palliatifs impuissants contre la misère ; non, je ne m'étonne plus que ce grand esprit ait prêché la folie de ces croisades contre le paupérisme, car ces armées de travailleurs qui quittent le sol sont les esclaves et les tristes tard-venus du privilége. Allez, combattants des forces inertes de la nature ; allez, pionniers des déserts, le serpent d'airain vous enlace déjà, et vous n'avez plus qu'à mourir. C'est le sort que vous fait la république de 1848.

Mais cette centralisation du domaine éminent, aux mains de l'Etat, n'est-elle pas la constitution de la monarchie capitaliste et l'intronisation de la dictature icarienne? Il n'en faut pas douter!

L'Etat prêteur à intérêt, c'est l'Etat monarque; c'est l'Etat tenant dans sa vaste main tous les droits réels, tous les droits personnels, et les comprimant ou les relâchant à son gré, à son plaisir.

En voulant sauver la propriété, l'Assemblée nationale est tombée dans la communauté, et là, rencontrant l'énergique principe de la propriété, elle a été entraînée dans les nuages, mêlés d'orages, du principe capitaliste et du gouvernement absolu. Aussi l'Assemblée nationale fait-elle gronder à son profit les tonnerres du despotisme usuraire dont la légitimité, pour elle, se perd dans l'ombre des siècles passés, et frappe-t-elle de sa foudre impitoyable et cruelle le travail, cette éternelle victime des tyrannies antiques.

Le Prométhée moderne, le régénérateur des sociétés, le nouvel Adam des races humaines, le travail, enfin, qui a tenté son émancipation, a donc vu de nouveau ses chaînes s'appesantir, et la république propriétaire lui redire ces axiômes, écrits il y a cinquante ans, par De Maistre, au nom des monarchies de droit divin:

« Les droits des peuples partent toujours de la con-

« cession des rois ; mais les droits du souverain et de
« l'aristocratie n'ont ni date ni auteurs connus. »

« La liberté est un don des rois, car presque toutes
« les nations libres furent constituées par des rois. »

Cette hymne du despotisme, l'Assemblée nationale
l'a chantée en décrétant :

1° Que le travail ne peut exister que par les concessions du capital ;

2° Que la liberté du travail est un don volontaire
du capital ;

3° Que le capital est d'origine divine, n'ayant ni
date ni auteurs connus.

Telle a été, en définitive, toute la liberté assurée au
travail par le pouvoir législatif, telle a été la faveur
accordée aux associations ! Ne semble-t-il pas vrai-
ment que, contrairement aux enseignements de la statistique, l'Assemblée nationale ait voulu donner raison et préparer un triomphe à la théorie de Malthus !
Ah ! si on avait su s'émanciper de l'antique fiction de
la puissance du capital comme instrument de production, nous serions maintenant en plein affranchissement, et cependant les intentions de tous étaient vrai-
ment républicaines ; pour s'en convaincre, il suffit
de rappeler ce que disait M. Corbon, en présentant le
projet de loi sur les prêts à faire par l'Etat :

« Il n'est assurément personne dans cette assemblée
« qui ne veuille de tout son cœur l'élévation progres-

« sive des classes tenues jusqu'ici dans l'infériorité.

« Et, pour notre part, nous avons l'intime conviction

« qu'un jour viendra où la plupart des travailleurs

« auront passé de l'état de salariés à celui d'associés

« volontaires, comme autrefois ils ont passé de l'état

« d'esclaves à celui de serfs, et comme de serfs ils

« sont devenus *salariés libres.* »

Tout le mécompte de la révolution se trouve dans le rapprochement de ces deux idées, d'association et de commandite; c'est par leur union que l'Assemblée a tenté l'affranchissement : pour rendre Spartacus libre, elle l'a précipité dans le cachot de Chillon; pour faire arriver l'homme à l'égalité, elle lui a refusé le travail; cette tentative contenait le germe des malentendus et des barricades.

Le pouvoir législatif était de bonne foi : il croyait élever la république avec les éléments monarchiques, et la constitution gouvernementale du crédit usuraire lui parut une institution républicaine, fraternelle, qui devait aboutir à l'Egalité. Mais le peuple, avec sa raison souveraine, infaillible, rejeta cet idéal, comme plein des supplices du passé, des triomphes du privilége et des horreurs de la famine!

Oui, le peuple eut raison. L'Etat, en se faisant banquier, a substitué la tyrannie de l'espèce au despotisme de l'individu, et l'esclavage du travail en a certainement grandi.

Pouvait-on faire autrement? Un conte va nous l'apprendre.

Il existait un brâhmane du nom de Vâyou.

Sa hutte de feuilles de lotus était religieusement placée entre les deux rivières divines de Saraswâti et de Drichadwâti.

Il portait une ceinture de moundja et un bâton de palâsa, dont il avait conservé l'écorce avec respect.

Il mangeait en saluant les quatre points cardinaux, et après son repas, il se lavait les six parties creuses de la tête, les yeux, les oreilles, les narines.

C'était un saint homme, fort savant dans la lecture des Vedas, au fond un peu sensuel, fatigué de cueillir lui-même les fruits qui composaient le menu de ses repas ou de mendier sa nourriture après le coucher du soleil, quand la fumée ne sortait plus des maisons, c'est-à-dire quand le feu des cuisines était éteint. Le digne Vâyou maudissait les lois de Manou, qui lui prescrivaient l'indigence ; il aurait voulu trouver le moyen d'avoir des esclaves, des éléphants, et de jouir un peu de cette belle vie qui passe si vite sous le ciel brûlant de l'Inde.

Tout travail lui était interdit ; cependant il pouvait écrire, ce qui a toujours été regardé comme une occupation sainte et digne d'un prêtre.

Le pays qu'il habitait était plein de soudras ou marchands, fort ignorants, fort croyants, comme ils le sont tous, gens très-laborieux, mais dont les affaires allaient mal à cause des difficultés qu'ils éprouvaient de faire connaître à distance leurs intentions et de recevoir autrement que de bouche les commandes, l'écriture étant complètement ignorée des soudras.

Vâyou comprit qu'il pouvait tirer un grand profit de cette ignorance et se créer une immense fortune, en offrant de simplifier les relations commerciales et de leur donner une entière certitude.

Il fit partager sa pensée à quelques brâhmanes, dégoûtés comme lui du régime de l'écuelle et de l'aiguière, et alors commença l'exploitation en grand du monopole de l'écriture.

Un soudra avait-il une lettre à écrire, Vâyou la faisait et lui demandait :

Pour la feuille de lotus.	un pala.
Pour le talent.	un pala.
Pour le temps perdu	un pala.
Pour commission ou droit de monopole .	un pala.
Pour frais de maison, quoique l'habitation du brâhmane fût une racine d'arbre couverte de lotus et dont il avait hérité de son maître ; pour chauffage, quoiqu'il ne fît jamais de feu ; pour éclairage, quoiqu'il n'écrivît jamais qu'à la lumière du soleil.	un pala.
Le soudra recevait-il réponse, le brâhmane lui demandait, pour dérouler la feuille de lotus.	un pala.

Pour tousser, cracher et se carrer dans un
    fauteuil avant de commencer . . . .   un pala.
Pour le talent de lecteur . . . . . .   un pala.
Pour commission . . . .   un pala.
Pour frais de maison . . . .   un pala.
                Total. . . Dix palas.

Dix palas, pour avoir rendu certaine et précise une négociation de 100 palas : c'était un joli revenu pour un saint homme qui n'avait pas eu beaucoup de mal.

La banque d'écriture du brâhmane Vâyou réussit complétement, il devint riche.

Au bout de quelques années, les soudras ne pouvaient se rendre compte de la gêne qu'ils éprouvaient. Leurs relations commerciales avaient doublé, le travail avait augmenté dans la même proportion, et cependant ils ne s'enrichissaient pas.

D'un autre côté, Vâyou avait abandonné sa cabane de lotus ; il s'était fait bâtir un palais de marbre ; et entretenait des femmes, au milieu desquelles on distinguait Sacountala et Vasantazena, deux jeunes et belles courtisanes, qui se barbouillaient de héné, mâchaient du betel et montaient sur des éléphants caparaçonnés d'or. Vâyou avait une armée d'esclaves et un régiment de jeunes brâhmanes qui lui servaient de commis et apprenaient sous ses yeux l'art difficile de trouver le prétexte inconnu d'exiger un onzième ou un douzième pala du malheureux soudra.

Les jeunes tigres apprenaient à déchirer leur

proie. Vâyou, devenu puissant, songea à perpétuer son monopole en faisant déclarer que l'écriture était indispensable aux soudras, mais que, pour la connaître et en faire usage, il fallait payer patente de brâhmane, être tonsuré, connaître les Vedas, être un saint homme et bien penser, c'est-à-dire être riche. On déclarait rebelles, renégats, usuriers, criminels, tous ceux qui auraient voulu se mêler d'écrire sans payer patente ou être fils de brâhmane.

Cette loi fut promulguée le jour où Vâyou découvrit qu'il pouvait exiger des travailleurs un onzième pala à raison de son dictionnaire, un douzième pala pour prix de son calam, et un treizième pour l'encre de Chine qu'il employait.

La caste des brâhmanes fut dans l'allégresse; on proposa de le déclarer bienfaiteur de l'humanité. Pour lui, insensible à la gloire, il fit un repas de plus par jour, prit à sa solde une nouvelle courtisane, la voluptueuse Calidisi, acheta cent nouveaux éléphants, et dormit tous les jours jusqu'à midi.

Les soudras ne tardèrent pas à sentir les funestes effets de la découverte de Vâyou. Tout l'argent allait chez le scribe divin; car pour se procurer les 13 palas sacramentals il fallait vendre leurs produits à moitié prix, et plus Vâyou mangeait et dormait, plus les soudras travaillaient et mouraient de faim.

C'est alors que naquît le choléra, destiné à enlever

ces malheureux soudras, qui ne pouvaient payer les 13 palas et ceux qui les payaient en travaillant.

Un désert se fit autour des brillants palais de Vâyou. Mais par malheur pour le riche et puissant nabab, un soudra échappé des griffes des 13 palas et du choléra, fit cette simple réflexion :

« Pourquoi donc chaque homme ne serait-il pas soudra (c'est-à-dire travailleur) et brâhmane-écrivain (c'est-à-dire capitaliste) ? Pourquoi payer la rançon de l'écriture, quand tout le monde peut écrire ? Ah ! Vâyou ! tes 13 palas sont un vol ! Tout le monde va savoir écrire, chacun fera ses affaires ; plus de monopole, plus d'intermédiaire indispensable, plus de dîmes sur le travail, plus de famine amenée par ton usure, plus de choléra pour te débarrasser des gémissements des affamés ; ton règne est fini, l'ignorance a cessé ! »

Dès ce jour, Vâyou disparut dans une émeute sanglante. Chaque soudra apprit l'écriture, et les 13 palas du monopole que s'était arrogé une caste appartinrent aux travailleurs. L'industrie prit une activité prodigieuse : les belles courtisanes disparurent ; en revanche, chaque soudra eut sa femme légitime et son éléphant pour les promenades de sa famille.

Ce conte doit vous expliquer pourquoi le travail paye cinq milliards de rente et de loyer au capital.

Vâyou est un capitaliste, un monopoleur.

L'écriture est le monopole de la terre et des banques.

Les 13 palas composent l'usure et la dîme que perçoit le capital.

Le soudra, c'est le travailleur.

La mort de Vâyou, c'est la révolution qui rendra chaque travailleur capitaliste par la mutualité du crédit.

L'Assemblée nationale pouvait donc, au lieu de créer pour les associations une commandite gouvernementale usuraire, les doter du crédit mutuel, et commencer par les affranchir de toute taxe et de tout péage. C'était un pas en avant, au lieu de cela, elle a mieux aimé dire comme par le passé :

« Le capital a le droit de prélever sur le travail une quotité des produits. Ce droit, il le puise dans sa force, dans son existence, dans son *indispensable présence* aux évolutions du travail, dans sa constitution souveraine, dans le fétichisme imbécile dont il est l'objet, dans cette vieille légende qui le chante roi du commerce et empereur de la production. »

Cela posé, il devait en découler naturellement, par le propre poids du principe, que puisque l'industrie se compose de l'action combinée du capital d'abord et du travail ensuite, et qu'il est de philosophie économique que l'usage du capital soit *productif d'un droit*, il y avait nécessité pour un État qui se fait banquier de stipuler des intérêts à son profit.

L'Etat prend donc en main la souveraineté du capital, l'empire économique, et dit au travail :

« Jusqu'à présent tu as produit pour des banquiers, des êtres connus, déterminés, que tu pouvais maudire en mêlant leurs noms aux imprécations de ta misère; maintenant, grâce au sang répandu, tu produiras pour l'Etat, pour un banquier indéterminé, un être impersonnel, que tu ne pourras saisir ni connaître, mais qui n'en prendra pas moins toutes tes sueurs ! »

Réjouis-toi, travailleur !

A la tyrannie de l'individu on a substitué la tyrannie de l'espèce, du grille de Guatimozin on t'a précipité dans les fournaises du Dante : sois heureux !!!

Le crédit, modelé sur la propriété, arrive économiquement à la constitution monarchique ; car le banquier octroie la faculté d'user, comme Louis XVIII avait octroyé la charte de 1814, qui n'était que le droit de babiller impôt, rétention étant faite, de la directe monarchique. La science du crédit, ou l'économie politique républicaine, n'est donc que la caméralistique de la monarchie, que la financerie du capital, que l'art, pratiqué par nos La Balue et nos De Semblancai modernes, d'organiser et de légitimer la tyrannie du propriétaire et la spoliation du travailleur.

Le décret de l'Assemblée nationale était donc fatal ; il était impossible de l'éviter avec les idées actuelles sur la séparation du capital et du travail ; et dès-lors cette chambre ne pouvait donner au pays que des institutions monarchiques déguisées sous le nom d'une présidence triennale.

Ainsi, le républicanisme de la propriété n'est qu'une mascarade ridicule, qui a destitué la France de sa forme monarchique pour la pousser dans l'organisation présidentielle. Tout le gain de la bataille se résume dans la substitution du dogme personnel et temporaire de la souveraineté au dogme réel et héréditaire! Avoir ébranlé le pays dynastique pour le doter des trésors monarchiques rêvés à l'ombre des loisirs de la propriété présidentielle, n'est-ce pas une jonglerie? Avoir armé le peuple au nom de son affranchissement et le désarmer en lui rivant les fers des usures gouvernementales de l'Etat, n'est-ce pas une odieuse mystification? L'appeler à l'égalité en le faisant asseoir au festin des inégalités réelles présentées par l'économie politique, n'est-ce pas un crime?

Toutes ces accusations sont légitimes, toutes ces plaintes sont justes; et cependant, comme nous l'avons déjà dit, l'Assemblée nationale ne pouvait que consacrer le monarchisme du capital, parce qu'elle ne voyait rien au-delà de la communauté et de la propriété.

La communauté lui causait une légitime horreur.

La propriété, escortée des idées anglaises, moulée

dans la formule monarchique, soutenue des baïonnettes bourgeoises, lui plût ; elle l'adopta et décréta que désormais le travail ne pourrait exister qu'à la condition :

De payer un loyer à la jurande usuraire ;

De reconnaître une supériorité fatale ;

De s'incliner devant un droit indiscutable, infaillible ;

De dépendre du *bon vouloir* qu'on appelle la confiance, le crédit etc. ;

De manger après avoir donné le quart, le tiers de son pain sous forme de 5 0/0 ;

De ne jamais causer émoi au capital, qui, de sa nature, est sujet aux défiances.

Répétons-le encore, la mission de l'Assemblée nationale était fatale. Elle a décrété la monarchie, légifié l'usure, sanctionné le salariat, organisé une société qui est frappée de l'impuissance totale d'être jamais une république : tout cela était prévu.

N'y a-t-il pas à cette prélibation du capital une raison profonde et qui explique la légitimité universelle qui l'accueille ? Certainement si, et nous allons la faire connaître, pour montrer et mettre en évidence la différence radicale qui sépare le capitalisme du socialisme.

Travailler, dit le capitalisme, c'est produire *de quelque chose* ; ce quelque chose est le capital, dont l'usage est productif de rente ; c'est le monopole, dont l'entrée coûte dîme, dès-lors l'usure est légitime.

Travailler, dit le socialisme, c'est produire *de rien*, toutes les utilités formelles créées sont la propriété du travail : la rente est donc sans droit.

Ces deux définitions contiennent toutes les antipathies de la propriété et du socialisme, et comme on le voit, leur réconciliation est à jamais impossible.

Voici, sur ce sujet, la réponse faite le 18 juin 1848, au *National*, par le *Représentant du Peuple*. Nous la donnons dans son entier, dans la crainte de l'affaiblir :

« L'économie politique, cette science toute mo-
« derne, qui s'enseigne ou ne s'enseigne plus au
« Conservatoire des arts et métiers et au collége de
« France, est positive à cet égard. Et, bien qu'à la
« lecture des auteurs il semble le plus souvent qu'elle
« n'ait pour objet que de glorifier le capital, de sou-
« tenir les droits seigneuriaux du capitaliste, il n'est
« pas moins vrai qu'elle suppose toujours le rapport
« de la causalité du travail au capital, comme elle
« suppose la communauté des biens de la nature,
« avant leur appropriation par l'industrie.

« Ouvrez, par exemple, J.-B. Say. Il vous dit, vous
« répète, vous rappelle sans cesse que l'homme ne
« crée *matériellement* rien ; qu'il ne produit point la
« *substance* des objets ; que tout ce qui lui appar-

« tient, c'est de donner aux corps que lui fournit la
« nature une certaine utilité ou commodité relative à
« lui-même, en un mot, une *forme*.

« Ainsi, dit J.-B. Say, l'Auvergnat à qui vous payez
« dix centimes pour un seau d'eau puisée à la Seine,
« l'Auvergnat ne crée pas l'eau. Il la déplace, vous la
« met sous la main, vous la rend accessible ; d'inutile
« qu'elle était, à 100 mètres de votre porte, à 50 pieds
« au-dessous de votre appartement, il vous la rend
« utile en l'apportant dans votre cuisine. Donc l'Au-
« vergnat ne crée *matériellement* pas l'eau ; il en
« produit l'usage, l'utilité, il en fait le transport. Ce
« transport, bien que ce ne soit pas une substance,
« n'en en est pas moins une réalité ; c'est une réalité
« d'une espèce particulière qui s'adjoint à la substance ;
« c'est, comme dit l'école, une *forme*.

« Le cordonnier ne crée pas la substance du cuir ;
« il crée le soulier, c'est-à-dire une certaine forme,
« utilité, ou usage du cuir. Le chapelier ne crée pas
« la substance de la soie ni du poil : il crée le cha-
« peau, la forme. Il en est ainsi du commerçant, de
« l'artiste, du fabricant de produits chimiques, du
« mineur, du laboureur. Le laboureur ne crée ni le
« blé ni le foin : il les recueille, après avoir donné
« à la terre certaines préparations qui la rendent plus
« apte à produire du blé ou du foin.

« Mais précisément parce que le travailleur ne pro-

« duit que des formes, c'est-à-dire une utilité, com-
« modité ou usage, qui auparavant n'existait pas, on
« peut, on doit dire que le travailleur crée tout ce
« qu'il crée, à savoir : l'utilité, de rien. Si petite que
« soit sa peine, — et nous savons qu'aujourd'hui l'on
« n'obtient plus rien sans travail,—c'est le travailleur
« qui crée le produit, c'est le travail seul qui donne
« naissance au capital. Say, dit en propres termes, que
« l'utilité ou la valeur est la forme que le travailleur
« AJOUTE à la matière. Or, si le travailleur *ajoute* la
« forme, c'est qu'elle n'existe pas. D'où vient-elle
« donc? où le travailleur la prend-il? En lui-même,
« c'est-à-dire dans le néant.

« Tout le travail humain consiste dans cette créa-
« tion *formelle*.

« L'économie politique, la science de la distribu-
« tion du travail et de ses produits, commence avec
« cette création.

« La valeur est le degré comparatif d'utilité des
« formes diverses que le travail donne à la matière,
« abstraction faite de la matière même, qui par sa
« nature n'entre pour rien dans l'appréciation des va-
« leurs, en un mot, ne vaut, pour l'économiste, rien.

« L'échange est la permutation de ces valeurs. Ma-
« tériellement l'échange implique la permutation des
« objets, des corps ; mais économiquement il se règle, se
« liquide uniquement sur l'utilité créée, sur la valeur.

« Quand on dit vulgairement que rien ne se fait de
« rien, on entend que pour produire l'homme a be-
« soin d'un champ de production, d'une matière sur
« laquelle il puisse effectuer son œuvre, déposer sa
« pensée, réaliser l'utilité qu'il a conçue : ce n'est là
« qu'une métaphore. Mais, encore une fois, ce n'est
« pas de la matière qu'il s'agit en économie politique;
« c'est de l'utilité créée, du travail incorporé dans la
« substance, en un mot, de la valeur, produite de
« l'âme humaine, produite de rien. C'est sur ce pro-
« duit du travail, la valeur ou l'utilité, que porte
« le droit; c'est en vue de cette utilité qu'a lieu
« l'échange; c'est par elle que les produits sont com-
« mensurables entre eux, quelle que soit la matière
« dont ils sont formés. Et alors même que vous vous
« servez, pour produire, d'une matière déjà façonnée
« par le travail, ce qu'on appelle en économie po-
« litique un *capital*, vous n'en créez pas moins de
« rien ce que vous y ajoutez de valeur nouvelle,
« comme le premier sauvage qui, rompant une bran-
« che d'arbre, a créé de rien le premier bâton.

« Il suit évidemment de cette théorie de la produc-
« tion *de nihilo*, que la terre et tous les objets de la
« nature sont communs à tous; que les seules choses
« qui puissent être appropriées sont les valeurs; con-
« séquemment, que les revenus attribués au capital
« sont l'effet d'une illusion, d'un faux compte, d'une

« usurpation illégitime, passée en convention tacite et
« traditionnelle, et en force de loi. Abolir cette préli-
« bation du capitaliste sur le travailleur, tel est l'objet
« de la plus grande révolution qui doive peut-être
« s'accomplir dans l'humanité, et dont la commotion
« du 24 février a donné le signal. »

Allons plus avant dans la question, et demandons-
nous, pour la résoudre, quel a été le problème de la
révolution de février, et quelle solution cette commandite des associations ouvrières en a donnée ?

La révolution de février a été purement et simplement un problème de circulation, de crédit, d'échange;
elle a été une demande, non satisfaite, de dégagement
des priviléges engagés, immobilisés ; elle a été une
pétition de justice commutative, d'égalité réciproque.

La vieille société trouvait dans le dogme de la propriété capitaliste un *veto* circulatoire ; aussi, atteinte
de pléthore, elle a eu une apoplexie de produits,
de richesses.

Faire circuler ce qui ne circulait pas, telle a été la
tentative.

Pour cela, il fallait restreindre la sphère d'action
du capital et du gouvernement ; il fallait créer à la
liberté individuelle plus d'espace autour d'elle; il
fallait, enfin, dégager l'homme de la tutelle paupérifiante de la puissance publique et sociale.

Qu'a fait l'Assemblée nationale ?

Le 5 juillet 1848, sur la proposition de M. Alcan, elle vote trois millions, destinés à encourager les associations entre ouvriers et entre ouvriers et patrons. Un conseil, nommé par le ministre du commerce, a été chargé de répartir les fonds et d'en surveiller l'emploi. C'était là agrandir l'action du gouvernement, c'était lui faire faire sur la liberté individuelle une conquête que les anciens gouvernements n'avaient jamais faite, en le mêlant forcément aux projets et aux évolutions de l'industrie privée. C'était, enfin, lancer la politique, non pas dans une nouvelle institution de crédit, mais dans l'organisation de l'atelier, à l'aide du fonds commun qu'on nomme impôt.

De là au communisme, il n'y a pas même un pas, c'est la même chose. L'Assemblée nationale a gouvernementalisé le dogme de la propriété; M. Cabet ne demande rien autre chose. Le peuple eut donc raison de voir dans les commandites capitalistes, faites au travail, une aggravation de sa situation, une surcharge de misère, et un mensonge au programme de son émancipation réelle, promise en février 1848.

Cependant, il faut le dire, comme l'Assemblée maniait un fait profondément antinomique, elle a produit par opposition un fait nouveau dans les annales du monde et dans l'histoire du crédit. Ce fait est, bien certainement, la chose la plus capitale sortie du gouvernement de la France, depuis longtemps. Avant de le mettre en relief, examinons les documents présentés par la commission chargée de distribuer les fonds aux associations ouvrières.

Au 15 octobre 1848, 392 associations étaient parvenues à la connaissance du comité. Elles se rapportent à 82 branches différentes d'industrie.

Ces industries se divisent en deux catégories :

1° Les industries pour chacune desquelles il n'y a qu'une demande.

2° Celles pour chacune desquelles il y a plusieurs demandes.

Dans la première, figurent les industries suivantes, au nombre de 27 :

Amidon, asphalte, arçons, apprêts d'étoffes, balances, boulons, bouchons, bonnets, couverts, carton, cordages, chandeliers, clous, chaux hydrauliques, engrais, équipements militaires, fonderie de caractères, gants, gravure, jouets d'enfants, mottes à brûler, outils, parquets, tulle, sculpture, voitures, vidanges.

Dans la deuxième catégorie figurent 55 branches, dont suit la nomenclature :

	Demandes.		Demandes.
Bâtimens,	22	Ojets de toilettes,	4
Impr. typographiq.,	19	Tanneries,	4
Mécaniciens,	18	Papeteries,	4
Tissus,	16	Poterie,	4
Filature de coton,	14	Librairie,	4

	Demandes.		Demandes
Lingerie,	13	Instr. de musique,	4
Agriculture,	12	Filature de lin,	4
Tailleurs d'habits,	10	Chapellerie,	4
Cordonniers,	10	Boulangerie,	4
Filatures de laine,	8	Briqueterie,	4
Fonderies,	8	Travail du bois,	4
Menuisiers,	8	Meuneries,	3
Produits alimentaires,	8	Filature de soie,	3
Peintres en bâtim.,	7	Horlogerie,	3
Porcelainiers,	7	Fabriques de papiers,	3
Produits chimiques,	7	Passementiers,	3
Fer ouvré,	7	Serrurerie,	3
Ebénisterie,	7	Verrerie,	3
Bronzes,	6	Acierie,	3
Bijouterie,	6	Bonneterie,	2
Lithographes,	6	Fleuristes,	2
Fab. d'inst. et outils,	6	Limes,	2
Imprim. sur étoffes,	5	Bougies,	2
Dessin. pour étoffes,	5	Marbrerie,	2
Mines et carrières,	5	Peignage des laines,	2
Travaux publics,	5	Plomberie,	2
Teinturerie,	5	Aiguilles,	2

Il faut y ajouter trois demandes relatives à des entreprises purement commerciales, et onze communications contenant des exposés de principes et des vues pratiques sur l'application du décret du 5 juillet.

Au 25 octobre, la commission avait rendu des décisions sur 151 demandes.

132 ont été rejetées.

Les 19 allocations ont porté sur les industries suivantes :

2	Imprimeries typographiques,	39,000
1	Filature de coton,	250,000
1	Lingerie,	10,000
1	Filature de laine,	250,000
1	Fonderie de fer,	6,000
1	Haut fourneau,	120,000
1	Peintres en bâtiment,	8,000
1	Ebénistes,	75,000
1	Dessinateurs pour étoffes,	10,000
1	Teinturerie,	10,000
1	Coutellerie,	22,000
1	Papeterie,	20,000
1	Poterie,	15,000
1	Horlogerie,	5,000
1	Verrerie,	50,000
1	Fabrique de limes,	10,000
1	Fabrique de tissus,	8,000
1	Brochage,	6,000
	Total :	914,000

On peut voir, par cette nomenclature, que douze de ces dix-neuf allocations se rapportent à des branches d'industrie pour lesquelles les demandes sont nombreuses ; savoir :

La typographie, la lingerie, les filatures de laine et de coton, la fonderie, la peinture en bâtiment, la teinturerie, la poterie de terre, le dessin pour étoffes, la fabrique de limes.

La fabrique de limes est la seule pour laquelle il n'y eut que deux demandes.

Enfin, la commission se trouvait saisie, au 25 octobre, de quatre avis d'allocation pour construction de bâtiment, fabrique de porcelaine, mécaniciens et fabrique de draps, qui appartiennent encore à la catégorie des demandes les plus nombreuses.

Il faut ajouter que presque tous les avis d'allocation ont été accompagnés de propositions de rejet pour des demandes de même industrie qui existaient alors dans les cartons du comité.

Ainsi, en même temps qu'on a proposé d'accorder des crédits à une imprimerie, à deux filatures, à une fabrique de poterie, une fonderie de fer, une lingerie, une fabrique de porcelaines, à des dessinateurs sur étoffes, on a soumis des avis de rejet sur des demandes de même catégorie, qui étaient arrivées au même degré d'instruction.

L'ensemble des demandes se distribue entre les départements de la manière suivante :

Seine,	250	Report	311
Seine-Inférieure,	13	Orne,	1
Nord,	9	Marne,	1
Eure,	9	Charente,	1
Rhône,	8	Yonne,	1
Gironde,	7	Vienne,	1
Non désignés,	6	Saône,	1
Seine-et-Oise,	5	Isère,	1
Aisne,	4	Gard,	1

Report	319		Report	371
Haute-Garonne,	4	Haute-Loire,		1
Oise,	4	Côte-d'Or,		1
Ardennes,	4	Aveyron.		1
Seine-et-Marne,	4	Nièvre,		1
Bouches-du-Rhône,	4	Lot-et-Garonne,		1
Côtes-du-Nord,	3	Basses-Alpes,		1
Somme,	3	Bas-Rhin,		1
Indre-et-Loire,	3	Creuse,		1
Vosges,	3	Landes,		1
Allier,	3	Cher,		1
Saône-et-Loire,	2	Haute-Saône,		1
Moselle,	2	Corse,		1
Haute-Vienne,	2	Meurthe,		1
Pas-de-Calais,	2	Aube,		1
Loire,	2	Doubs,		1
Loir-et-Cher,	2	Ain,		1
Ardèche,	2	Sarthe,		1
Haut-Rhin,	2	Haute-Marne,		1
Puy-de-Dôme,	1	Alger,		1
	371		Total général	390

55 départements ont demandé une part au crédit.

28 n'ont point envoyé de demandes.

Sur les allocations faites, quatorze concernent le département de la Seine pour une somme de 236,000 f. et pour environ 200 ouvriers. Les cinq autres ont été accordées aux départements de la Gironde, de la Seine-Inférieure, du Nord et de l'Eure, pour une somme totale de 678,000 francs, pour environ 1,100 ouvriers.

En voici le détail :

Gironde,	120,000	150 ouvriers.
Marne,	250,000	280 —
Seine-Inférieure,	250,000	600 —
Nord,	500,000	50 —
Eure,	8,000	10 —

Les rejets ont porté sur sur 132 demandes appartenant aux industries suivantes :

Agriculture,	6	Objet de toil. et luxe,	21
Produits alimentaires,	10	Industries diverses,	8
Bâtiments,	17	Mines,	1
Imprimerie et librairie	10	Industries commerc.,	3
Fer et cuivre,	16	Communications,	4
Filatures et tissus,	20		

Les motifs principaux des rejets ont été :

Exploitation de brevets récemment accordés, industrie commerciale, industrie complexe, *association entre patrons seulement*, association exclusive et illimitée, entreprises ne portant pas le caractère de véritable *association ouvrière*, tendant au monopole, à la corporation, établissement à créer, défaut de chances de succès et de durée.

En ce qui concerne le chiffre des sommes demandées, les 302 demandes adressées à M. le Ministre du commerce se divisent en deux classes.

Dans la première, au nombre de 280, les sommes demandées s'élèvent à 18 millions.

Dans la deuxième, au nombre de 99, les sommes

sont indéterminées; en les rapprochant des premières, au point de vue seul des localités, soit des genres d'industrie, soit des formes d'association, on arrive à évaluer par approximative le chiffre des crédits demandés à 7 millions, total 25,000,000. Soit 65,000 fr. par demande.

Le nombre des associations entre ouvriers est de	80
Entre patrons et ouvriers,	190
Sans désignation,	122
	392

Enfin, le chiffre total des ouvriers qui demandent à être associés, s'élève approximativement à 80,000; mais une seule entreprise, celle d'une association de cordonniers, comprenait 30,000 personnes; ils demandent 500,000 fr.

Déduction faite de cette demande, il reste 50,000 ouvriers se présentant pour former des associations avec ou sans patrons, ce qui donne une dépense moyenne de 500 fr. par personne à associer.

Ainsi, le comité rejette des demandes d'allocation, parce que l'association est formée *entre patrons seulement*; il accorde, au contraire, un capital à une association d'ouvriers, qui n'a ni propriétés, ni gages, ni hypothèques à offrir, fondant l'espoir du remboursement sur *l'espoir des produits futurs* du travail; il prête à la personne, non à la chose. Disons-le avec joie, le comité, fidèle interprète des intentions de l'Assemblée nationale, a fondé la première institution gouvernementale du *crédit personnel !!!*

Que ce soit là sa seule gloire, elle est assez grande !

C'est encore une institution boiteuse, puisqu'elle est unilatérale, contradictoire, puisqu'elle est fondée sur le dogme usuraire ; mais elle fait large trouée dans les remparts du capital, et le travail n'a plus qu'à saper à loisir pour démanteler la place.

Que d'horisons nouveaux cette commandite de la personne nous découvre. L'homme, en travaillant, se crédite lui-même ; l'homme, en produisant, se capitalise ; il est une puissance latente, une richesse future, et il convie au partage des trésors de l'avenir le capital, cette noblesse du passé.

Viens, lui dit-il, confie-toi à moi : j'ai des bras, de la force, du génie ; la grande nature est là qui gît dans sa résistance ; prête-moi ta force économique, ta vaillance monarchique, je vais la transformer, la jeter dans les mille moules de la fantaisie humaine, et tu auras ta part de mon travail. Le capital, plein des terreurs d'une révolution, descend de son trône, se livre aux mains vigoureuses des travailleurs ; la vague de l'industrie l'emporte loin des réalités et des gages. Reviendra-t-il ?

Le travail l'ignore lui-même. S'il revient, malgré les primes qu'il s'est réservées, malgré les conditions mises à son voyage, à sa confiance, à son décaissement, il est détrôné ; toute monarchie tâtée des mains populaires est une monarchie perdue ; un voyage au milieu des mœurs libertines de Rome fut la première cause de la protestation de Luther.

Tel est donc ce premier essai du crédit personnel ou du droit au crédit, implanté brusquement dans nos mœurs, nos lois propriétaires et nos habitudes de garanties préalables.

Il n'est pas d'institutions humaines dont le principe n'ait eu un germe dans le passé ; la république a eu pour initiateurs les rois, dont la philosophie a généralisé et dispersé la puissance solitaire ; le crédit personnel, dont nous parlons aujourd'hui, se trouve en toute vigueur dans le moyen-âge, mais aux mains d'une caste et sous forme de privilége, d'exception féodale.

Ce crédit personnel du moyen-âge n'est pas un des droits les moins curieux des seigneurs, qui seuls pouvaient en avoir l'usage, parce que seuls alors ils avaient toujours *provision*.

On le trouve défini pour la première fois dans la charte que Philippe-Auguste accorda, en 1209, pour l'établissement de la commune de Compiègne. Les habitants étaient obligés de faire, pendant trois mois, à l'abbé, seigneur de Compiègne, crédit de pain, chair et poisson. La sécurité des habitants pour le payement devait être grande, puisque le seigneur était propriétaire de tous les droits féodaux et fonciers, et qu'ils avaient sous les yeux la réalité de sa provision et de leur gage.

Robert, comte de Dreux et de Montfort, seigneur de Saint-Valery, ordonna, par lettres-patentes de l'an 1219, que toutes les fois qu'il séjournerait à Dieppe, on serait tenu de lui faire crédit pendant quinze jours.

Enfin, le seigneur de Chagny avait crédit pendant quarante jours, pour les provisions prises dans sa seigneurie.

De qui les habitants de Compiègne et de Dieppe étaient-ils *débiteurs* de ce crédit? A qui devaient-ils ouvrir leurs selliers et leurs granges?

A leur seigneur seul ;

A l'homme qui tenait en ses mains les causes de sa supériorité personnelle ;

A l'individualité seigneuriale ;

Au monopoleur des bénéfices féodaux ;

Au propriétaire éminent du droit d'aubaine ;

A la PERSONNE noble, enfin.

Ainsi, sans discussion du caractère, sans appréciation de la capacité, la personne noble *emportait crédit ;* c'était son droit, c'était la conséquence légitime, naturelle, de sa qualité. Être seigneur et avoir crédit étaient deux faits concomitants. Seulement, l'exercice de ce droit était limité, non pas aux besoins

de la personne, mais *à la provision*, à la certitude
du remboursement. Ceci était juste. Le crédit, tout
personnel qu'il soit, doit cependant avoir une assiette,
une réalité, un espoir sérieux, positif, d'être couvert :
autrement, loin d'être bilatéral, il serait une spoliation continuelle, une faillite permanente, un vol
régulier, une ruine sans cesse renaissante.

Pour éviter cette profonde injustice, le crédit seigneurial était d'abord limité aux terres de sa seigneurie, aux habitants qui la fertilisaient, et qui,
débiteurs de rentes, de cens et de champarts, étaient
toujours nantis pour partie, au moment de l'ouverture du crédit, et ensuite, dans la crainte que ce crédit
n'anticipât sur la *provision* et la *certitude de remboursement*, il ne pouvait s'exercer que pendant un
certain temps.

Ces combinaisons, sagement mises en pratique et
toujours respectées, pouvaient offrir l'exemple, déjà
loin de nous, de la *réalisation du crédit personnel*,
réalisation qu'il suffit de généraliser pour résoudre le
grand et fécond problème de la mutualité subjective.

De seigneurs, il n'y en a plus ; de débiteurs du
crédit obligatoire, encore moins ; tout homme est un
citoyen, un seigneur, un travailleur, une personne
digne de crédit, y ayant droit et ne pouvant s'en
passer, sous peine de tomber dans la misère, dans la
mort. Mais si tout travailleur a droit au crédit, com-

ment la société, comment la commune qui en est débitrice pourra-t-elle être nantie, comment aura-t-elle hypothèque pour son remboursement?

La personne n'a plus de dîme à lui offrir, plus d'aubaine à lui déposer en garantie; la société doit-elle être en perpétuelle faillite avec le travail?

Là est toute la difficulté. Que le lecteur m'accorde une attention suivie, car nous touchons au mécanisme intime, aux entrailles profondes du problème, et sans perdre de vue le droit au crédit seigneurial, nous allons indiquer le système du droit au crédit mutuelliste, qui n'en est que la conséquence élargie.

Dans notre société économique, dans nos institutions, basées sur la commandite, le travail fait continuellement crédit au capital, il se fie à lui, il suit sa foi, il s'enrégimente sous sa bannière, porte le bagage, reçoit ses ordres, livre bataille, et souvent il la perd, quand le capital s'enfuit ou succombe.

L'ouvrier, qui a mis un mois à créer un produit, a fait crédit; si la société passe à côté de son produit sans l'acheter, il est en faillite, il est à découvert, la ruine s'attache à lui et la misère arrive.

Ce découvert du travail est permanent, continuel; il s'ajoute à ce que la production a d'homicide, et les horreurs du paupérisme commencent leurs immondes saturnales; aussi peut-on dire avec raison, que faire crédit à la société, en lui prêtant son travail, est une des voies qui mènent aux modernes gémonies.

Toutes les allégresses seraient-elles donc pour le capital? N'a-t-il pas aussi ses terribles colonnes de découvert? Et l'histoire de la faillite de cent banques américaines, en quarante-huit heures, ne doit-elle pas nous révéler les dangers du prêt unilatéral du capital au travail?

Le capital qui s'aventure sur des hypothèses, peut, et doit tôt ou tard, trouver pourries les planches de la confiance; tôt ou tard il doit tomber dans le gouffre du déficit, qui attend les opérations chanceuses, les combinaisons faites sans nantissement, sans réalisation préalable.

Dès lors, le problème peut se poser ainsi : *Trouver une combinaison dans laquelle le travailleur et la société aient perpétuellement une suffisante provision pour leur avances mutuelles, de manière à ce que le crédit soit toujours bilatéral.*

L'Assemblée nationale n'a pas même soupçonné l'existence de ce problème; aussi, sa constitution du crédit personnel est-elle une opération pleine de chances et de hasard, qui doit fatalement aboutir à la faillite des associations ou à celle de l'Etat.

Mais tout informe qu'est ce premier programme, l'idée n'en est pas moins déposée dans les sillons féconds de la philosophie, et plus tard nous démontrerons à quelle organisation réciproque et mutuelle il doit nécessairement aboutir.

Et maintenant, on peut se demander comment il se fait qu'une assemblée aussi éclairée que l'Assemblée nationale ait pu décréter une institution contradictoire, tyrannique, pour le travail, pleine de périls pour le capital, arme à deux tranchants dont elle n'a pu trouver l'habile maniement.

La réponse n'est pas difficile.

Le prêt à intérêt est une œuvre monarchique, usuraire, qui donne au travailleur le droit de mourir de faim de son travail.

Le crédit personnel est une conception d'essence républicaine, mutuelle, qui consacre le droit de vivre dans les limites du travail.

L'Assemblée nationale ne voulant pas reconnaître législativement le *droit de vivre*, a mieux aimé se débarrasser de l'importunité des affamés en leur abandonnant un fantôme de droit au crédit ; nous verrons plus tard où une telle concession conduira le capital.

PAPAUTÉ DE LA TERRE.

—

L'ère impériale fut pour la France une époque d'autorité et de despotisme ! Les souvenirs romains, mêlés à ceux de l'aristocratie de Louis XIV, plaisaient au chef de l'Etat, qui crut sauver la civilisation en proclamant dans toute son énergique virtualité le dogme de la propriété.

Napoléon assit sa puissance sur le monopole ; partout et dans tout il ne songeait qu'aux grandes individualités ; la propriété lui parut la plus précieuse de toutes, et il la favorisa autant qu'il lui fut donné de le faire.

Avant 1807, la liberté la plus entière régnait dans les stipulations usuraires ; l'Etat n'intervenait pas en vertu de son droit de police dans les contrats de prêt, et la féodalité capitaliste exploitait à son gré ses vassaux.

En 1807, cependant, on voulut arrêter cette exploitation ; mais on le fit par des raisons qui doivent sembler étranges aujourd'hui. Voici le préambule du rapport présenté par M. Jaubert :

« Il est reconnu que le taux excessif de l'intérêt de « l'argent attaque *la propriété* dans ses fondements, « qu'il mine l'agriculture, qu'il empêche le proprié-« taire de faire des améliorations utiles. »

La propriété périssait par ses propres excès, et l'on voyait se produire l'antagonisme du capital mobilier et du capital foncier, antagonisme qui avait pour ré-sultat politique de désinféoder le sol, de le vouer à une circulation plus active, à des appropriations plus ré-pétées, plus industrielles. Subalterniser le capital fon-cier au capital mobilier était un danger pour une monarchie, car c'était faire du sol un instrument de crédit, au lieu de l'ériger à la dignité de puissance po-litique, de condition d'action sur le gouvernement et les intérêts publics. Le sort de la monarchie napo-léonienne, comme de toute autre, dépendait de la propriété foncière, des garanties qu'elle avait, des pri-viléges dont elle était dotée ; — aussi, entre l'élément foncier et l'élément industriel ou capitaliste, le choix ne fut pas douteux : on sauva la propriété foncière en limitant la propriété capitaliste.

Les économistes du temps ne s'aperçurent pas qu'en limitant le droit de domaine mobilier, on avait fait les affaires du travail, consacré et limité le taux de l'ex-ploitation dont il est l'objet, octroyé la charte qui traçait les limites de la monarchie propriétaire, et organisé le système représentatif des droits du travail en présence du capital.

De plus, en frappant l'absolutisme capitaliste d'une déchéance partielle, on avait indiqué celle qui doit atteindre, tôt ou tard, la propriété foncière elle-même; car le sol et l'argent ne sont que les deux faces d'une même idée, qui se nomme *la propriété*. Ainsi, en voulant favoriser les propriétaires du sol, le rapporteur de la loi de 1807 ne faisait que préparer, pour l'avenir, la déchéance dont leur droit doit être un jour frappé.

Cependant, bien décidé à mettre un terme à l'indépendance capitaliste, le rapporteur continue :

« Parlons d'abord de l'intérêt civil, ou entre non « marchands. La nation avait exprimé son vœu dans « les assemblées baillagères. L'Assemblée constituante « l'avait converti en loi en autorisant la capitalisation « à 5 0/0… Le projet actuel diffère seulement des dé- « crets de l'Assemblée constituante, en ce que, d'après « ces décrets, la retenue avait lieu, si l'exemption « n'était pas stipulée; au lieu que, d'après le projet, « les cinq pour cent sont, de droit, libres et affranchis « de toute retenue, sauf la convention contraire. — « *Ce taux est rapproché du revenu des terres.* »

D'où vient donc cette idée de prendre le revenu de la terre comme suprême régulateur de la dîme perçue sur le travail? Pourquoi la terre tient-elle en ses mains le sceptre de la puissance usuraire? Voilà ce qu'il va être curieux de découvrir, pour montrer où nous en sommes avec la république présidentielle!

Ceci demande quelques explications.

Vers l'année 1750, deux hommes de génie fondèrent en France l'économie politique : c'étaient Gournay et Quesnay.

Voulant établir les vrais principes de la formation des richesses et de leur distribution entre les différentes classes de citoyens, ils crurent reconnaître que les richesses venaient d'une source unique, qui était la terre.

Le travail, appliqué à la culture du sol, produisait non-seulement de quoi s'alimenter, mais encore un excédant de valeurs, qu'ils nommèrent le *produit net*.

Ce produit net constituait la finance pleinement disponible, le superflu du propriétaire de la terre; les autres industries n'étaient que les salariées de l'agriculture, ne pouvant aspirer aux délices du *produit net*, elles épargnaient seulement sur leurs besoins.

Cette théorie admit donc la prééminence des propriétaires fonciers sur toutes les autres classes de citoyens, et constitua la terre en état d'aristocratie permanente, nécessaire, fatale : la terre, c'était la monarchie.

Lorsque cette école voulut appliquer à la politique sa donnée philosophique, elle ne put trouver d'autre formule sociale que celle du despotisme.

Écoutons, du reste, les aphorismes de Quesnay sur sa systématique gouvernementale.

« Que l'autorité souveraine soit unique et supé-
« rieure à tous les individus de la société et à toutes
« les entreprises injustes des intérêts particuliers : car
« l'objet de la domination et de l'obéissance est la
« sûreté de tous et l'intérêt licite de tous. Le système
« des contre-forces dans un gouvernement est une
« opinion funeste qui ne laisse apercevoir que la dis-
« corde entre les grands et l'accablement des petits. »

Ainsi la monarchie despotique est légitime. Mais continuons :

« La population la plus assurée, la plus disponible
« pour les différents travaux qui partagent les hommes
« en différentes classes, est celle qui est *entretenue*
« *par le produit net.* »

L'école du produit net amène donc nécessairement l'esclavage du travail et détermine la dépendance des salariés ou des *entretenus,* mot cruel qui résume et condamne l'économisme.

Aussi, Mercier-La Rivière, l'un des écrivains de l'école de Quesnay, se hasardait-il à proclamer cette conséquence politique finale, du dogme de la suprématie du capital foncier.

« Il est physiquement impossible qu'il puisse sub-
« sister un autre gouvernement que celui d'un seul.
« Qui est-ce qui ne voit pas, qui est-ce qui ne sent
« pas que l'homme est formé pour être gouverné par
« autorité despotique? Par cela seul que l'homme est
« destiné à vivre en société, il est destiné à vivre sous
« le despotisme. »

Cet aveu est complet. Donnez la terre comme source
de la richesse, comme puissance souveraine et régu-
latrice de la valeur, vous marchez droit à la monarchie, au despotisme. En prenant la terre pour mesure
de la rente de l'argent, le rapporteur de la loi
de 1807 a donc affirmé un principe monarchique,
une proposition de gouvernement napoléonien, et
ratifié la servitude dont le travail est frappé depuis
qu'existe l'antique division des propriétaires et des
travailleurs.

Lorsqu'en 1848, en pleine république, on voit
cette loi de 1807 régler encore les conventions usuraires, on peut dire avec confiance que le vent des
institutions est à la monarchie, que l'aristocratie de
la terre n'a rien perdu de ses priviléges, de son monopole, de son despotisme, et que le travail est sacrifié sur l'autel de la propriété.

Continuons l'exposé de la loi de 1807.

« A l'égard du commerce, on a trouvé juste de
« fixer l'intérêt à un demi pour cent par mois. Le

« commerce aura tout ce qu'il peut désirer pour ses
« opérations. »

Le commerce est plus maltraité que la propriété,
le travail industriel est moins protégé que le travail
agricole, la terre impose le cachet de sa supériorité et
châtie par l'usure ceux qui ne sont pas de cette aristocratie du sol, si vaillante à élever le droit divin sur
ses pavois.

Ainsi, jusque dans les limites données au capital
en faveur du travail, la terre a su faire sa part plus
belle et autoriser une usure plus élevée quand le prêt
ne lui était pas fait. Différence remarquable en ce
qu'elle signale à l'investigation républicaine les débris de la théorie monarchique de Quesnay, théorie
qu'il faut abattre, sous peine de voir se continuer les
institutions napoléoniennes, sous l'appareil de la liberté républicaine. Oui, c'est là qu'il faut porter la
pensée et la réforme, c'est là qu'il faut aller attaquer
ces vieilles tannières de la bourgeoisie encore triom-
phante, c'est là qu'il faut dépouiller cette noblesse du
sol, de la puissance souveraine dont l'économisme l'a
armée.

Pas de république possible avec un intérêt légal,
calqué, mesuré sur le revenu de la terre; pas de liberté possible avec l'usure spoliatrice, surtout du
travail industriel! Qu'on y réfléchisse, la loi de 1807
est la consécration du despotisme de la propriété.

En voici le texte :

*Loi du 3 septembre 1807, sur la fixation de l'intérêt
légal.*

Art. 1er. L'intérêt conventionnel ne pourra excéder, en matière civile, cinq pour cent, ni en matière de commerce, six pour cent, aussi sans retenue.

Art. 2. L'intérêt légal sera, en matière civile, de cinq pour cent, et en matière de commerce, de six pour cent, aussi sans retenue.

Art. 3. Lorsqu'il sera prouvé que le prêt conventionnel a été fait à un taux excédant celui qui est fixé par l'article 1er, le prêteur sera condamné, par le tribunal saisi de la contestation, à restituer cet exédant, s'il l'a reçu, ou à souffrir la réduction sur le principal de la créance, et pourra même être renvoyé, s'il y a lieu, devant le tribunal correctionnel, pour y être jugé conformément à l'article suivant :

Art. 4. Tout individu, qui sera prévenu de se livrer *habituellement* à l'usure, sera traduit devant le tribunal correctionnel, et, en cas de conviction, condamné à une amende qui ne pourra excéder la moitié des capitaux qu'il aura prêtés à usure.

S'il résulte de la procédure qu'il y a eu escroquerie de la part du prévenu, il sera condamné, outre l'a—

mende ci-desus, à un emprisonnement qui ne pourra excéder deux ans.

ART. 5. Il n'est rien innové aux stipulations d'inté-rêts par contrats ou autres actes faits jusqu'au jour de la publication de la présente loi.

A la seule lecture de cette loi, on sent combien elle est le produit immédiat de l'école économique, et dans quelle papauté terrienne la propriété foncière est exaltée.

Ainsi, le monopole capitaliste seul est limité, tandis que le monopole foncier ne l'est pas; un usurier, scrupuleux observateur de la loi, ne peut prêter au-delà de 5 et de 6 0/0; le propriétaire d'une ferme peut la louer à 6, à 10, à 20 0/0 de son prix d'acquisition, sans que la loi intervienne, sans que la conscience publique en soit allarmée, ni offensée : l'usure fon-cière est encore de mise, on l'appelle même une bonne affaire.

Inconséquences singulières et mortelles pour la moralité de l'intérêt. En 1807, on prend le revenu foncier pour base de l'intérêt; plus tard, la rente de la terre tombe à 3 0/0, à 2 0/0, et l'intérêt reste im-mobile dans son antique maximum; de sorte qu'au moment où le revenu foncier est de 3 0/0, 2 et 3 0/0 des 5 0/0 et 6 0/0 permis au capital sont sans raison, sans justification, sans équité!

Quoi, législateurs de 1807! vous vouliez calquer le

louage de l'argent sur le louage de la terre ; vous abandonnez celui-ci à toute son indépendance, à tous ses
caprices de hausse et de baisse , et vous enfermiez
celui-là dans les limites légales, de sorte que la loi de
1807 peut constituer tantôt un privilége et tantôt une
spoliation.

Une spoliation ! en ce que la prime de péage réclamée par l'argent pouvant, par sa rareté, monter à 8 et
9 0/0, vous spolierez le détenteur du monopole d'une
partie de cette prime, en exigeant de lui la réduction
de son bénéfice à 5 ou 6 0/0.

Un privilége ! en ce que le revenu terrien tombant à
3 0/0, vous forcerez à emprunter à 5 0/0, 6 0/0, ce qui
consommera rapidement l'agriculture et fera des cultivateurs des salariés à la solde de l'usure, qui deviendra
propriétaire, par une conséquence toute naturelle de la
prérogative qu'elle exploitera.

Ces résultats si funestes viennent de l'application incomplète qui a été faite du régime constitutionnel dans
lequel entrait le capital, en proclamant la réduction
de l'intérêt à l'aide d'une base qui lui est étrangère.
Qu'a de commun, je vous prie, la convention qui
intervient entre l'emprunteur et le prêteur et le revenu
général des terres, surtout quand l'emprunteur n'est
ni propriétaire, ni fermier. ?

Voulez-vous, au contraire, que le revenu terrien soit
l'indice du taux usuraire? Alors, suivez-en les fluc-

tuations ; abandonnez la production du capital aux agitations diverses que rencontre le travail agricole, faites-en le chef de file du programme capitaliste; soyez conséquents jusqu'au bout où vous allez vous heurter aux deux écueils du *minimum* et du *maximum* que nous venons de vous indiquer.

Regnault de saint Jean d'Angely signalait en ces termes ces contradictions au Conseil d'Etat :

« C'est un inconvénient non moins fâcheux, que de « mettre le système de législation en contradiction avec « le système administratif, de lier les particutiers, dans « leurs négociations, à une règle dont le gouvernement « sera forcé de s'écarter dans les siennes. On ne pourra, « par exemple, placer qu'à 5 0/0 sur les particuliers, « tandis qu'on placera à 10 0/0 sur l'Etat, en achetant « des rentes à 54 ou 55 0/0. »

L'orateur aurait dû aller jusqu'au bout, démontrer combien le fermier était peu protégé, tandis que l'emprunteur ordinaire trouvait, dans la loi, des remparts contre l'oppression du banquier; et faire sentir, en un mot, que la terre décrète la moralité de l'intérêt en pouvant impunément méconnaître sa propre loi.

Ce sera, plus tard, un singulier spectacle que celui de notre législation à l'occasion de la rente.

Le travailleur est-il en contact avec un capitaliste, la rente est limitée et la loi intervient pour proteger le faible contre les exactions du fort. Le travailleur est-il en contact avec un propriétaire foncier, la rente est abandonnée aux conventions personnelles, son exagération n'est jamais entachée d'illégalité, et cependant, terre ou argent, c'est la même chose, c'est la propriété. Constitutionnalisme pour l'argent, papauté pour la terre, telle est en résumé l'étrange contradiction au sein de laquelle se produit notre ère économique.

Ouvrons le recueil de nos lois civiles ; dans aucune nous ne trouverons une protection accordée aux fermier, qui, en échange du prix stipulé, reçoit une jouissance non équivalente. M. Troplong le reconnait très-gravement en ces termes.

« Il y a cette différence, entre le prix de louage et « le prix de vente, que dans le dernier contrat, si le « prix descend au-dessous d'une certaine limite, il y a « lieu à rescision pour lésion, tandis que dans le louage, « la vilité du prix n'est pas cause de rescision. »

Ainsi, M. Troplong ne songe même pas au fermier ; la vilité du prix indique qu'il n'a eu en vue que l'intérêt du propriétaire ; nous verrons, du reste, en nous occupant du casuisme juridique qui a complétement tourné l'application de la loi de 1807, que M. Troplong a été un des plus brillants défenseurs de l'usure : le dogme du capital l'aveugle au point de lui faire perdre de vue l'intérêt du travailleur.

M. Duvergier a été plus conséquent, et voici ce qu'il dit : « Si l'on tolère que la vente soit résiliée lorsque

« le vendeur a reçu un prix trop faible, pour être con-
« séquent, il faudrait offrir au fermier une ressource
« analogue. »

En effet, le fermier achète, pour un temps donné,
les facultés productives de la terre, et pourquoi le des-
tituer du droit de faire résoudre le contrat, s'il n'a pas
la chose annoncée, l'instrument promis ; n'a-t-il pas,
comme le vendeur et plus que le vendeur, droit à la
sollicitude que celui-ci trouve dans la loi ? Certainement
si. Le monopole du riche se compose d'argent, d'objets
mobiliers, de maisons, de terres, de bois. Ne peut-il
pas dire au travailleur : Hé bien ! faisons une charte,
une transaction de puissance souveraine à puissance
démocratique ; plus de dictateurs entre nous, vivons
en amis ! Je ne travaillerai pas, mais je vous louerai
mon monopole, je vous accorderai l'usage *des forces
productives* de mes terres, à raison de 5 0/0 ou de
6 0/0 de leur valeur. Ma dîme ne sera pas abandonnée
aux hasards, elle sera visible pour tous, à la portée de
toute vérification, et mon droit seigneurial n'aura
plus ces obscurités si favorables au détroussement du
cultivateur.

Les économistes auraient crié à la spoliation du propriétaire foncier. La terre, c'est le tabernacle !!! Ils ne se
rappellent donc pas que Bentham, Turgot, Tronchet,
Saint-Jean d'Angely, et dernièrement encore M. Lherbette, ont crié à l'assassinat des usuriers, à propos

de la loi de 1807, et cependant, tout le monde a béni cette loi, aujourd'hui insuffisante en présence de la doctrine et des fortunes de ses victimes.

Mais, dira-t-on : on exagérera les valeurs immobilières, soit dans la vente, soit dans la donation, soit dans la succession qui en est l'origine, et le fermage légal sera impossible?

Impossible à raison de la difficulté d'asseoir la valeur du capital dont l'usage sera loué ! D'abord, ces exagérations sont peu à craindre en présence de l'impôt de mutation qui est assis sur la valeur *déclarée;* ensuite, une expertise, à la prise de chaque bail, pourrait très-bien opérer la détermination de la valeur, et enfin toutes ces objections existaient pour l'argent, car sa valeur dépend de sa plus ou moins grande rareté et des risques plus ou moins sérieux qu'il court dans chaque opération ; et cependant, les économistes ont sacrifié une partie du despotisme numéraire, par l'acte constitutionnel de 1807.

Le droit positif n'a pas consacré cette protection, et nous ne pouvons que déposer ici le vœu de la voir bientôt se transformer en monument législatif.

En attendant, les voies de l'usure sont ouvertes aux propriétaires fonciers; ils peuvent dîmer, rançonner, péager à leur aise, ils ont le loisir de coter à 10 0/0 le droit d'user de leur monopole. La terre donne des lois à l'argent, à l'or, et n'en reçoit pas ; le propriétaire fait une bonne affaire quand il étrille et spolie son fermier; la société l'accueille comme un homme habile, fin, capable; les salons lui restent ouverts; au besoin, la justice vient appuyer l'exécution de son bail homicide; mais si l'imprudent fait usage de son habileté, dans un prêt, s'il rançonne, même modérément, un emprunteur aventureux, oh! alors, les furies sociales se déchaînent contre lui et il va, du banc de l'opinion publique, sur le banc de la police correctionnelle.

Voilà la logique!

Pour la première fois, depuis le commencement de cette exposition de l'appareil du crédit, nous allons ouvrir la philosophie catholique et voir si, au nom du principe mystique de la charité qui l'a entraînée à établir la nécessité du prêt gratuit, elle n'a pas aussi élevé la voix contre l'oppression dont le fermier peut être victime.

Là, nous verrons et maintenant et plus tard, avec une admiration profonde, la défense du pauvre, prise à chaque heure, et la logique spirituelle arracher des mains du puissant et du fort l'arme de la tyrannie.

Dans les Conférences ecclésiastiques de Paris, nous trouvons ce chapitre remarquable :

Quelles sont les conditions dont les baux doivent être revétus pour n'être pas usuraires ?

Elles sont au nombre de quatre :

1° On ne doit donner à bail que des héritages

dont on est propriétaire et pour une fin honnête.

2° Le preneur ne doit pas garantir le fonds.

3° La bonne foi doit régner dans l'exécution réciproque.

4° L'Egalité *commutative* doit être gardée, dans tous les baux, à l'égard de la répartition des fruits. Quelle est donc cette *égalité commutative*, et comment la méconnait-on? Le casuiste va nous donner pleine satisfaction; copions-le.

« Dans les baux à loyer d'une maison, on violerait « cette égalité, si le bailleur la louait au preneur, à un « prix *excessif*; en ce cas, le bailleur en tirerait un « plus grand profit qu'il n'est équitable. »

Loin est donc la doctrine de **M.** Troplong, qui ne parle que de la vilité du prix et jamais de son *excès*. Ah! voyez-vous cette église, celle où vous allez vous agenouiller tous, celle qui confesse vos femmes et bénit vos enfants, la voyez-vous appeler *usuriers et imfâmes* ceux d'entre vous qui louent trop cher l'appartement brillant du banquier ou la mansarde nue de l'ouvrier; ah! si cette église a dû être jamais sainte, c'est le jour où elle a prononcé cet anathème contre l'usure foncière.

Mais continuons et parlons maintenant de la terre, de cet instrument commun, que le travail seul doit individualiser et copions toujours :

« A l'égard des héritages qu'on prend à ferme, c'est

une espèce de société dans laquelle le bailleur donne l'usufruit d'un fonds qui produit des revenus et le preneur ses travaux, ses peines, son industrie et ses semences. Ainsi, il est juste que les profits se partagent également, au prorata de ce qu'ils mettent l'un et l'autre, dans cette société : ces profits se partagent différemment, selon les différents usages des pays, eu égard à la qualité des terres.

Il y a des pays où les héritages de la campagne s'afferment à prix d'argent, et cela se doit faire selon les règles de la justice, afin que le bailleur ne soit pas, comme *le lion de la fable, un injuste associé qui prenne pour lui tout le profit de la société et n'en laisse presque rien à son fermier.* »

Je ne sais rien de plus concluant que ce passage, pour fustiger l'insolidarité du propriétaire et du fermier ; et cependant le théologien va plus loin, car il s'écrie, en terminant ce chapitre : *Oui, c'est un vol manifeste que l'autorité des bailleurs qui profitent de la pauvreté de leurs fermiers.*

Ainsi, cultivateurs, gens de la terre, travailleurs du sol, ne tournez pas vos espérances vers les théories économiques du code civil ; elles sont les forts détachés du capital et les bastilles derrière lesquelles le privilège et la patrimonialité triomphent ; elles vous laisseront usurer par bail authentique et voler par saisie et privilége légal. Vous aurez encore contre vous les huissiers, la justice, et vous sortirez nus du champ que vous aurez fertilisé et de la maison que vous aurez emplie de votre mobilier ; on vous jettera à la voirie de la faillite et de la déconfiture; le public vous mettra un bonnet vert, parce que, confiant ou trompé, vous aurez consenti un bail usuraire. Le code civil qui passe en carosse et se nourrit de bonnes hypothèques, trouvera cela légal ! — Non ! n'ayez pas confiance en lui, mais venez à nous qui vous enseignons cette justice commutative dont parle le philosophe catholique, venez à nous et sonnons le tocsin de la rente légale de la terre et de la solidarité entre le propriétaire et le travailleur.

GÉNIE DES LOMBARDS.

—

Plaute disait aux usuriers de Rome :

« *Quasi aquam ferventem, frigidam esse, ità vos*
« *putatis leges.*

« Vous pensez que les lois sur l'intérêt légal sont
« comme l'eau bouillante, qui finit toujours par se
« refroidir !! »

Les usuriers de tous les temps ont eu cette pensée;
mais quand le législateur ne se relâche pas de sa sévérité, le génie du prêteur est là pour trouver un
moyen d'escalader l'équité en respectant la loi, la
prohibition et même les murmures de la conscience.

Le christianisme, nous le savons, exigeait la gratuité du crédit; les Pères de l'Eglise étaient unanimes
sur ce point, et le Pénitenciel romain avait inscrit
cette pénalité catholique contre les transgresseurs du
grand principe de charité :

« Si quelqu'un prête à usure, il commet un vol.

« Il sera soumis à la pénitence durant trois ans,
« dont il en passera un au pain et à l'eau. »

Cependant il fallait prêter, il fallait vivre du travail d'autrui ; c'était une nécessité pour la noblesse qui ne travaillait pas, c'était une nécessité impérieuse pour la noblesse de finances qui ne travaillait plus ; il fallait aussi rester en repos avec sa conscience, avec l'Eglise, avec son confesseur. On sut accommoder toutes ces choses ; le moyen est très-ingénieux, le voici :

Un fils de famille, un architecte, un emprunteur enfin, se présente chez un prêteur, et lui dit :

— Je voudrais emprunter 100 louis d'or.

— Je ne les ai pas, dit le pieux Lombard.

— Je vous payerai 20, 30 pour 0/0 d'intérêt.

— Cela m'est impossible ; L'Eglise défend le prêt à intérêt, et je veux faire mon salut avant tout : les biens de ce monde sont si peu de chose !

— Ah ! si j'avais 100 louis, je réaliserais une si belle spéculation ! Et puis, je suis un peu poursuivi par un méchant procureur, qui me menace du sergent, du recors.....

— En vérité ?

— Je suis au désespoir.

— Pauvre jeune homme ! J'ai bien là cinquante paires de bottes de gendarmes ; si vous voulez, je vous les vendrai ?

— Avec quoi les payer ?

— Ne vous inquiétez pas.

— Que vais-je en faire? Si j'étais capitaine du guet ou mestre de camp des cuirassiers du roi ou de royal-cravates, je pourrais les utiliser.

— N'ayez aucun souci, je vous les ferai vendre.

— A qui?

— A moi!

— Comment, vous allez me les vendre, et je vous les revendrai?

— Justement!

— Voyons! continuez, cela me paraît merveilleux pour arriver à mes 100 louis.

— Je vous vends mes cinquante paires de bottes de gendarmes 150 louis d'or!

— C'est cher.

— Vous me les revendez 100 louis d'or.

— C'est bon marché; et ensuite?

— Comme je vous ai vendu au prix de 150 louis, et que vous m'avez revendu 100 louis, que voici, je reprends mes bottes, et vous allez me signer un billet de 150 louis, à un mois d'échéance.

— Mais ces cinquante louis de différence, c'est de l'usure?

— Non, c'est la différence entre nos prix de vente.

— Comment appelez-vous ce procédé?

— Le contrat de Mohatra.

— De sorte que, dans un mois, vous toucherez

150 louis, vous conservez vos cinquante paires de bottes de gendarmes, et moi j'aurai seulement reçu 100 louis.

— Je vois que vous comprenez. Signez ce billet, et voici votre or.

Qu'avait à dire l'Église? Rien. Elle avait défendu le prêt, mais non les ventes successives avec des prix différents. La philosophie était vaincue par la subtilité.

Les railleries de Pascal sur le contrat de Mohatra sont bonnes à connaître; peut-être en aurons-nous besoin en examinant la casuistique de nos banquiers modernes.

« Le contrat Mohatra, mon père, je vois bien, dit-il, que vous ne savez ce que c'est. Il n'y a que le nom d'étrange. Escobar vous l'expliquera au tr. 3, ex. 3, n. 36.

« *Le contrat Mohatra est celui par lequel on achète des étoffes chèrement et à crédit, pour les revendre, au même instant, à la même personne, argent comptant et à bon marché.* »

« Voilà ce que c'est que le contrat Mohatra; par où vous voyez qu'on reçoit une certaine somme comptant, en demeurant obligé pour davantage. Mais, mon père, je crois qu'il n'y a jamais eu qu'Escobar qui se soit servi de ce mot-là : y a-t-il d'autres livres qui en parlent? — Que vous savez peu les choses, me dit le Père. Le dernier livre de Théologie morale, qui a été imprimé cette année même à Paris, parle du Mohatra, et doctement. Il est intitulé : *Epilogus summarum. C'est un abrégé de toutes les sommes de théologie, pris de nos Pères Suarez, Sanchez, Lessius, Hurtado, et d'autres Casuistes célèbres,* comme le titre le dit. Vous y verrez donc en la page 54 : *Le Mohatra est quand un homme, qui a affaire de vingt pistoles, achète d'un marchand des étoffes pour trente pistoles, payables dans un an, et les lui revend à l'heure même pour vingt pistoles comptant.* Vous voyez bien par là que le Mohatra n'est pas un mot inouï. — Eh bien, mon Père, ce contrat-là est-il permis ? — Escobar, répondit le Père, dit au même lieu, *qu'il y a des lois qui le défendent sous des peines très-rigoureuses.* — Il est donc interdit, mon Père ? — Point du tout, dit-il, car Escobar, en ce même endroit, donne des expédients pour le rendre permis : *Encore même, dit-il, que celui qui vend et rachète, ait pour intention principale le dessein de profiter, pourvu seulement qu'en vendant, il n'excède pas le plus haut prix des étoffes de cette sorte, et qu'en rachetant il n'en passe pas le moindre, et qu'on n'en convienne pas auparavant en termes exprès ni autrement.* Mais Lessius, de just. l. 2, c. 21, d. 16, dit *qu'encore même qu'on eût vendu dans l'intention de racheter à moindre prix, on n'est jamais obligé à rendre ce profit, si ce n'est peut-être par charité, au cas que celui de qui on l'exige fût dans l'indigence, et encore pourvu qu'on le pût rendre sans s'incommoder : Si commodè potest.* Voilà tout ce qui se peut dire. — En effet, mon Père, je crois qu'une plus grande indulgence serait vicieuse. — Nos Pères, dit-il, savent si bien s'arrêter où il faut. Vous voyez assez par là l'utilité du Mohatra. »

Ainsi, la loi de Dieu était jouée, et l'auteur de toutes choses dut comprendre le danger des définitions.

Le législateur de 1807 n'a pas tenu assez compte de cette leçon de l'expérience ; car il n'y a pas de Mohatra que n'aient inventés les Escobars du XIXe siècle, pour tourner la difficulté du taux légal et s'éparpiller à gogo dans le huit pour cent, le dix pour cent et même le douze pour cent. Les moyens les plus ordinaires sont l'escompte et la commission ; examinons ces deux Mohatra, dignes de l'admiration des siècles futurs.

Un banquier est, généralement, un honnête homme, respectant les lois de son pays, admirateur de la loi de 1807, mais peu socialiste. Dans son cabinet somptueux, on entend quelquefois des conversations sur la délicatesse et la misère du travailleur ; très-souvent il abrite sa conscience derrière la loi qui fixe à six pour cent l'intérêt commercial : la loi est la mesure de son honnêteté et de sa fraternité.

Cependant, examinez les comptes du scrupuleux capitaliste, voilà ce que vous y trouverez :

D'abord, au premier rang, figure l'escompte.

C'est une réduction opérée sur un billet, au moment où on l'échange contre de l'argent. Le banquier dit : j'ai des écus, c'est une marchandise invariable et sûre ; vous m'apportez un billet d'une somme déterminée et représentative d'une valeur pareille de services rendus ; votre marchandise est mauvaise, la mienne seule est bonne ; et ensuite, mes écus ne sont pas stériles chez moi, rien ne travaille comme un écu qui ne fait rien. Aussi, en vous remettant mon argent, vous m'en payerez les intérêts, cela est de justice divine ; puis, votre billet étant une vilenie indigne d'être comparée à mes écus...

— Comment ? mais mon débiteur est plus riche que vous.

— Je le sais bien. Les écus que je vais vous remettre viennent justement d'un prêt qu'il m'a fait pour alimenter ma banque.

— Hé bien ! alors, pourquoi ne pas m'échanger au pair, billet contre argent, après retenue des intérêts ?

— Parce que je suis banquier, et que, voulant vous prendre le plus possible, je *suppose* qu'il y a une différence entre la valeur de votre papier et la valeur de mon argent.

— Ainsi, l'escompte est une prime de supposition.

— Rien que cela.

— Un mensonge constitue votre droit.

— Non ! Il peut se faire qu'il y ait une différence entre des écus et les valeurs d'une certaine maison ; cela se voit. Alors, comme on court un danger à recevoir un billet en échange d'argent, on prend un droit de risque, un droit de danger, une prime de naufrage.

— Mais, en cas de non payement, vous avez votre recours contre moi, tireur : quel danger courez-vous, alors ?

— Aucun.

— Hé bien ?

— Mais ce danger est une supposition, c'est une hypothèse.

— Je comprends. Vous inventez un danger, la loi de 1807 n'y ayant pas songé ; vous exigez le droit de danger et violez ainsi sa prescription incomplète. Mon cher banquier, j'aime mieux les cinquante paires de bottes de gendarmes, au moins on voit ce que c'est. Ah ! Escobar était un mince homme en matière de banque et de casuisme, et le législateur de 1807 n'a pas un mot à dire à votre histoire de danger ; elle a dû séduire bien du monde ! Aussi je ne suis pas étonné de voir un auteur aussi profond que M. Troplong s'écrier, avec une bonne foi qui doit vous faire sourire :

« Il faut que le cédant paye, et le délai qu'il impose

« à l'acheteur de son billet et *les dangers* auxquels se
« soumet ce dernier, dangers *dont il ne suffit pas* que
« le banquier soit garanti par le vendeur. »

Ce qui revient à avouer que, quand même le danger serait garanti, c'est-à-dire fictif et illusoire, il faut toujours qu'on le paye. Toujours la fable des cinquante paires de bottes de gendarmes !

O Mohatra, vous reposez sur la fiction des deux ventes !

O escompte, vous reposez sur la fiction d'un danger !

Jésuites et banquiers ! Saint Chrysostôme et la loi de 1807 sont des barrières bonnes pour les niais scrupules de Port-Royal et les imbéciles respects des citoyens qui n'ont pas patente d'usure.

La cour royale de Paris, qui professe une haute estime pour le casuisme usuraire, a rendu, le 18 janvier 1839, un arrêt célèbre chez les banquiers qu'il enrichit et chez les travailleurs qu'il dépouille. Cette cour, adoptant très-sérieusement la théorie du danger, ce Mohatra du XIXᵉ siècle, a décidé que le taux de l'escompte, entre spéculateurs, n'avait *d'autres limites* que le danger, c'est-à-dire les cinquante paires de bottes de gendarmes. Voici les raisons de sa prédilection pour cette singulière manière d'envisager la loi de 1807 :

« Attendu qu'il faut distinguer entre l'intérêt et

« l'escompte, sur négociations d'effets de commerce ;
« que les intérêts représentant les fruits que produit
« l'argent, le taux peut en être fixé par le taux moyen,
« ainsi qu'il l'est effectivement par une disposition lé-
« gislative ;

« Que l'escompte, sur négociation d'effets de com-
« merce, ayant pour base non seulement les fruits
« que produit l'argent, mais encore la solvabilité des
« souscripteurs de ces effets de commerce, il varie
« suivant le degré de confiance qu'inspirent les signa-
« tures apposées à l'effet mis en circulation... ;

« Que cette valeur, comme celle des marchandises
« en général, n'étant tarifée par aucune loi, c'est à
« ceux qui se livrent à ce genre d'opération à débattre
« les conditions qu'on leur impose ; qu'une fois ces
« conditions acceptées, ils sont obligés de les subir ;

« Que si, à l'égard d'individus qui ne se livrent à
« aucun genre d'industrie, l'escompte peut être consi-
« déré *comme un moyen de déguiser des intérêts usu-*
« *raires, il n'en est pas de même à l'égard des spé-*
« *culateurs qui se livrent à des opérations indus-*
« *trielles ; que, dans ce cas, les escomptes prélevés*
« *font partie des frais de l'entreprise*, et sont consi-
« dérés comme devant être couverts par les bénéfices
« qui pourraient résulter de cette entreprise. »

Ce document judiciaire prouve :

1° Que la loi de 1807 peut être régulièrement violée, à l'aide d'expédients, pourvu que l'on sache s'arrêter où il faut, comme le dit, si finement, Pascal ;

2° Que la théorie du danger tient audience et rend des jugements par la bouche du banquier, qui, à son gré, apprécie la fiction, la cote, et la réduit en chiffres, et cela avec l'approbation d'une cour royale, la prémière de France pour les lumières ;

3° Que l'escompte est un droit indéterminé, pouvant monter, descendre à son gré, opprimer et spolier, sans que la police de la loi intervienne, parce que l'histoire du danger est là qui arrange tout, calme tout, et appelle l'usure : une prime au courage du capital ;

4° Qu'il paraît juste et légitime, à la magistrature française, que la fiction du danger dévore une partie des bénéfices, comme le ferait l'entretien d'une machine à vapeur, les réparations d'une hydraulique, la nourriture des chevaux d'un manége, et que la part de la fiction ou l'escompte doit être considérée comme frais de l'entreprise couverts ou non par les bénéfices ;

5° Qu'il est légal de voir une entreprise, après avoir épuisé la force et le génie de cent travailleurs, arriver à pouvoir tout au plus payer une fiction, c'est-à-dire l'escompte du banquier, c'est-à-dire les frais d'une machine qui consomme sans rendre, qui détruit sans produire. De sorte que, l'entreprise terminée, on trouvera zéro dans la caisse du travail, mais les richesses dans celle du banquier, dont l'escompte aura été la pompe aspirante, pompe sans règle, armée d'une puissance abandonnée à l'ardeur infatigable et à l'appétit de **M. Vautour**;

6° Que la fiction du danger, repoussée des comptes civils, c'est-à-dire des comptes de ceux qui possèdent et ne travaillent pas, est appelée, intronisée, choyée dans les comptes commerciaux, c'est-à-dire dans les comptes de ceux qui travaillent, produisent et font naître la richesse sociale. De sorte que le travail peut être impunément usuré, strangulé par les Lombards, tandis qu'ils doivent danser, avec respect, devant l'arche sacrée de la propriété et se contenter d'une misère comme 5 0/0, quand ils négocient avec des non travailleurs, c'est-à-dire : avec des oisifs, des propriétaires, des collecteurs de revenu net.

Cependant, il faut le dire à la gloire de la science française, il s'est trouvé deux hommes, Chardon et Duvergier, qui n'ont pu partager cette théorie de la spoliation du travail, et qui ont rangé la fiction du danger dans l'arsenal, aujourd'hui oublié et maudit, d'Escobar.

« Je rends justice, dit Duvergier, à propos de l'es-
« compte, *Traité du prêt*, page 398, aux intentions
« des magistrats de qui émanent les décisions que je
« crois contraires au texte et à l'esprit de la loi......
« Mais, est-il permis aux tribunaux de violer les lois

« existantes ou de les éluder, lorsqu'elles ne sont plus
« en harmonie avec les besoins de la société. »

Quant à **M.** Troplong, le grand immolateur du travail sur l'autel du capital, il tient un tout autre langage, et cherche à prouver la légitimité de l'escompte, à l'aide de cette poignée de raisons que j'abandonne aux amateurs :

« Il y a, dans l'escompte, outre le prix ordinaire de
« l'argent, des éléments d'un autre ordre, qui peuvent
« le faire monter au-dessus de l'intérêt légal. L'es-
« compte est autre chose que l'intérêt : il est le prix
« d'une opération distincte du prêt.... car l'escompte
« n'est pas l'intérêt, et l'on ne doit pas confondre la
« vente avec le prêt. »

Ce raisonnement paraît très-fort :

L'escompte est autre chose que l'intérêt.... car l'escompte n'est pas l'intérêt, etc.

« En résumé, dit M. Troplong, après cet exposé lu-
« mineux, il faut se garder de confondre l'escompte
« avec l'intérêt. On ne se laisse égarer par les appa-
« rences d'une fausse ressemblance que parce qu'on
« ne distingue pas assez les caractères profonds qui
« séparent le prêt d'une cession de créance. Un ban-
« quier ne prête pas, il achète pour revendre et spé-
« culer ! »

Toujours de la grosse caisse et pas de raison !

L'escompte est désormais une vente, une cession de

créance. Hé bien! avec cette idée, jamais l'escompte ne pourrait être usuraire, car il appartient au vendeur de faire sa marchandise le plus cher possible, et la loi n'a à intervenir dans un contrat de vente que quand la lésion atteint une limite au-dessous de laquelle on s'enrichirait encore très-promptement à faire l'escompte. Et puis la vraie marchandise, dans ce contrat, n'est pas le billet, mais l'argent, et ce qui le prouve, c'est que c'est le banquier qui est le seigneur de la convention, le dominateur du marché et le fixateur du prix.

Non enfin, ce n'est pas une vente, parce que le billet n'est que de l'argent à recouvrer ; or, on ne vend pas des écus pour avoir des écus ; mais on échange des services réalisés pour des services à réaliser. Entre le billet et l'argent, il n'y a donc qu'une différence de temps ; l'escompte est une anticipation, une remise sur garantie, et, comme l'a dit Chardon, comme l'a merveilleusement démontré après lui M. Duvergier, l'escompte est une usure, un leurre de la loi de 1807; c'est le produit de la fiction du danger, c'est le royaume usuraire gouverné, administré, étendu, fortifié, amplifié par les cinquante paires de bottes de gendarmes d'Escobar.

L'escompte est un des mille coupe-gorges où le capital fait légalement ses affaires.

La fiction du danger exploitée, on trouva bonne à mettre en coupe la fiction des démarches, des ports de lettres, des frais de commis, de maison , d'éclairage, de papier, de plumes, de chiens de garde, de barreaux en fer, de patente, d'habit noir, de cabinet doré, d'antichambre, de luxe, de femmes entretenues, de corruptions électorales, de soupers délicats, de chevaux, de jockeis, de serrures anglaises, toutes choses que le travailleur devait payer, en laissant intacts et purs de toute déduction les 6 0/0 sacramentals qui doivent pousser, comme des champignons, au pied de chaque compte.

Qu'on n'aille pas croire que nous plaisantons ; tout cela est sérieux, tout cela est écrit fort au long dans de graves traités. Covarruvias, voulant expliquer le droit de change, disait : « La raison en est qu'ils font des dépenses en faveur du public ; il leur faut une maison, un bureau, du monde ; il leur faut chercher de l'or.» Nous n'avons donc rien amplifié.

Cette fiction s'appelle la commission ; les Italiens la nomment le *Costo*, c'est-à-dire le droit de violer la loi de 1807, au nom de raisons qui regardent les fournisseurs du banquier.

— Mais quel est donc cet 1 0/0 que je vois figurer, mon cher, sur vos comptes?

— C'est le *Costo*, le droit de commission.

— Pourquoi ce droit?

— Pour la peine que j'ai prise de me procurer les mille écus que vous me demandez.

— La peine!.... mais ils étaient dans votre caisse.

— Qu'importe, je pouvais faire des démarches.

— Vous n'en avez pas fait une seule.

— Je suppose que j'en ai fait.

— Ainsi, c'est encore 1 0/0 pour une hypothèse : la fiction des démarches !

— Mais si je n'avais pas eu d'argent ?

— Si vous n'aviez pas eu d'argent, mon cher, vous ne seriez pas banquier. L'épicier se fait-il payer 1 0/0 pour la peine qu'il prend de se procurer du sucre ? La loi de 1807 ne vous accorde-t-elle pas 6 0/0 ?

— Vous êtes jeune, encore. Ne faut-il pas que je paye mes commis ?

— Mais vos 6 0/0 ?

— Ma patente, mes casiers, mes bureaux ?

— Mais vos 6 0/0 ?

— Mon éclairage ?

— Mais vos 6 0/0 ?

— Je dois les avoir net.

— Que reste-il de net alors au chef ouvrier, qui subit tantôt la fiction du danger, tantôt celle des démarches ?

— Mon cher, vous êtes socialiste, je crois. Lisez, je vous prie, les arrêts de la cour de cassation qui ont traité cette matière, et vous verrez que rien n'est plus légitime que le droit de commission ; lisez, surtout, M. Troplong, un savant homme, qui vous prouvera, par Saumaise, par Scaccia, par Straccha et autres érudits qui vivaient il y a cent ans, que la loi de 1807 ne s'occupe pas de ces affaires, en voulant nous empêcher de prendre un droit de commission, et qu'il faut lui apprendre à vivre, à cette loi, en la renvoyant, toute penaude, à ses prêts, formulés devant notaires, ou distillés dans les écrits benins d'un fabricant de chandelles, ou historiés sur le grand-livre d'un entrepreneur de ponts suspendus.

La loi de 1807 est une sentinelle avancée qui doit tirer quand l'ennemi passe, revêtu d'un habit bleu ; mais quand il porte un habit rouge ou blanc, elle doit rester immobile et le laisser entrer dans le camp : c'est bête, mais c'est la consigne.

Examinez, si vous voulez, les arrêts de la cour de cassation, et voyez si j'ai tort.

Dans un arrêt, d'or pour les usuriers (15 janvier 1844), elle établit :

1° Que le banquier peut recevoir, outre l'intérêt légal, un droit de commission ;

2° Que ce droit doit être pris sur toutes les sommes versées au travailleur, quoique le travailleur ait remboursé partie de ces sommes ;

3° Que la quotité dépend des usages du commerce et de la convention des parties, c'est-à-dire qu'elle est abandonnée à l'arbitraire du capitaliste et au degré de besoin et de détresse du travailleur.

Voici les considérants de ce merveilleux arrêt :

« Considérant que l'ouverture d'un compte cou-
« rant donne nécessairement lieu, entre le banquier
« qui l'accorde et le commerçant qui l'obtient, à de
« fréquentes opérations de banque et de change ; que
« ces opérations autoriseraient à elles seules le banquier
« à percevoir, indépendamment de l'intérêt légal, un
« droit de commission, mais que ce droit représente
« encore la juste indemnité due au banquier : 1° à rai-
« son des chances auxquelles il est assujetti, pour le
« payement ou l'acceptation des traites et des effets
« qu'il acquitte, à la décharge de son débiteur ; 2° à
« raison de l'obligation, à laquelle il s'est soumis, de
« tenir constamment des fonds à la disposition du
« crédité, tant que dure le crédit......

« Considérant que la loi du 3 septembre 1807, n'ayant
« pour objet que de régler l'intérêt du taux de l'ar-
« gent, n'est point applicable au droit de commission ;
« que la quotité de ce droit n'est déterminée par au-
« cun texte de loi ; qu'elle est réglée par les usages du
« commerce et la convention des parties, etc. »

— Qu'en dites-vous maintenant, mon cher ?

— Je dis que la doctrine et la jurisprudence sont
d'accord pour vous payer un droit de démarches,
quand vous restez chez vous ; un droit de perquisition
de capitaux, quand vous ne recherchez rien ; un droit
d'approvisionnement de capitaux, quand vous n'avez
boutique qu'en raison de votre approvisionnement ;

un droit pour vos soins, quand vous ne soignez rien, et quand déjà vous avez licence d'usurer à 6 0/0 ; je dis enfin que le droit de commission est le prix d'une illusion, d'un fantôme, comme l'escompte est le prix d'un danger qui n'existe pas, comme le Mohatra est le prix de la vente de bottes de gendarmes qui n'ont jamais existé ; ces procédés usuraires prouvent le génie des Lombards, et le sans-façon de leur conscience ; mais le jour est venu où les casuistes de la loi de 1807 doivent être fustigés par les Provinciales du travail.

Enfin, il convient de terminer notre conversation sur l'escompte et la commission, par la reproduction d'un chapitre de Bentham, le prince des utilitaires, le législateur de l'égoïsme, le défenseur de l'usure. Ce chapitre a pour titre : *Usure virtuellement permise par la loi.* Ecoutez-le, cher banquier, et puissiez-vous désormais reconnaître que tous vos comptes ne sont que des litanies de saint Harpagon.

Lettre huitième.

« Et d'abord, je parlerai du papier de circulation, ou
« des traites réciproques, pratique bien connue de tous
« les marchands, et qui peut l'être facilement de toutes
« les personnes qui voudront consulter le docteur
« Smith. Cet économiste a montré comment, de cette
« manière, l'intérêt de l'argent pouvait être porté à 13
« ou à 14 0/0, c'est-à-dire au triple à peu près du

« taux le plus élevé que la loi fasse profession de per-
« mettre. L'excédant d'intérêt, dans ce cas, est masqué
« sous les noms de commission et de change. La com-
« mission est de peu de chose sur chaque prêt ; elle
« ne s'élève pas, je crois, au-delà d'un demi pour cent,
« et la coutume générale étant restée dans cette limite,
« peut-être serait-il jugé dangereux d'en sortir. Ce
« droit, étant répété plusieurs fois dans le cours de
« l'année, *supplée, par sa fréquence, à ce qui manque*
« *en élévation*. Il est vrai que, par cette fréquence
« même, l'espèce d'opération dont il est question pré-
« sente plus de difficultés et oblige à plus de soins ceux
« qui s'y livrent ; mais elle n'en est pas moins prati-
« cable pour cela. Or, si l'usure peut être regardée
« comme bonne pour les marchands, j'avoue que je
« ne vois pas bien clairement ce qui pourrait la
« rendre mauvaise pour toute autre classe de per-
« sonnes. »

Et vous, anciens membres du Gouvernement provisoire, vous qui criez : *vive la république démocratique
et sociale ;* vous qui l'avez si solennellement inaugurée ;
vous qui, dans la majesté de votre dictature, pouviez
tout faire ; voyons ce que vous avez produit de grand,
de contradictoire avec l'usure ; voyons quelles semences
fécondes vous avez jetées dans le sillon nouvellement
ouvert du droit au crédit. Voici un décret du 7 mars
1848, qui a dû faire tressaillir d'allégresse les statues

de marbre des anciens rois de France et les squelettes pourris des vieux Jacques Cœur de la finance :

Au nom du peuple français,

Le Gouvernement provisoire,

Vu le décret du Gouvernement provisoire, en date du 4 mars, spécifiant qu'il sera pourvu, dans le plus bref délai, aux intérêts du commerce et de l'industrie;

Attendu que, par suite des événements, un trouble considérable existe aujourd'hui dans les moyens du crédit privé, et que ce trouble affecte particulièrement, soit la fabrique, soit le commerce de détail;

Que, dans de telles circonstances, etc. ;

Décrète :

Art. 1er. Dans toutes les villes industrielles et commerciales, il sera créé un comptoir national d'escompte, destiné à répandre le crédit et à l'étendre à toutes les branches de la production, etc.

Voilà l'institution républicaine; voyons l'application, et jugeons :

Un chef ouvrier (¹) avait, au 1er décembre 1848, une somme de 4,000 fr. à recevoir, pour des travaux exécutés dans une ville voisine, éloignée de quatre lieues du comptoir national. Le 15 novembre, il éprouve le besoin d'argent et se rend pour la première fois dans la banque républicaine. Il était solvable, le débiteur

---

(1) Ceci est historique, nous possédons le bordereau du comptoir.

était riche, l'affaire se fit ; voici le bordereau du comptoir :

COMPTOIR NATIONAL DE X....

Le 16 *novembre* 1848.

Effet de 4,000 fr., payable le 1er décembre 1848.

1° Intérêt.		10
2° Commission		10
3° Change		30
Espèces		3,950
	TOTAL.	4,000 fr.

50 fr. pour quinze jours, c'est 1,200 fr. pour l'année ; c'est, en résumé, une modeste perception de 35 0/0.

Et vous appelez ça pourvoir aux intérêts du commerce.

Ah ! ce n'est pas tout.

Pour approcher du saint tabernacle du comptoir, il fallait deux signatures sérieuses ; or, comme le petit commerce n'a pas ces garanties, vos comptoirs républicains ont été vidés par les *Mein Herr* des écus et les Majordomes de l'industrie, et tout ce tapage de crédit national n'a été que le charivari de la misère.

Voilà ce que vous avez fait, coupables et impuissants dictateurs ; au lieu de chasser l'usure et la commission comme des filles publiques polluant le sanctuaire du travail, vous les avez fait asseoir au festin de l'industrie ; vous leur avez servi l'âme, la vie, le sang du

travailleur, ne voyant pas, eunuques remueurs de révolutions, que ces filles sont à la solde de la légitimité,
et, qu'avec elles, vous pilotiez la monarchie à travers
le dédale des barricades encore fumantes.

FIEF USURAIRE.

———

Saint Thomas et Scott ont donné, du prêt, une définition qui le limitait à deux caractères principaux.

1° Il fallait que la propriété, aussi bien que l'usage, fût transmise à l'emprunteur. *In talibus per mutuum transfertur dominium et non debet seorsùm computari usus rei à re ipsâ*, dit saint Thomas, tome 2, questio. 73, a. 1; et Scott ajoutait : *Mutuans non remanet dominus pecuniæ mutuatæ*. Dist. 24, 9, 2.

Ainsi, celui qui prête se dépouille de la propriété; il l'abdique au profit de l'emprunteur, et cela est si vrai, que le prêteur n'a pas le droit de redemander la chose *in individuo*, l'individualité elle-même sortie de ses mains, mais seulement la même quantité et qualité, c'est-à-dire la même espèce. Ce mode de la restitution est, du reste, ce qui distingue le prêt de la donation et du louage.

2° Il fallait encore que le prêt fût stérile pour le prêteur. Ces auteurs reconnaissaient bien que l'argent prêté pouvait profiter par le soin et le travail des commerçants, mais ces profits ne pouvaient appartenir au prêteur, qui n'avait pas travaillé; car, disaient-ils, en citant Aristote : « Il est contre la nature que l'ar-« gent produise de l'argent. L'art de tirer du profit « de l'argent, comme on fait dans l'usure, est, avec « une très-grande raison, en horreur à tout le monde, « parce qu'on n'emploie pas précisément cet argent à « la fin pour laquelle il a été établi : on ne l'a inventé « que pour la commodité des ventes et des achats, et « pour suppléer aux échanges, qu'on ne peut toujours « faire. »

Ces illustres théologiens avaient déjà compris que l'argent, instrument d'échange, jouait le rôle de monopole, et que son intervention, toute paupérifiante, ne pouvait produire que la ruine des uns et l'engraissement scandaleux des autres.

Tel était, dans sa forme primitive, le système des théologiens, sur la gratuité du prêt. Cependant le besoin de la circulation, la nécessité de mettre, à la portée de tous, la monnaie, cette arche sainte de la raison, excita les esprits à tourner les prescriptions scholastiques et à attirer l'argent dans tous les lieux de la terre, dans tous les champs de l'activité humaine, à l'aide de primes et de péages. C'était entreprendre la canonisation de l'usure, en présence des foudres théologiques : entreprise téméraire, et qui montrait combien le génie de la liberté obéissait à un puissant entraînement. Ces écoles usuraires peuvent se diviser en cinq systèmes, non compris celui des Jésuites, dont nous avons à parler longuement.

Premier système.

Il appartient aux Juifs et aux Grecs schismatiques, qui regardent l'usure comme utile à la société. Ils ont abandonné les sentiments des saints Pères de l'Église d'Orient et oublié les censures de Balsamon. La justification qu'ils donnent de l'usure est puisée dans la nécessité sociale du commerce et de la circulation, pour activer l'ardeur de la production. Le point de vue mystique est complètement mis de côté, l'intérêt économique seul est consulté.

Second système.

Il émane de Calvin, qui a soutenu : 1° que si l'usure est cruelle envers les pauvres, elle ne l'est pas envers les riches et les commerçants ; 2° que l'usure envers les riches était légitime, tant que son taux n'était pas exagéré.

Cette théorie montre assez nettement que le calvinisme, reconnaissant la puissance oppressive de l'usure, posait l'intérêt *légal* comme une barrière aux spoliations usuraires envers les riches, et le proscrivait dans les prêts faits aux pauvres ; de sorte que l'usure ne portait pas en elle sa propre moralité, sa propre justification, mais devait la recevoir de la qualité des personnes sur lesquelles elle étendait son empire.

Troisième système.

C'est celui que professent Saumaise, l'auteur du *Traité des billets*, et, de nos jours, M. Troplong. Il consiste à dire que l'intérêt est le prix de la translation de l'usage, translation qui mérite une prime et un gros profit, bien justifiés par cela.

Quatrième système.

Nous le trouvons chez Grotius, dans son *Commentaire* du sixième chapitre de saint Luc. L'intérêt, selon ce philosophe, est dû pour la privation du capital prêté. « Dans les ventes, dit Grotius, le prix ne se règle pas sur le profit que fera l'acquéreur, mais sur la perte qu'éprouve le vendeur, en se dépouillant. » Nous verrons, plus tard, M. Troplong réchauffer cette vieille explication ensevelie dans Grotius, et lui donner la physionomie littéraire dont il sait animer ses sophismes scientifiques.

Cinquième système.

Enfin, il est des auteurs qui se contentent d'appeler *intérêt* le profit du capital, et qui croyent avoir ainsi tourné la difficulté. C'est ce qui faisait dire fort spirituellement à Marot :

> On ne prête plus à usure,
> Mais tant qu'on veut à intérêt.

En présence d'une tendance, aussi bien manifestée, de chicaner avec les défenses théologiques, l'Église s'émut et donna la définition de l'usure. Elle est aussi complète que possible, et le socialisme moderne ne peut qu'accepter avec vénération cet antique dépôt d'une philosophie qui n'a pas encore triomphé, et qui prend seulement sa place en face du vieux monde. Le maître des sentences, saint Thomas, dit, au livre troisième, dist. 34 :

Usura est, cum quis plùs exigit in pecuniâ aut in aliquâ re quàm dederit.

Il y a usure lorsque, soit en argent, soit en autre valeur, on exige plus que l'on a donné.

Ainsi, Verrès, dont nous faisions les comptes, au chapitre des *Luttes économiques*, est un usurier, parce qu'il recevait des ouvriers acheteurs plus qu'il ne leur avait donné, lors de l'acquisition de leurs services.

Cette définition de l'usure, qui contient toute la

théorie du crédit mutuel, n'appartient pas, du reste, en propre à saint Thomas.

Ezéchiel avait dit, au chapitre 18, verset 8 : *Usuram et superabundatiam non acciperit...*

Et au Lévitique, chapitre 25, verset 36, Moïse avait écrit : *Pecuniam tuam non dabis ad usuram et frugum superabundatiam non exiges.*

Saint Augustin, dans le commentaire du psaume 36, et saint Jérôme, sur Ezéchiel, ne définissent pas autrement cette action *horrible*, qui consiste *à prêter son argent avec la convention de recevoir la somme prêtée et quelque chose au-delà, soit en argent, soit en blé, soit en huile.*

Saint Antonin va même plus loin, et pousse tellement le principe de la gratuité dans ses dernières conséquences, qu'il trouve une usure mentale dans le fait d'un capitaliste qui prête sans intérêt, mais dans l'intention de déterminer l'emprunteur à venir, par reconnaissance, cuire à son four ou acheter à sa boutique (*vel apothecam suam ad emendum*), parce que, dit-il, il ressort du prêt une utilité appréciable, *qui est une iniquité.*

Cette inégalité de la restitution était, suivant les écrivains catholiques, le produit d'une rapine, et leur unanimité, sur ce point, est assez décisive.

Saint Ambroise disait, L. *de bono mortis*, c. 12 : *Si quelqu'un reçoit l'usure, il vole.*

Saint Bernard, serm. 4, *Super salve regina*, concluait ainsi : *L'usure est une des espèces du vol.*

Des auteurs ont pensé que l'Eglise catholique avait autorisé l'usure envers les riches ; ceci est une erreur, et, pour s'en convaincre, il suffit d'ouvrir l'ouvrage de saint Ambroise, sur Tobie :

Tobie père prêta à Gabelus dix talents, sans stipuler d'intérêts. Quand il envoya son fils pour toucher, à l'échéance, il lui recommanda de recevoir le même poids d'or et d'argent, sans rien exiger au-delà. La Vulgate appelle Gabelus *hominem ingentem*, un puissant, un riche, qui avait emprunté pour faire quelque trafic.

Et, à cette occasion, saint Ambroise se fait cette objection : « Mais où est le mal de prêter à un mar-
« chand, pour son commerce, ou à un homme riche ? »

« La cupidité vous aveugle, » répond le philosophe,
« et vous empêche de condamner la conduite injuste
« que vous garderez à l'égard de cet homme, lorsque
« vous lui ferez payer plus qu'il n'a reçu, l'orsqu'ac-
« cumulant les intérêts et les intérêts des intérêts, vous
« grossirez votre dette jusqu'à l'infini ; et lorsqu'après
« avoir reçu de lui, en intérêts, plus que vous ne lui
« avez donné en capital, vous aurez encore la har-
« diesse de vous appeler son créancier ! N'est-ce pas
« voler cet homme avec une injustice criante ? »

Ainsi, la théologie et les véritables Pères de la philosophie catholique proscrivent l'usure exercée contre les riches, et il faut repousser, sur ce point, le sentiment de certains casuistes relâchés, *magistri et architecti erroris,* comme on les appelle.

Mais les faits se produisent souvent dans les sociétés, malgré l'intervention de la morale scholastique, et une morale civile s'installe souvent en face d'elle et rend des sentences plus écoutées. Les habitudes sociales s'acclimatèrent donc à distinguer le prêteur et à varier le taux de l'intérêt, suivant la qualité de la personne; de là est née la différence entre l'intérêt civil et l'intérêt commercial.

Ce n'était pas assez que d'interdire l'usure, il fallait encore justifier cette proscription; et saint Thomas s'est chargé de le faire dans quatre arguments que le casuisme juridique n'a pu encore renverser, et dont on va apprécier l'importance.

1er argument. L'usurier prend *un double prix* pour la même chose, ou la vend *deux fois;* car celui qui stipule quelque chose au-delà du sort principal, ou l'exige, à raison du capital, ou à raison de l'usage du capital; si c'est à raison du capital, il reçoit un double prix pour la même chose; si c'est pour l'usage, nous en verrons les conséquences au second argument.

Nous avons déjà démontré ce raisonnement dans une progression qui avait pour point de départ cette proposition : que le capital est doublé tous les quatorze ans.

1.   2.   4.   8.   16.   32.   64.

Ce qu'il y a peut-être de plus curieux dans ce phénomène de la multiplication du capital, c'est que l'emprunteur achète sans jamais acquérir ; et quand, en sixième période, il paye soixante-trois fois le capital originaire, il n'en est pas encore le propriétaire. Ceci, cependant, peut très-bien s'expliquer. L'origine de l'intérêt, comme l'origine de l'impôt, est celle d'un *rachat*. C'est une dîme, un droit régalien par lequel le travail leur rachète, chaque année, du maître, du capitaliste, du souverain, le pouvoir d'exploitation et d'usage qu'il tient de lui. Voilà pourquoi l'emprunteur, après avoir payé soixante-trois fois le droit d'exploitation, ne possède rien au bout de la soixante-troisième année ; car, par la fiction de l'abandon, fait par lui-même dès l'origine, du domaine éminent au souverain, il ne peut qu'en *racheter* l'usage aliéné par force, par prescription, par contrat social ou autrement.

Ainsi, un fermier paye sa ferme en 25 ans ; après ce temps, que lui reste-t-il ? rien ; car il n'a fait que racheter ce qu'il avait, très-originairement, aliéné. Que rachète-t-il ? est-ce la propriété ? Non, dit saint Thomas, car il paye et n'a rien, et ceci est d'une vérité palpable tous les jours ! Est-ce l'usage ? nous allons en juger.

2ᵐᵉ argument. L'usurier vend ce qui n'est pas ; car si l'intérêt est le prix de l'usage, celui-ci ne pouvant être séparé de l'argent, l'intérêt est alors la compensation d'une chose imaginaire. En effet, quand on transporte, comme dans le prêt, la propriété d'une chose qui se consomme par l'usage, et dont l'utilité n'est appréciable que par sa consommation, comment distinguer la propriété de l'usage ? Le dominium n'est pas le but de la transaction ; c'est l'usage seul que l'on a en vue ; il est inséparable de l'intention même du prêt, et, surtout, de la propriété ; donc l'intérêt, comme prix de l'usage, est un vol.

Cet argument de saint Thomas repose sur la définition même du prêt, qui, suivant les termes juridiques, transporte à l'emprunteur *la propriété et les accessoires de la chose prêtée* ; dès lors, si l'intérêt ne *rachète* pas la proprieté, peut-il en *racheter* l'accessoire inséparable ? c'est ce que les théologiens n'ont pu admettre.

M. de la Bigottière, repoussant cette objection de saint Thomas, disait :

« Cette raison n'est pas de mise, parce que l'em-
« prunteur ne doit point être regardé comme un vrai
« propriétaire de l'argent, puisqu'il est obligé de le
« restituer. Il est vrai qu'il peut dire qu'il en a une
« possession naturelle, comme fermier ; mais il n'en a

« pas la possession civile : c'est le prêteur qui l'a tou-
« jours possédé civilement. »

Jean-Laurent le Semelier, et le docteur Lepaige,
chanoine du Saint-Sépulcre, répondaient en ces termes
à M. de la Bigottière, dans les Conférences ecclésiastiques de Paris :

« Ce raisonnement est faux. Celui qui emprunte a
« véritablement la propriété, le domaine et la posses-
« sion naturelle et civile de la chose qui lui est prêtée ;
« il en a la possession naturelle, parce qu'il peut l'em-
« ployer, sans injustice, à sa volonté ; il en a la pos-
« session civile, dès qu'il en a la possession naturelle,
« parce que l'argent est inséparable de son usage...
« Cette distinction de la possession civile est donc une
« chicane inventée mal à-propos. »

Que conclure de tout ceci? Que l'usage de l'argent
est inséparable de l'idée du transport de la pleine propriété, et qu'il faut chercher, ailleurs, la justification
de l'intérêt.

3ᵐᵉ argument. Celui qui prête à intérêt vend ce qui
n'est pas à lui ; car l'argent, ne devenant fécond que
par l'industrie de l'emprunteur, le prêteur ne peut lui
vendre cette industrie (*industriam autem ejus sibi
vendere non debet*).

On ne pouvait proclamer, d'une manière plus énergique, l'inutilité de l'argent dans la production, sans
l'intervention du travail, et poser, d'une façon plus

résolue, ce théorème, regardé aujourd'hui comme nouveau, que travailler c'est produire de rien.

L'argument de saint Thomas devait rencontrer, pour adversaire, M. de la Bigottière ; et voici comment ce magistrat y répond :

« Ce raisonnement est très-faible ; car n'y a-t-il pas mille choses qui n'ont pas la moindre utilité par elles-mêmes, et qui ne servent que par le ministère de ceux qui les emploient, comme les outils des artisans, et dont les propriétaires ne laissent pas de recevoir des profits légitimes en les prêtant ! D'ailleurs, qui a jamais dit qu'on doive avoir tous les fruits d'une terre qu'on a prise à ferme, sans en payer le prix, sous prétexte que c'est par ses soins qu'on les a fait naître et qu'on les recueille ! Car la même justice, qui veut que celui qui fait valoir les choses reçoive la récompense de ses peines et de son adresse, veut aussi qu'il tienne compte de quelque chose à celui qui a fourni la matière. D'où vient qu'il la fournirait pour rien, puisque, sans elle, on n'aurait pas recueilli ce profit ? Les règles des contrats ne sont-elles pas que les deux parties y trouvent des *avantages réciproques* ? Or, rien n'est plus aisé que d'estimer cette industrie, pour faire avoir, à celui qui l'a employée, une grosse portion du profit, et une moindre à celui qui a fourni la matière ; et voilà ce qu'ont fait les ordonnances, en adjugeant au créancier quelque chose pour la part du profit, tous les ans, jusqu'à la restitution du fonds, et laissant au débiteur le surplus pour la récompense de ses peines. »

Toute cette argumentation consiste à prendre un résultat pour une cause : paralogisme assez familier aux économistes. Dans l'ordre économique, tout travail laissant un excédant, tout travailleur *capitalise*. Cette capitalisation est ce qu'on appelle le *produit net* qui, par le monopole, devient *matière première*, c'est-à-dire agent nécessaire de production et roi du travail, avec prime et péage. Ainsi, le capital, résultat du travail *épargné*, devient *matière première et cause* du travail, et, à l'aide de cette inversion, le discipline, le réglemente et le spolie. C'est la théorie économique dans toute sa pureté.

Les *Conférences ecclésiastiques de Paris* ont ainsi soutenu la thèse contraire :

« Il est aisé de faire voir la faiblesse de cette réplique, qui péche dans les principes; car on convient, avec M. de la Bigottière, qu'il est permis de partager, avec un autre, le profit qu'il fait par son industrie, quand on lui a fourni la matière ou le moyen de faire ce profit; mais ce n'est que dans trois circonstances, qu'il est à propos de remarquer ici : la première, c'est lorsqu'on est toujours le maître de cette matière qu'on lui a fournie; car il est juste qu'elle profite à son maître, et c'est sur ce fondement que tous les théologiens conviennent que le loyer, qu'on tire de sa maison, est très-légitime ; la deuxième, c'est quand celui qui met son industrie, pour faire valoir la chose, a des gages, et qu'il est payé de son industrie. C'est pour cette raison qu'un domestique à gage, qui fait valoir l'argent de son maître, le fait profiter au profit de son maître ; la troisième, c'est quand la matière qu'on a fournie à celui qui l'a fait valoir, par son industrie, n'est pas stérile d'elle-même, mais, de sa nature, porte des fruits. C'est pour ce motif que le maître d'une ferme peut partager avec son fermier les fruits de la ferme qu'il lui a affermée ; car la terre, d'elle-même, porte des fruits, ce n'est pas par la seule industrie d'un fermier ; c'est la même chose des outils qu'on prête à un artisan, d'autant plus qu'on les use toujours un peu, en s'en servant.

« Or, quand je prête de l'argent à quelqu'un, ces trois circonstances ne se trouvent point dans le prêt que je lui fais : 1° je ne suis plus le propriétaire de mon argent ; 2° je ne lui paye pas des gages pour faire valoir mon argent et le récompenser de son industrie ; il n'est pas mon domestique ; 3° enfin l'argent ne produit rien de sa nature, et, s'il profite entre les mains de celui à qui je le prête, c'est par sa seule industrie ; c'est donc lui seul qui en doit profiter, d'autant plus que c'est lui seul qui en court tous les risques, sans en excepter même les cas fortuits. On peut voir, par ces réponses, quelle est la solidité des raisons de saint Thomas, et que ce que l'on objecte, pour les combattre, ne sert qu'à les éclaircir. »

La conclusion de ceci est que la théologie regarde comme *légitime* la rente de la terre et des capitaux *engagés*, et comme *spoliatrice* la rente des capitaux *circulants*. Jamais, sans doute, la philosophie catholique n'a été aussi loin ; car, en prêchant la gratuité du prêt, elle reconnaît cependant, comme l'a fait M. Blanqui, dans une note de la traduction de Ricardo, que la rente de la terre ne peut être que le prix de la location d'un instrument privilégié.

Or, pour personne, l'argent n'est un instrument de travail.

4me argument. La loi naturelle apprend à tous les hommes que chacun doit profiter du sien et qu'il n'est permis à personne de profiter du bien d'autrui. Or, quand, à l'aide de l'argent prêté, je profite du travail de l'emprunteur, il y a injustice, et *je le vole*. Ceci revient à dire que l'homme a droit à tout le produit de son travail, et que lui en prendre une partie, à l'aide de l'usure, est une spoliation.

Ce quatrième et dernier argument de saint Thomas est la proscription de la *propriété de l'oisiveté*, au nom de la *propriété du travail*; et nous sommes heureux de constater que la théorie de la réciprocité, du crédit et de la répartition, qui compose tout le socialisme moderne, est vieille comme la notion du juste, au cœur de l'homme.

Oui, c'est saint Thomas, le docteur angélique, l'ange de l'école, comme on l'appelait, qui a dit aux usuriers :

Vous vendez deux fois la même chose (*duplum exigas*) ou vous vendez une chose qui n'existe pas.

Vous vendez ce qui n'est pas à vous : le travail de l'emprunteur.

Vous volez le bien d'autrui, en prenant une partie du produit de son industrie.

Allons, parasites insatiables, rendez à vos frères ce que vous leur avez dérobé (*redde fratri tuo quod injustè subripuisti*).

Mais, ainsi que nous le verrons plus tard, dans le chapitre consacré spécialement à cet examen, l'usure était de nécessité philosophique, et la théorie de saint Thomas avait au moins le tort d'une anticipation trop grande sur les développements futurs de la liberté humaine. Aussi devait-elle rencontrer de très-sérieuses objections, en présence du mouvement universel du crédit, dont le but ultérieur, ainsi que nous l'avons déjà dit, est d'arriver à la constitution de toutes les valeurs et de les rendre acceptables en tout payement, comme la monnaie prise pour type. Pour cela, il y avait nécessité de subir les duretés du monopole usuraire, et d'arriver à l'émancipation de tous les produits, par leur soumission momentanée à l'étalon de la valeur et de la puissance.

Un partisan de l'usure disait : « Il faut en finir avec les idées des *contemplatifs*, qui se figurent une république d'où les intérêts seraient bannis. » Aussi la question économique fut-elle posée nettement en face des défenses théologiques, dans ces termes :

Le commerce est-il nécessaire à la république ? N'est-ce pas le négoce qui rend les Etats florissants ? Peut-on soutenir le commerce sans le prêt ?

La réponse des théologiens, que nous trouvons dans les Conférences ecclésiastiques de Paris, sur l'Usure, volume 1, page 161, est divisée en deux parties, et elle est assez intéressante dans l'histoire du crédit, pour que nous la donnions *in extenso*.

« 1° Il n'est pas vrai que l'intérêt du prêt soit un de ces commerces dont la bonté dépend de l'utilité qu'en reçoit le public, parce que, dès qu'il est mauvais de sa nature et opposé à l'équité naturelle, comme on vient de le montrer, il ne peut jamais devenir licite; car si l'on pouvait conclure qu'une chose peut être permise et devenir bonne, parce qu'elle est avantageuse à un Etat, on pourrait conclure de ce faux principe, dit le docte Gerson, que le mensonge, la fornication et la pluralité des femmes pourraient être permis, parce que le mensonge, la fornication et la pluralité des femmes peuvent être avantageux et utiles à la république, ou pour en empêcher la décadence, ou pour en multiplier les sujets. Cependant, continue Gerson avec saint Antonin, il est de foi que le mensonge ne peut jamais être rectifié ni permis, quelqu'utilité qu'on en puisse tirer. Il est aussi de foi que nul avantage des républiques, pas même leur nécessité, ne peut dépouiller la fornication de sa malice ou la rendre licite. C'est la même chose de l'usure, dès que Dieu l'a défendue, dit le juriste Maréchal.

« Appliquons ce principe à l'usure, et disons à ses défenseurs : vous dites que le prêt à intérêt est avantageux au commerce et qu'il est utile à la société civile ; car, pour nécessaire, on n'en peut pas convenir, puisque la loi du prince condamne les usures. Je réponds que ce n'est pas là ce dont il est question : il faut examiner auparavant si Dieu le permet ou le défend ; car si Dieu le défend, il ne peut être permis, quelqu'avantage que les hommes prétendent en tirer. C'est un avantage très-considérable d'avoir de l'eau pour baptiser un enfant en péril de mort ; on lui ouvre par là le Ciel, qui est préférable à toutes les richesses de la terre et à tout le bien qu'on peut procurer à un État et aux républiques ; cependant, dit saint Augustin, dans ses livres du Mensonge, si l'on ne peut avoir cette eau que par un mensonge, il faut plutôt laisser mourir cet enfant sans baptême, parce que Dieu défend le mensonge.

« Le prochain n'est pas l'unique et le premier objet que nous devons envisager : nous devons rendre à Dieu l'amour et l'obéissance avant que de nous acquitter de l'amour que nous devons au prochain ; d'où il suit que nous devons considérer si une chose est contraire à la loi de Dieu, avant que de voir si elle est avantageuse ou préjudiciable à notre prochain. Il faut donc renoncer à la commodité apparente qu'on croit pouvoir retirer du prêt à intérêt, pour obéir à la loi naturelle et à la loi positive, divine et humaine. Saint Paul nous l'enseigne, lorsqu'il dit qu'il n'est permis de commettre aucun péché, ni de violer la loi de Dieu, quelqu'avantage qu'on puisse se procurer ou à son prochain, par le péché : *Non sunt facienda mala, ut indè eveniant bona.*

« Qu'on ne dise donc plus que le prêt de commerce se peut faire, parce qu'il est utile à la république. Quand il lui serait encore plus avantageux, c'est assez pour le proscrire, disent les Pères, d'avoir montré que la loi de Dieu le défend. Dieu a parlé et a gravé cette défense dans le cœur des hommes, il faut lui obéir ; il est le maître, et toutes les républiques lui sont soumises.

« 2° Mais je veux faire voir évidemment que le prêt à intérêt, bien loin de soutenir le commerce et de le faire fleurir, le détruit et jette un État dans des malheurs prodigieux. L'expérience fait connaître tous les jours, surtout dans ce siècle, que les usures ruinent les familles, que les riches en deviennent pauvres, et que les pauvres sont réduits à la dernière misère.

« Jamais république ne fut mieux policée que celle des Hébreux, des Grecs et des Romains ; cependant les Hébreux ont comparé l'usure à la morsure du serpent. *Le venin de la morsure que fait l'usure ne se sent pas d'abord,* il endort même ceux qui empruntent à intérêt ; car, dans les commencements de ces emprunts, ils ont de la joie de se voir de l'argent entre les mains ; mais ce poison, qui se boit si doucement, leur donne enfin la mort. Il est agréable à un débiteur de trouver de l'argent ; mais les intérêts de cet argent, qui courent et s'augmentent tous les jours, et qu'il est obligé de payer, sans être dispensé d'en payer le principal, le consument à la fin et le dépouillent de ses biens, qui sont sa substance et sa vie.

« Les Grecs et les Romains n'ont défendu de prêter à intérêt, et n'ont puni les usuriers plus que les voleurs publics, que parce qu'ils ont reconnu le dommage qu'ils font à une république. Calvin en convient lui-même : *Fœnoribus exhauriuntur, qui latifundia possident.* Cicéron dit qu'il y avait, de son temps, des riches qui, à force de payer des intérêts, s'étaient réduits en tel état, que les intérêts qu'ils devaient égalaient les revenus des grands biens qu'ils possédaient ; de sorte que tout leur revenu était enlevé par leurs créanciers.

« Un de nos rois, c'est Philippe-le-Bel, a reconnu le désordre que causent les usures dans un Etat, lorsqu'il a dit, dans une de ses ordonnances, que les usuriers sucent le sang et dévorent la substance du peuple, *usuræ substantiam populi devorantes.* Grégoire X, dans le second concile de Lyon, et les prélats de France, dans l'assemblée de Melun, l'ont aussi très-bien remarqué ; et il n'y a rien de si éloquent que ce que dit saint Ambroise quand il parle, dans son livre sur Tobie, du tort que font les usuriers aux membres de la république. Ce saint docteur les compare à une mer toujours agitée, qui engloutit les plus riches vaisseaux ; et il ajoute que la mer, par son calme, donne quelquefois lieu aux marchands de naviguer heureusement ; les usuriers, au contraire, sont toujours attentifs et appliqués à la ruine de leurs débiteurs, qu'ils volent tous les jours, en tirant d'eux perpétuellement plus qu'ils ne leur ont donné.

« Il est vrai, disent les docteurs de Nantes, dans leur censure de 1713, que le prêt est avantageux à celui qui prête ; mais il ruine ordinairement celui qui emprunte, parce qu'il est obligé de payer un profit certain et fixe dans l'espérance d'un gain qui n'est souvent qu'en idée, et qu'il n'est pas déchargé de cette obligation, lors même que cet argent, loin de profiter, vient à périr : de sorte qu'il est constant que l'usure est ordinairement préjudiciable à celui qui emprunte. Si l'usurier prête de l'argent à des pauvres, l'intérêt qu'il en exige les opprime ; s'il prête à des avares ou à des financiers, il favorise leur cupidité, qui, souvent, fait qu'ils empruntent pour prêter à d'autres à de gros intérêts ; s'il prête à des prodigues, l'argent est dissipé en dépenses et en débauches, qui leur ôtent le moyen d'en payer les intérêts ; s'il prête à des négociants pour faire un commerce au-delà de leur fonds, cela les expose à des banqueroutes ; s'il prête à de bons marchands qui en ont un véritable besoin, les intérêts qu'il leur fait payer les ruinent et les font à la fin succomber : les usuriers sont donc, disent les anciennes ordonnances de nos rois, *des gens pestilents et pernicieux*.

« Il parut en 1676 un livre intitulé : *Eclaircissement sur le légitime commerce des intérêts, composé par le Père André Colonia, Minime, imprimé à Lyon par Antoine Cellier.* Le cardinal Grimaldi, archevêque d'Aix, très-attaché à la doctrine de l'Eglise, le censura le 27 juin de la même année, et fit voir qu'il est faux de dire que l'usure est avantageuse aux Etats pour faire fleurir le commerce. Charles IX, roi de France, dit ce savant cardinal, défendant l'usure dans son ordonnance d'Orléans de 1567, comme préjudiciable au commerce et à l'utilité publique, déclare que ceux qui la commettent et la pratiquent par divers et subtils moyens, sont poussés du malin esprit et n'ont aucune crainte de Dieu. Et l'arrêt du parlement de Paris, du 1er août 1565, en conséquence duquel fut faite la susdite ordonnance, comprenant les marchands dans la défense qu'il fait de toute sorte d'usure, ajoute que, par un tel moyen, on détruit non seulement la charité, mais le train légitime de marchandise, l'exercice des arts et métiers et le labeur et culture de la terre, dont étaient à craindre plusieurs grands inconvénients ; ce qui avait été confirmé par l'ordonnance de Blois, article XXII : « Défendons de prêter de la sorte, même à des marchands, sous prétexte de commerce public, etc. » Il est donc vrai, et l'expérience le fait voir tous les jours, que les usures sont préjudiciables à un Etat, le minent insensiblement et le font, à la fin, périr.

« Les protestants ont eux-mêmes reconnu que l'usure est très-pernicieuse au négoce et au bien d'un Etat. Bâcon, chancelier d'Angleterre, dit que l'usure est un très-grand mal dans un royaume, et il en donne en outre quatre raisons. La première incommodité de l'usure, dit-il, consiste en ce qu'elle diminue le nombre des marchandises ; car, si ce n'était ce paresseux trafic, l'argent ne demeurerait point inutile, mais serait, la plupart du temps, employé à la marchandise, qui est comme la veine-porte du bien d'un Etat. La seconde perte qui en revient, c'est que les marchands en sont appauvris et ne peuvent pas si facilement venir à bout de leur trafic, s'il leur faut payer une grande usure ; semblables à ces pauvres fermiers auxquels les moyens de faire quelque profit sont ôtés entièrement, lorsqu'ils sont une trop grande rente des terres qu'ils tiennent d'autrui, et qu'ainsi ils ne les peuvent pas si bien ménager. La troisième incommodité semble avoir je ne sais quoi d'incident aux deux autres, et causer le déchet des douanes, des princes et des Etats, qui ont leur flux et leur reflux par le moyen du commerce. Le quatrième inconvénient qu'apporte l'usure, c'est qu'on met en peu de mains les finances d'un royaume ; car l'usure attire à soi tous les deniers du public, par ses malicieuses pratiques, et ruine par ce moyen un Etat, qui n'est jamais plus florissant que lorsque le bien est également répandu en plusieurs lieux. J'ajoute à ceci que, par ce commerce illicite, le prix des terres n'a plus de lieu, pour qu'on se sert ordinairement de l'argent, ou pour exercer la marchandise, ou pour acheter des terres, ce qui est empêché par l'usure, tant de l'un que de l'autre côté ; davantage, c'est elle qui avilit toutes les nouvelles inventions, par le moyen desquelles l'argent se remuerait, s'il n'était retenu par cette manière d'entrave. En un mot, ce que l'usure a de plus insupportable, c'est qu'on la peut véritablement appeler le chancre et la ruine de maintes personnes, d'où s'ensuit, avec le temps, une pauvreté publique. Ces inconvénients de l'usure et les malheurs qu'elle attire sur un Etat, qui sont exposés avec tant de force par ce grand politique, font voir que c'est mal à-propos qu'on prétend que l'usure est le nerf du négoce et le soutien des royaumes.

« Il est vrai que ce chancelier d'Angleterre dit qu'il tient pour inutile de parler de l'abolition de l'usure, puisqu'à le bien considérer, il ne se trouve point d'Etat où elle n'ait pris pied, en quelque façon ; mais c'est ce qu'il déplore, et ce qui lui fait conclure qu'il faut au moins réduire l'usure à 5 0/0, et émousser un peu la dent de l'usure, afin qu'elle ne morde pas trop serré. Quand il est comme impossible d'arrêter le cours d'un torrent, et de faire finir un grand désordre, il faut au moins faire son possible pour qu'il ne fasse pas de grands ravages. »

La réponse des théologiens se résume donc à proscrire l'usure :

1er argument. Par la nécessité d'obéir à la loi divine. Cet argument, tout mystique, ne va pas au fond de la question, et, comme dit de la Bigottière, *n'est pas de mise* en économie sociale.

2me argument. Par la démonstration de l'appauvrissement général, causé par l'usure, démonstration appuyée de l'autorité du chancelier Bàcon, qui fait à l'usure quatre reproches fondamentaux.

1° L'usure diminue la production, qui est la *veineporte* d'un Etat ; la diminue-t-elle parce que le péage usuraire est une entrave à la circulation des produits, ou parce que le travail ne peut produire qu'avec licence du capital? Le chancelier n'en donne pas la raison, mais il constate un résultat que le socialisme a démontré suffisamment.

2° L'usure appauvrit le travailleur. Rien n'est plus conforme aux faits, et, avec l'appauvrissement du travailleur, les débouchés se ferment, la famine arrive, et l'usure devient homicide.

3° L'usure cause le déchet des douanes, c'est-à-dire le déchet de la circulation. La vie sociale est arrêtée; la mort du sujet et la mort du prince en sont les conséquences : vide dans la caisse du travailleur, vide dans la caisse de l'Etat.

4° Enfin, l'usure met les finances entre les mains de quelques-uns, c'est-à-dire qu'elle est l'instrument de l'édification d'une société de monopoleurs, d'une féodalité de puissants, en dehors de laquelle règne la pauvreté publique.

Voilà, nous devons le dire, une savante et philosophique anatomie des phénomènes de l'usure, et jamais économiste n'en émoussera la sagacité. La théologie a donc bien réellement gagné sa cause contre le mercantilisme; elle a démontré l'iniquité et la puissance paupérifiante de l'usure; elle a préparé la voie et les armes à la critique moderne. Seulement, comme nous l'avons déjà fait remarquer, l'heure n'était pas venue, pour elle, d'entrer dans les faits et les réalités ; il fallait, avant cela, que le monopole traversât toutes les phases économiques et eût imprimé sa puissance à l'univers entier.

La philosophie catholique sentit bien que le vieux monde n'était pas mort, et qu'il fallait transiger avec lui, sous peine d'une séparation complète et d'un déchirement dangereux. Il dut en coûter certainement beaucoup aux continuateurs de la belle et douce morale de saint Thomas, de ce grand législateur de la justice commutative ; mais le siècle était là, courant de forme de crédit en forme de crédit, appelant la monnaie de tous les points de son activité, la regardant comme le symbole du droit et de la raison, et lui dressant le trône du monde ! Il fallait suivre cette impulsion des hommes! Dieu n'est-il pas avec le peuple ?

C'est alors qu'apparut, dans le monde théologique, la *Théorie des causes, titres et raisons justes et légitimes, pour lesquelles on peut recevoir, sans usure, quelque chose au-delà du capital prêté.* C'était une révolution : la foi tournait au casuisme, la sainteté dégénérait en procédure, le théologien se faisait procureur.

En vain Duguet, dans sa réfutation des écrits sur l'usure, s'écriait, page 344 :

« Jamais l'Eglise ne s'est relâchée sur aucun des « points de l'usure, jamais elle n'est entrée en com- « position. L'usure excessive lui a paru, à la vérité,

« plus odieuse, mais la plus mitigée n'a pu lui paraî-
« tre légitime. Elle a condamné les présents, ou exi-
« gés grossièrement, ou attirés par des voies indirectes ;
« étant persuadée que Dieu défend de prêter aux mar-
« chands, elle n'avait, sur cette matière, aucune auto-
« rité de rien permettre. »

En vain le pape Benoit XIV, dans sa lettre du 1er novembre 1745, rappelait les anciennes défenses théologiques contre l'usure ; le sentiment profond du
mouvement industriel l'entraînait à accorder ce pied-
à-terre au casuisme, dans l'orthodoxie catholique.

« On ne nie pas qu'il y ait des contrats différents du
« prêt, qui ne fournissent les moyens de placer son
« argent, soit pour se procurer des revenus annuels, soit
« pour participer à des négotiations ou autrement...
« Car à Dieu ne plaise que des chrétiens pensent que
« ce soit de criminelles usures qui font fleurir les com-
« merces humains... »

Dès ce jour, le casuisme devint une science légale,
orthodoxe ; les stipulations usuraires prirent possession
des avenues de la morale publique, et la législation
civile, en harmonie avec les préceptes de la théologie,
étendit tranquillement son empire, à l'aide de la dialectique qui lui fut fournie par le casuisme. Cette tou-
chante union se dévoilera bientôt à nos yeux, et nous
verrons M. Troplong et Loloya manger les mêmes
arguments au ratelier de l'imposture.

Nous connaissons la lutte que saint Thomas soutint contre les usuriers, et, avec le chancelier Bâcon, nous avons étudié la hideuse monographie de la productivité du capital. Il nous reste, maintenant, à voir comment la loi civile a défendu le drapeau usuraire.

L'Assemblée nationale de 89, qui avait pour mission d'abolir les droits féodaux, et d'émanciper l'homme des servitudes du droit personnel et du droit réel, rendit, le 2 octobre 1789, le décret suivant :

« L'Assemblée nationale a décreté que tous les parti-
« culiers, corps, communautés, et gens de main morte,
« pourront, à l'avenir, prêter l'argent à terme fixe,
« *avec stipulation d'intérêt*, suivant le taux déterminé
« par la loi, sans entendre rien innover aux usages du
« commerce. »

Ce décret, après certaines variations apportées par la Convention, qui voulait faire triompher le papier-monnaie sur le numéraire, fut reproduit en ces termes, par l'article 1905 du code civil :

« Il est permis de stipuler des intérêts pour simple
« prêt, soit d'argent, soit de denrées, ou autres choses
« mobilières. »

Le prêt d'argent n'est qu'une des variétés du prêt de consommation, ainsi défini par l'article 1892 du même code :

« Le prêt de consommation est un contrat par lequel
« l'une des parties livre à l'autre une certaine quantité

« de choses qui se consomment par l'usage, à la charge,
« par cette dernière, de lui rendre autant de même
« espèce et qualité. »

Autrefois, il s'était élevé la question de savoir si,
dans le prêt de consommation, la propriété était transmise à l'emprunteur. Pothier prétendait que cette
translation de la propriété était le caractère spécial du
prêt de consommation, et la raison de sa différence
avec le prêt à usage. Son nom de *mutuum* vient de
mutatio, qui signifie changement de main, changement de tête, changement de propriétaire, de dominateur.

Pothier donnait, de cette nécessité de la translation
du domaine, une explication très–juste, que voici :

L'emprunteur fait de la chose prêtée l'usage qui lui
plait : pour cela, il faut qu'il en ait l'intégrale disposition, comme propriétaire. Aussi l'emprunteur a-t-il
le *jus in re*, le droit dans la chose, tandis que le prêteur n'a que le *jus ad rem*, un droit de créance à la
chose, et le père du droit français terminait par cette
considération puissante et décisive :

« Quand même la somme prêtée serait périe, par
« force majeure, entre les mains de l'emprunteur, et
« que l'emprunteur n'aurait pas de quoi la rendre, le
« droit, qu'a le prêteur, de demander à l'emprunteur
« une somme pareille, ne laisse pas de subsister. Le
« droit du prêteur n'est donc pas le *dominium* de la

« somme prêtée que le prêteur retienne, puisque le
« *dominium* est un *jus in re* qui *ne peut subsister*
« *sans une chose qui en soit le sujet*, et que, dans
« l'espèce, rien ne peut remplacer la somme prêtée. »

Le code civil, adoptant cette conséquence si logique
du *mutuum*, l'écrivit tout entière, et en ces termes,
dans l'art. 1894 :

« Par l'effet de ce prêt, l'emprunteur devient pro—
« priétaire de la chose prêtée, et c'est pour lui qu'elle
« périt, de quelque manière que cette perte arrive. »

Ainsi, le prêt a pour effet de substituer, au droit
réel du propriétaire, le droit *personnel* du prêteur, et
d'abdiquer le droit *réel*, en faveur de l'emprunteur.

Voilà, dans leur essence la plus intime, les résultats juridiques du prêt. La propriété est anéantie dans
les mains du prêteur, il n'a plus rien ; indifférent à
son ancienne propriété, il la voit s'anéantir sans en
souffrir dans ses intérêts ; qu'elle périsse ou s'améliore, qu'elle fructifie ou reste stérile, peu lui importe ;
l'emprunteur doit à sa personne, à sa qualité, un
hommage annuel ; il l'attend, et, à l'échéance, comme
le marchand de Venise, il s'arme de la sévérité de son
titre, et s'apprête à couper la livre de chair stipulée.

Le prêteur et l'emprunteur sont donc deux ennemis ; le code civil l'a formidablement écrit, et la loi na-
poléonienne, voulant partout donner raison au dogme
monarchique de la propriété, a constaté la supériorité

du prêteur, en mettant à la charge de l'emprunteur le cas fortuit, les événements que la raison humaine ne pouvait prévoir, les coups du sort, qu'il n'appartient pas à la prudence d'éviter, et qui auraient, dans leur contingence aveugle, frappé aussi bien le propriétaire que le débiteur, sans cette inégalité. La condition de l'emprunteur est attachée au dogme de la fatalité et de l'infortune ; celle du prêteur à celui de la patrimonialité, de l'oisiveté et du bonheur ; sa sécurité tient, suivant la logique judiciaire, *à ce que la propriété n'est plus dans ses mains !* Elle est la conséquence du fameux : *Mutuans non remanet dominus pecuniæ mutuatæ*, de Scott, et dont nous avons déjà parlé.

Ici se présente une grave objection : avec cette condition de la translation de la propriété du prêteur à l'emprunteur, comment justifier l'intérêt ?

Saumaise, un des écrivains les plus littéraires de l'ancien droit, ne pouvait admettre que le prêteur transmettait le *dominium*, qu'il abdiquait complètement sa propriété, parce que, disait-il, sans cela, la stipulation des intérêts serait sans raison ; au lieu que le prêteur, retenant le domaine, doit toucher des fruits pour l'exercice de ce droit *réel, réservé*. Saumaise, rencontrant dans les anciens textes l'expression de *locare pecuniam*, en avait inféré qu'on louait l'argent comme toute autre chose, comme un instrument de travail, par exemple, et que le prêt n'était qu'un contrat de louage, dont l'usure était le prix. Cette thèse, vivement réfutée par Pothier, ne survécut pas aux critiques dont elle fut l'objet, et la science juridique moderne admit que le prêt n'était pas un louage, que le prêteur se dépouillait de sa propriété pour un certain temps, et elle essaya de justifier l'intérêt, par des considérations d'un autre ordre.

Quoi ! s'écriaient les antagonistes de l'intérêt, la propriété, dites-vous, est transmise à l'emprunteur, le prêt n'est pas un louage ; est-ce, alors, pour l'usage, que vous stipulez des intérêts ? Mais l'emprunteur est propriétaire, comment pourrait-il y avoir un usage distinct de la propriété qui lui a été transmise ? Est-ce que la propriété ne renferme pas l'usage ? Vous voyez donc que vos intérêts sont sans raison morale d'être. Et voici comment Domat fulminait cette rude apostrophe, puisée dans le deuxième et le troisième argument de saint Thomas :

« On voit que celui qui prête à intérêt ne répond
« d'aucun profit à celui qui emprunte, et qu'il ne
« laisse pas de s'assurer un profit certain ; qu'il ne
« répond pas même de l'usage qui sera fait de ce qu'il
« donne, et qu'au contraire, encore que la chose qu'il
« prête vienne à périr, celui qui l'emprunte lui en
« rendra autant et encore l'usure. Qu'ainsi, il prend
« un profit sûr où celui qui emprunte peut n'avoir

« que de la perte ; qu'il prend un profit d'une *chose*
« *qui n'est pas à lui*, et d'une chose même qui, de
« sa nature, n'en produit aucun, mais qui seulement
« peut être mise en usage *par l'industrie de celui qui*
« *emprunte, et avec le hasard de la perte entière de*
« *tout profit et du capital, sans que celui qui prête*
« *entre en aucune part ni de cette industrie ni*
« *d'aucune perte.* »

Ce passage remarquable, que l'on dirait emprunté
à un socialiste moderne, faisait hésiter l'illustre Dumoulin ; et Domat, répondant à l'objection faite, de
son temps, que le prêteur devait naturellement avoir
sa part dans les bénéfices réalisés par l'emprunteur,
puisque le prêt constituait ainsi une sorte de société,
s'écriait, avec une honnête indignation, à propos de
l'insolidarité de cette association :

« Le prétexte du profit que peut faire, de l'argent
« prêté, celui qui emprunte, n'est qu'une illusion ;
« car c'est la règle, des profits à venir, que pour y
« avoir part, il faut s'exposer aux événements des
« pertes qui peuvent arriver au lieu des profits que
« l'on espérait. On ne saurait donc, sans inhumanité
« *et même sans crime*, se décharger de la perte et s'as-
« surer du gain. »

Ainsi, selon Domat, l'intérêt n'est pas légitime :

1° Parce que le prêteur n'entre pas dans l'industrie
de l'emprunteur ;

2° Parce qu'il n'est pas associé à ses risques.

Ces deux arguments étaient très-graves, et loin de chercher à les affaiblir, on eut recours à d'autres idées pour expliquer ce qui ne l'était plus désormais, et là nous allons voir la science moderne se ranger sous les drapeaux des Jésuites.

« Le prêteur, dit M. Troplong, est en proie à un « danger, celui de l'insolvabilité du débiteur, qui, « maître d'user et d'abuser, peut consommer la chose, « la faire disparaître et laisser le créancier sans ga- « rantie.

« Le prêteur à intérêt, » dit-il dans un autre en- droit, « a droit d'exiger une récompense pour le droit « *d'user* et *d'abuser*; et puis le prêteur a à redouter, « avec raison, l'insolvabilité de l'emprunteur et la « perte de ce qui lui est dû. »

Si l'on en croit le langage du brillant interprète du code civil, l'intérêt serait la récompense du danger encouru. Ah! si cette explication était la seule, jamais le prêt hypothécaire ne serait fait avec stipulation usu- raire, parce qu'avec la réalité qui le protége, il n'est exposé à aucun péril; et, dès-lors, comment justifier la prélibation d'une prime au courage? Et d'ailleurs, la gratuité du crédit ne tiendrait plus, pour les capitaux engagés sans hypothèque, qu'à un système d'assu- rances qui les gageraient suffisamment; puis, enfin, si le danger est la cause efficiente et productive de l'intérêt, comment se fait-il que les annuités ne soient pas des remboursements? Comment se fait-il, en dernier lieu, que la prime au courage ne diminue pas avec les dangers et les quotités exposées?

Cette théorie du danger n'est pas nouvelle; elle est puisée tout entière dans le casuisme, et nous allons le démontrer.

Le pape Benoît XIV, comme nous l'avons vu, après avoir renouvelé les anciennes défenses de l'usure, avait eu la précaution d'ajouter : « Il peut exister, cumulativement avec le contrat de prêt, quelques autres titres, étrangers au prêt, qui donnent lieu à une cause juste et légitime d'exiger quelque chose au-delà du capital. » Les Jésuites se sont élancés sur cette restriction offerte à la commodité de leur morale, et leurs philosophes n'ont pas tardé à légitimer l'usure, par la fiction du danger, *periculum sortis*.

« Il est permis, dit Moya, page 287, à celui qui
« prête, d'exiger quelque chose au-delà du principal,
« à raison *du danger* auquel il est exposé pour le
« recouvrement du principal. Et comme le danger est
« inséparable du prêt, il s'ensuit évidemment que cette
« seule proposition rend inutiles et sans force les lois
« qui interdisent l'usure. »

On ne peut pas enterrer plus logiquement la légalité, et M. Troplong consent à tenir les coins du drap mortuaire avec Moya et Escobar. Moya se fait cependant des scrupules, et voilà comment il les combat :

« Quoique ce soit usure quand on reçoit quelque
« chose au-delà du capital à titre de prêt, cependant,
« ce n'est pas usure quand on le reçoit à titre de dan-
« ger, et seulement *comme prix du danger*. Il n'y a
« personne, quelqu'assurance qu'on lui ait donnée, à
« qui il ne puisse survenir *quelque danger*, ou du
« moins *quelque difficulté* ou *quelque peine* pour le
« recouvrement de ce qui lui appartient.

« Par ce moyen, l'on ouvre et l'on aplanit un che-
« min où il n'y a point de danger ; cette opinion est
« le sentiment commun des Jésuites. »

Oui, mais ce n'était pas celui de saint Thomas !

Cependant, on aurait pu demander à Moya comment il se faisait que la stipulation usuraire avait toujours lieu au moment du prêt, c'est-à-dire avant la
possibilité d'un danger, d'une difficulté, d'une peine
pour le recouvrement? M. Troplong répondrait, sans
doute, pour l'illustre institut, qu'il serait bien difficile
de ne pas trouver une peine à la charge du prêteur,
ne serait-ce que celle de donner quittance ; peine facile à prévoir, et qui vaut bien 5 et 6 0/0 de récompense.

La magistrature française n'a pas toujours été dis-
posée à soutenir la fable du danger ; et, lors du procès
que les Jésuites soutinrent devant le parlement de
Normandie, on entendit, à l'audience du 23 janvier

1762 , le procureur général du roi , Bordier , dans le remarquable réquisitoire qu'il prononça, s'écrier :

« Cette supputation arbitraire et criminelle d'un
« danger apparent ou supposé n'est pas même un
« motif auquel les casuistes de la société soient uni-
« quement attachés… Flétrissez, messieurs, un système
« barbare , qui met cruellement à prix les besoins,
« l'indigence, la nécessité, la pauvreté même! »

Tel était l'anathême que, il y a bientôt un siècle, le premier magistrat d'un parquet de parlement lançait contre la puérile fiction du danger ; et n'est-il pas douloureux de voir de nos jours le premier président de la cour *royale* de Paris réchauffer ce sinistre axiôme de la morale de Loyola, et vouloir l'ériger à la dignité d'interprétation rationelle et de justification des abus de la puissance propriétaire.

Quoi donc! notre doctrine juridique serait, en matière de prêt, à essuyer et restaurer les thèses obscurcies et maudites de Bauny, de Busembaum, d'Escobar et de Reginaldus! Notre philosophie, la certitude de notre morale, la légalité, le juste, l'injuste, le bon, le mauvais, l'innocence et le crime, tout enfin, dans la société, tomberait dans le gouffre du probabilisme, et irait s'anéantir et se perdre dans les à-peu-près des consciences insensibles! On étoufferait l'homme, son génie, ses instincts, et les vessies soufflées des docteurs tiendraient seules le sceptre de ses révolutions et de ses

jugements ! Non, non ! il n'en doit pas être ainsi !
L'homme porte en lui la vérité, la certitude, la notion
positive du juste et le sentiment concret de l'équité ;
les fictions ne peuvent longtemps l'égarer ; son rationalisme, qui se développe à travers les âges, le ramène
au sentiment parfait des choses. Hé bien ! le siècle a
jugé et maudit le casuisme, le mépris l'a emporté, et
vouloir l'implanter dans nos mœurs juridiques, pour
voiler la décadence du principe capitaliste, c'est faire
une œuvre impie. M. Troplong l'a tenté en voulant
ranimer le cadavre de la fiction du danger ; qu'il se
juge lui-même en lisant les éloquentes paroles du
procureur général Bordier.

Saint Thomas avait connu cet argument du *periculum
sortis* ; mais voici ce que son génie lui avait inspiré
sur ce point :

« Si vous confiez votre argent à un marchand, à
« un artisan, en vous associant avec lui (*per modum
« societatis*), la propriété de l'argent n'est pas trans-
« portée, et alors, comme les négociations ou les fa-
« brications se font au péril de cette société, vous pou-
« vez honnêtement exiger une partie des bénéfices. »

Ce n'était donc pas une fiction que ce danger ; il
fallait qu'il fût réel, l'argent périssait pour le prêteur.
Qu'il y a loin de là à l'insolidarité écrite et proclamée
dans le code civil, qui entasse sur le pauvre emprunteur les intérêts, sans péril encouru ni partagé, les

éventualités malheureuses et fatales, les improductivités, et l'isole au milieu des périls de l'industrie et des réclamations sans cesse renaissantes de son créancier.

La philosophie catholique avait là un véritable instinct de l'association ; elle légitimait la répartition, quand elle était la compensation d'un péril, d'une peine, d'un travail ; mais elle la proscrivait, quand il n'existait aucune solidarité entre l'emprunteur et le prêteur.

Ainsi, Sylvius examine le cas d'un capitaliste qui prête une somme d'argent à un armateur, pour faire le commerce maritime. Le prêteur stipule qu'il lui sera donné des garanties pour le remboursement, en cas de sinistre, voulant, en tout événement, retrouver sa somme principale. Le pape Grégoire IX, consulté sur ce cas, décida qu'il n'était dû légitimement aucun intérêt, parce qu'il n'y avait pas de société, mais bien un prêt qui transportait la propriété à l'emprunteur, et qu'en vertu de la maxime : *Res perit domino, res fructificat domino*, tout intérêt serait usuraire. L'institut des Jésuites et Escobar exploitent la théorie du danger, quand il y a pleine sécurité. Saint Thomas veut que le danger soit plein, entier, défini, pour donner droit à une prime. Les premiers tirent profit d'un mensonge, le second d'une réalité ; toute la moralité du casuisme est dans ce rapprochement.

Le système de la gratuité du crédit reposerait alors

sur l'organisation d'un système de gages mobiliers et immobiliers, qui feraient disparaître toute possibilité de danger. Il faut aboutir à cela, si la justification de l'intérêt, par le *periculum sortis*, est sérieuse et de bonne foi ; si, au contraire, cet argument, purement paradoxal et de gymnastique dialectique, est destiné à amuser les badauds à la porte du temple de l'usure, comment donc M. Troplong consent-il à se faire le Bobèche de cette parade ?

Du reste cet auteur n'a pas grande confiance dans cette farce raccoleuse des amateurs de l'usure, car, abandonnant tout-à-coup la complainte du *periculum sortis*, il s'écrie dédaigneusement, en faisant allusion à la discussion de Domat :

« Maintenant, que signifie cette raison de Domat,
« fort sentencieuse en apparence et si vaine en réalité :
« que le prêteur prend un profit d'une chose qui n'est
« pas à lui? Mais c'est précisément parce qu'ayant été
« à lui, elle a cessé de lui appartenir par sa volonté,
« qu'il y a matière à un prix pour le déplacement de
« la propriété. »

L'intérêt n'est plus le prix d'un danger, mais d'une vente.

Vente de quoi ?

Du capital? non ; puisqu'il faut le rendre de même garantie, de même valeur. De la volonté de transférer la propriété? Ici raisonnons. Cette volonté est l'essence même du contrat de commutation ; sans elle il ne se serait rien passé, le sort principal n'aurait pas été déplacé. Or, si la mouvance du capital n'est pas une *vente*, la volonté qui l'a produite ne peut en être séparée, pour venir animer le fantôme d'une vente ; et puis, on ne vend pas une volonté ; la circulation sociale ne tient compte que des réalités, que des utilités matérielles, que des services palpables, que des manipulations formelles.

Donc il n'y a pas matière à un prix, car on n'a rien vendu ; on ne pouvait rien vendre, et l'intérêt se trouve toujours dans le vide, sans raison qui le soutienne et lui promette existence.

M. Troplong a-t-il voulu dire, au contraire, que l'interêt était le prix du déplacement temporaire de la propriété ; alors il entre dans l'argument de la privation, *damnum emergens*, dont nous allons parler.

Voici comment il l'expose lui-même :

« Quand ensuite on se récrie contre l'injustice d'un
« intérêt fixe et certain, parce que l'argent est stérile
« de sa nature, et que l'emprunteur ne le rend fécond
« que par une industrie à laquelle le prêteur ne s'as-
« socie pas, et avec des hasards qui ne s'étendent pas
« jusqu'à lui, on oublie que le prêteur a assez de ses
« chances personnelles, et *que l'égalité du contrat*
« n'exige pas qu'il prenne part à celles de l'emprun-
« teur ; on oublie que le prêteur, en venant au secours

« de l'emprunteur, *se prive* de l'argent qu'il a confié
« à ce dernier, et qu'il aurait pu faire fructifier en le
« gardant par devers lui ; que c'en est assez pour le
« laver du reproche d'injustice et pour le dispenser de
« s'associer à l'industrie de celui qui emprunte. On
« oublie que chaque partie fait son affaire *sur le pied*
« *d'égalité.* »

Tel est l'argument du *damnum emergens*.

Le prêteur a droit à un intérêt, parce qu'il s'est
privé d'un capital caché au fond de son secrétaire,
ou parce qu'il s'est dispensé de travailler. Il doit jouir
d'un bénéfice, à la faveur de cette abstention ; son
oisiveté a sa récompense, son privilége travaille pour
lui. C'est à ces expressions cruelles que se résume la
théorie de la privation génératrice des intérêts ; et
M. Troplong a osé écrire que le prêteur et l'emprunteur
sont sur le pied d'égalité. L'un s'abstient, l'autre travaille, invente, crée, s'use, meurt ; tous deux auront
des profits : le plus sûr, le plus inflexible, sera celui
de l'oisif, du capitaliste, de l'homme qui a vu la lutte
industrielle sans s'y mêler. L'argument de la privation
est la reconnaissance du privilége de la paresse et la
consécration de la plus inique des inégalités. Il ne jus-
tifie pas l'intérêt, il le constate ; il cherche à établir la
coopération du prêteur dans la production, et à lui as-
signer un rôle réel, pour faire considérer l'intérêt comme
la part légitime du capital, dans les produits ; mais c'est

en vain ; l'objection de Domat revient toujours : *Le préteur n'entre pas dans l'industrie de l'emprunteur.*

M. Troplong n'a pas même eu, en cette occurrence, le mérite de l'invention, car il a emprunté le *damnum emergens* à ses bons amis les Jésuites.

« Il est permis, dit Moya, à celui qui prête, de de-« mander quelque chose au-delà du principal, pour « le temps et la durée de son prêt, qui le *prive.* »

Et Escobar, après avoir développé le *damnum emer-gens*, avec une subtilité qui laisse bien loin derrière elle tous les casuistes de la loi de 1807, se pose gra-vement cette question :

« Est-ce une usure que d'espérer recevoir quelque « chose du prêt, non à titre de justice, mais à titre « d'amitié ou de reconnaissance ?

« J'ai déjà dit qu'il n'y a point d'usure quand « on s'attend à recevoir quelque chose du prêt, en « vertu du prêt, par une obligation civile. C'est pour-« quoi ce n'est pas une usure mentale que d'espérer « recevoir, à l'occasion du prêt, quelque présent de « l'amitié ou de la reconnaissance de celui qui em-« prunte. »

Escobar trouve donc légitime que le prêteur spolie et étrangle l'emprunteur au nom de l'amitié et de la reconnaissance.

Sur la porte d'une banque, on pourrait alors écrire: *Ici l'on vous assassine par humanité !*

M. Troplong n'a certainement jamais poussé jusqu'à cette cruelle hardiesse sa défense de l'usure ; jamais sa dialectique d'académie n'a consenti à montrer ainsi le squelette de sa théorie. Habitué au radotage fleuri des nécessités économiques du capital, rompu au tic des gammes prosodiques qui se rencontrent en tout lieu, en faveur de l'usure, il jette par les fenêtres de sa science tout le bagage usé et déjà vieux des économistes ; il le pousse comme il le prend, pêle-mêle, çà et là, glanant par ici, arrachant à pleines mains par là ; tout y passe : pourvu qu'il agisse et babille, l'académicien est content.

Le voilà, maintenant, chapitrant le travailleur emprunteur, pour lui prouver la moralité et l'utilité du *damnum emergens*, pour Monseigneur le Capitaliste, qui, dessaisi de ses écus, ne peut plus, le pauvre homme ! ni les contempler dans sa caisse, ni les empiler, ni les toucher d'un doigt amoureux, ni les numéroter, ni les bénir des rayons de ses yeux. Ah ! une telle privation, un tel héroïsme, valent bien qu'en quatorze ans on les lui paye deux fois. Qu'en pensez-vous ?

Cependant, raisonnons un peu nous deux ; oublions vos commentaires, écrits en style de Télémaque, et voyons ce que c'est sérieusement que ce *damnum emergens*.

Saint Thomas y avait songé ; ce grand génie a laissé peu de chose à faire dans ces matières, et plus particulièrement à l'occasion du *dommage naissant*, qu'il appelait la compensation de la perte effective, faite, précisément, à l'occasion du prêt (*recompensationem damni*).

Mais l'ange de l'école avait pris ses précautions; son génie avait flairé le casuisme, et voici les conditions imposées au *damnum emergens*, pour lui donner droit légitime de cité :

1° Le dommage doit être réel; de sorte que, si après être convenu, avec le débiteur, d'un dédommagement pour la perte prévue, elle n'arrive pas, le créancier ne peut rien réclamer au-delà du sort principal. Citons un exemple : un banquier prête 1,000 fr. à un travailleur, et reçoit de lui un bon du Trésor, de pareille somme, avec promesse de payer la perte que fera éprouver le Trésor, s'il ne paye pas sa dette. L'Etat paye intégralement la somme : le banquier n'a droit à aucune prime au courage, il a même eu tort de trembler.

2° Le dommage doit être directement causé par le prêt; c'est l'opinion de Sylvius, qui ne voit pas matière à dédommagement dans cette espèce-ci : je prête à un ami 1,000 fr., remboursables au bout de l'année; quelque temps après, je perds 1,000 fr. au jeu, et je suis obligé de les emprunter à gros intérêts; dans ce cas, je ne puis exiger un dédommagement de mon emprunteur, parce que ce n'est pas le prêt que je lui ai fait qui est la cause directe des intérêts usuraires que j'ai payés.

3° Le dédommagement qu'on exige doit être égal au dommage éprouvé, sans cela il y aurait escroquerie.

4° Enfin, il faut que le prêteur avertisse l'emprunteur du dommage qu'il peut souffrir, pour qu'il n'y ait pas de surprise.

Comme il est facile de le voir, la théorie du *damnum emergens*, exception au système de la gratuité du prêt, repose sur la réalité d'un dommage ; tandis que, pour M. Troplong et les casuistes, elle n'a d'autre base que l'éventualité d'un dommage ou, bien plutôt, la supposition du dommage probable causé par la privation d'une chose stérile et inutile : des fictions et du vent, mais pas de réalités, conséquemment pas de logique.

Ici se place, naturellement, une remarque profondément triste pour la science juridique.

M. Troplong est un des plus brillants littérateurs du droit ; la souplesse de son style, l'énormité de son érudition, la sagesse de ses vues, en ont fait un chef d'école.

Il entre dans les entrailles de la philosophie du droit ; il veut donner à la Genèse usuraire une formule philosophique, et l'entourer d'un commentaire et d'une amplification désormais inattaquables.

Comment exécute-t-il ce projet ? Seul : non, il le redoute peut-être ; mais il va chercher des auxiliaires dans la bande de Loyola, et consent à traîner sa robe sur les soutanes crasseuses des casuistes.

L'usure est défendue, s'écriait Moya, qu'importe; on n'a pas proscrit les primes au courage, les cadeaux d'amitié, les compensations du dommage ou de la privation. Allons, vite! Clopin-Clopan, Harpagon et Collybiste, mettez ces trois idées en herbe et fauchez sec et ras.

Et M. Troplong, sérieusement, audacieusement presque, restaure ces vieilles oubliettes du casuisme et les donne comme des nids à logique inflexible et à équité de tous les siècles; et, sur ce, l'illustre académicien fait l'éloge de ses souricières et de l'usure qu'elles attrapent!

Le casuisme serait-il donc, fatalement, la dernière forme de la dialectique des puissances qui agonisent? Les monarchies et les monopoles doivent-ils, fatalement, se pervertir sur leur déclin?

Ah! s'il en est ainsi, réjouissons-nous; car le casuisme usuraire, prônant à l'école et rendant arrêt au Palais, débarrasserait bientôt la voie qu'il encombre de ses piéges multipliés et de ses embûches imprévues.

Turgot a également voulu légitimer l'intérêt, et il l'a tenté par un moyen dont nous n'avons pas parlé jusqu'ici.

« Ce que le prêteur exige, dit-il, de plus que le sort
« principal, est une chose qu'il reçoit au-delà de ce

« qu'il a donné…. Cette différence est notoire, et le
« proverbe trivial : un tiens vaut mieux que deux tu
« l'auras, n'est-il pas l'expression naïve de cette no-
« toriété? Or, si une somme, actuellement possédée,
« vaut mieux, si elle est plus utile, s'il elle est préfé-
« rable à l'assurance de recevoir une pareille somme,
« dans une ou plusieurs années, il n'est pas vrai que
« le prêteur reçoive autant qu'il donne, lorsqu'il ne
« stipule pas d'intérêt, car il donne de l'argent et reçoit
« une promesse. Or, s'il reçoit moins, pourquoi cette
« différence ne serait-elle pas *compensée par l'assu-*
« *rance* d'une augmentation sur la somme, propor-
« tionnée au retard ? Cette compensation est précisément
« l'intérêt de l'argent. »

Voilà une triste logomachie.

Le prêteur reçoit moins qu'il ne donne ! Voyons donc :

Que donne-t-il ? Une somme d'argent.

Que reçoit-il ? Une promesse, un billet, une obligation de pareille somme.

Mais le remboursement n'est pas sûr : alors vous
êtes un imprudent, un étourdi ; tout crédit doit être
gagé ; vous ne l'avez pas fait, c'est une faute qui ne
peut être, pour vous, l'occasion de justifier des bénéfices usuraires.

Mais, l'argent vaut mieux qu'un billet : oui, pour
le gage ; non, pour la circulation ; l'argent est une
somme de services réalisés, le billet une somme de

services à réaliser; la différence gît dans le gage : à vous, seigneur de la négociation, à l'exiger préalablement.

Le prêteur ne reçoit donc rien de moins, et la théorie de Turgot ne peut se justifier.

M. Troplong ne pouvait oublier l'argument de Turgot, et voici comment il lui a donné asile dans son Traité du prêt, n° 330 :

« Le prêteur reçoit la légitime compensation de « l'avantage qu'il a procuré lorsqu'il s'est dépouillé « de sa chose (nous avons démontré que cette compensation serait inutile, si le prêteur, au lieu de se contenter de donner crédit, l'avait aussi reçu de l'emprunteur : une faute ne peut être une cause de gain, en bonne justice commutative), de l'incertitude à la-« quelle il s'est exposé par sa confiance dans la solva-« bilité d'autrui (nous connaissons les bases rationnelles de la théorie du *damnum emergens*; M. Troplong n'a pas l'air de s'en préoccuper, et regarde le danger comme un prétexte ou une tournure oratoire de la défense de l'usure), et de la perte qu'il a subie lors-« qu'il a laissé à l'emprunteur l'exercice de ses fonds. « Et on viendra parler d'injustice et d'inégalité!…» *La perte qu'il a subie en se privant de ses fonds,* voilà un argument nouveau, celui de la privation du lucre que le prêteur aurait pu réaliser, du *lucrum cessans,* enfin.

Le temps est donc productif d'intérêt.

C'est la succession des jours, et non l'industrie humaine, qui fertilise l'argent : végétal d'un nouveau genre, il se couvre de fruits dans la cassette de l'usurier, et quand il le prête, quand il s'en dessaisit, il faut lui rendre les fruits qu'il aurait cueillis chez lui, à son aise et à maturité.

Non, direz-vous, le temps produit intérêt, parce qu'on suppose que, pendant *ce temps,* on aurait travaillé avec ce capital ! Alors le capitaliste prend usure pour l'hypothèse d'un travail qu'il n'a pas accompli ; il greffe, sur le travail de l'emprunteur, une supposition, un prétexte, un fantôme, et, avec cela, il l'épuise légalement, légitimement : la morale judiciaire est le produit d'une fiction.

Cette conséquence est cruelle, et cependant il faut l'admettre.

Les théologiens, qui sont nos maîtres en bien des choses, connaissaient aussi le *lucrum cessans ;* mais avec quelle admirable honnêteté ils avaient empêché qu'on en fît une arme de rapine !

Il y avait, à sa légitimité, des conditions essentielles, que voici :

1° Il faut que l'argent prêté soit destiné au négoce : *Ut talis pecunia, quæ mutuo datur, sit negociationi exposita, cum enim non erat, non dicitur ei lucrum cessare,* dit le cardinal Tolet.

2° Il faut que le prêteur n'ait pas d'autre argent à sa

disposition que celui qu'il prête; car, s'il a d'autres ressources, le prêt n'est pas la cause immédiate de la perte éprouvée.

3° L'emprunteur doit être averti de la circonstance du *lucrum cessans*.

4° Le prêteur ne peut réclamer que le gain qu'il aurait réalisé lui-même, gain arbitré, en y ajoutant cependant une compensation légère, *quia*, dit saint Thomas, *minus est habere aliquid in virtute, quàm in actu*. La raison est singulière.

A ces conditions seules, le *lucrum cessans* n'est plus une apparence et devient un motif réel de gain, de lucre compensatoire; et la doctrine théologique poussait, sur ce point, les scrupules si loin, qu'il ne fallait pas que le bénéfice fût éloigné, probable, éventuel, contingent, mais certain, susceptible d'un arbitrage : c'était le rationalisme aux prises avec la mauvaise foi.

M. Troplong s'est trop abandonné à cette thèse sans la comprendre; en voulant expliquer l'intérêt, par le *lucrum cessans*, il est tombé dans la nécessité, ou d'avouer que cet argument est de pure forme, et conséquemment menteur, ou de le restreindre aux limites positives qui lui ont été assignées par la philosophie chrétienne.

Jusqu'ici nous avons inutilement cherché une définition du prêt; les casuistes et les jésuites nous ont offert le spectacle d'une logique pervertie ; notre devoir est donc de montrer, dans l'histoire, la nature et la justification de ce contrat, qui a été la cause la plus efficiente du développement des sociétés modernes.

Le prêt, avons-nous dit plus haut, est l'acte par lequel le prêteur substitue l'emprunteur dans l'exercice de son *droit réel*, et se réserve le *droit personnel*.

C'est là toute la théorie de la constitution du fief.

Hévin, un ancien feudiste, exposait ainsi cette constitution :

« Le seigneur retient la seigneurie directe ; il a tout
« ce qu'elle contient : *la foi, l'hommage, les devoirs* ;
« — le vassal a la seigneurie utile et *la propriété avec*
« *les avantages qu'elle contient*, et n'en perçoit pas
« les fruits, par droit de servitude imposée sur les
« biens de son seigneur ; il en jouit *jure suo, jure*
« *proprietatis*, ce qui est absolument étranger à l'u-
« sufruit servitude. »

Et Hervé, après une discussion qu'on ne saurait trop méditer, définit ainsi le fief :

« C'est une concession faite, à la charge d'une re-
« connaissance toujours subsistante, et qui doit se
« manifester de la manière convenue. »

Le prêt pourrait se définir ainsi :

C'est une concession temporaire, à la charge d'une reconnaissance annuelle et temporaire, et qui doit se manifester de la manière convenue.

La manifestation du fief, c'est l'hommage au seigneur ; la manifestation du prêt serait alors l'intérêt, qui est un hommage au propriétaire.

Pour mieux faire sentir l'identité de ce rapprochement, nous allons copier textuellement un passage d'Hervé, en mettant, entre parenthèses, les termes du prêt à côté de ceux relatifs au fief.

« L'acte solennel que nous appelons hommage (*in-* « *térêt*), et qui, comme nous l'avons vu, est une ac- « tion réglée depuis tant de siècles, prouve bien que « le caractère propre et distinctif de la féodalité (*du* « *prêt*) est d'entretenir, sans cesse, dans le cœur du « vassal (*de l'emprunteur*), une reconnaissance tou- « jours active pour son seigneur (*prêteur*), et de lui « remettre perpétuellement (*pendant la durée du prêt*) « la main de qui il a reçu ce qu'il tient. Aussi, au « moment où cette reconnaissance cesse (*où l'intérêt* « *n'est plus payé*), le lien est rompu : le vassal « (*l'emprunteur*) perd ce qu'il possède, et le seigneur « (*le prêteur*) rentre dans ses droits (*dans la somme* « *prêtée*). »

Ce passage en dit plus que mille dissertations.

Non, l'intérêt n'est pas le prix des dangers courus, ni le prix d'une vente, ni le prix de la privation d'un capital, stérile sans l'intervention de l'activité humaine, ni le prix de l'usage inséparable de la propriété ; non, l'intérêt n'est pas tout cela ; malgré les doctrines et le casuisme juridiques, l'intérêt est quelque chose de plus franchement seigneurial : c'est l'hommage rendu à la personne du prêteur.

Le prêt met le prêteur en état de glorification vis-à-vis de l'emprunteur ; l'emprunteur s'est donné un maître, un seigneur, un pape ; il est entré en vassalité, et il faut qu'il le reconnaisse par le don d'une partie de ses droits réels, par la suppression d'une partie de sa vie.

Le prêteur domine par sa personne ; le roi, le pape, imposent leurs volontés personnelles ; l'un et l'autre ont une irresponsabilité, un Vatican où ils sont transfigurés, et à travers lequel leur personnage se révèle : le prêteur, le roi, le pape, ne peuvent avoir que des inférieurs. L'emprunteur et le sujet sont les déshérités de la force et de la puissance !

Oui, monarchie et fief usuraire sont deux formes du même principe ; et, au lieu d'aller puiser, pour justifier l'usure, des arguments dans les livres infâmes de Loyola, M. Troplong aurait mieux fait de dire que l'usure était une nécessité de monarchie, pour constituer la noblesse, alimenter le salariat et développer l'individualité humaine.

Ce rapprochement devra paraître singulier aux personnes peu familiarisées avec les généralisations philosophiques ; aussi cet étonnement, que nous prévoyons, nous fait-il un devoir de donner à notre pensée tous les développements susceptibles de la rendre évidente.

Il y a eu, dans les constitutions politiques et dans les dogmes, trois grands mouvements, qui correspondent à trois états différents et successifs de la propriété. Ces trois épisodes de l'affranchissement du travail peuvent se grouper de cette manière :

1re ÉPOQUE.
- Papauté.
- Monarchie absolue, infaillible.
- Propriété allodiale et temporairement bénéficiaire, patrimonialité du fief, usure illimitée, le crédit est une concession de bon plaisir, que le seigneur donne sans le recevoir.

2e ÉPOQUE.
- Gallicanisme et protestantisme.
- Constitutionalisme, gouvernement représentatif.
- Intérêt légal, usure limitée par la loi, le crédit est une concession limitée par la puissance publique qui, juridiquement et partiellement, reconnait le droit du travail après le droit seigneurial.

3e ÉPOQUE.
- Rationalisme universel.
- République, suffrage universel, royauté individuelle.
- Propriété réduite aux limites du travail individuel, abolition de l'usure, l'intérêt est remplacé par la circulation, le crédit devient un droit réciproque.

Dans la première période, au sommet de l'humanité, se trouve la papauté, dont De Maistre a dit :

« L'infaillibilité du pape, dans l'ordre spirituel, et
« la souveraineté, dans l'ordre temporel, sont deux

« mots parfaitement synonymes. L'un et l'autre expri-
« ment cette haute puissance qui les domine toutes,
« dont les autres dérivent, qui gouverne et n'est pas
« gouvernée, qui juge et n'est pas jugée.

« Quand nous disons que l'Eglise est infaillible,
« nous ne demandons pour elle, il est bien essentiel
« de l'observer, aucun privilége particulier ; nous
« demandons seulement qu'elle jouisse du droit com-
« mun à toutes les souverainetés possibles, qui toutes
« agissent comme *infaillibles ;* car tout gouvernement
« est absolu, et du moment où l'on peut lui résister,
« sous prétexte d'erreur ou d'injustice, il n'existe plus.

« Or, s'il y a quelque chose d'évident pour la raison
« autant que pour la foi, c'est que l'Eglise universelle
« est une monarchie. L'idée seule de l'universalité
« suppose cette forme de gouvernement, dont l'absolue
« nécessité repose sur la double raison du nombre des
« sujets et de l'étendue géographique de l'empire.

« Aussi tous les écrivains catholiques et dignes de
« ce nom conviennent unanimement que le régime de
« l'Eglise est monarchique, mais suffisamment tem-
« péré d'aristocratie, pour qu'il soit le meilleur et le
« plus parfait des gouvernements. »

M. de Potter, dans son excellente Histoire du christianisme, rappelle exactement la même pensée, lorsqu'il
dit : — « L'absolutisme est, pour la papauté, *une condition d'existence.* »

L'auteur du *Pape* est tellement convaincu de la nécessité de cet absolutisme, qu'appréciant les diverses tentatives d'émancipation, il leur assigne cette limite et cette fin, prochaines selon lui.

« Le protestantisme, le philosophisme et mille autres
« sectes plus ou moins perverses ou extravagantes,
« ayant prodigieusement diminué les vérités parmi les
« hommes, le genre humain ne peut demeurer dans
« l'état où il se trouve. Il s'agite, il est en travail, il a
« honte de lui-même, et cherche, avec je ne sais quel
« mouvement convulsif, à remonter contre le torrent
« des erreurs, après s'y être abandonné avec l'aveu-
« glement systématique de l'orgueil. »

Toute révolution, pour combattre l'absolutisme papal, sera un mouvement convulsif de l'orgueil ; toute réaction du peuple contre l'absolutisme monarchique sera une œuvre démoniatique, anarchique, impie ; tout essai d'abaissement de l'absolutisme usuraire sera une spoliation, un vol : voilà le langage que tiennent et tiendront toujours les philosophes de la légitimité.

Ces appréciations sont souverainement logiques, en présence de l'idée catholique qui avait, pour point de départ, l'*unité*, et qui ne voyait le salut de l'humanité que dans une discipline inflexible, conforme à cette unité, se manifestant aussi bien dans le monde spirituel que dans l'extériorité politique.

Qu'on lise les curieuses conférences de la Blandi-
nière, sur la *Hiérarchie dans la Catholicité*, et l'on
verra un dessin grandiose de cette magnifique pyra-
mide sociale, dont la tête se perdait dans le sein même
de la divinité et dont la base était sur la terre. Des
théologiens à courte portée, tels que l'auteur de l'*Eco-
nomie de la Providence dans la religion*, ont pensé
et écrit que l'Eglise était une, *parce que* Jésus-
Christ ne lui avait donné qu'un chef dans saint Pierre;
c'est prendre le symbole pour la philosophie, et les mots
pour la logique. L'unité de l'Eglise était de nécessité
philosophique, comme après le régime des concurrences
individuelles et, pour ainsi dire, payennes, il est de
nécessité économique d'entrer dans le monopole, dans
l'unité, dans la discipline, dans le *collegium* des forces
et des travaux enrégimentés. Je ne sais si je m'abuse,
mais je regarde le monopole comme la dernière forme
de la logique individuelle, comme le dernier contrat
signé sous l'influence de la philosophie atomistique :
dicit uni ut consuleret unitati; et quand le monopole qui, un instant, a contenu le génie humain à
pleins bords, se pervertit et sent chanceler sa tiare, la
civilisation marche vers le rationalisme, c'est-à-dire la
conciliation des antagonismes que rencontre le monopole. Et alors les philosophes de l'ancienne unité ont
lieu de s'écrier, comme Bergier, dans son Apologie de
la religion : *La foi s'en va, des philosophes pervers*

l'attaquent ; comme citoyen, nous nous engageons à démontrer que le christianisme est nécessaire au bonheur des États, favorable aux progrès de l'esprit humain, et l'unique source de la vraie morale et de la saine politique.

Tous ces nobles efforts n'arrêtent pas l'humanité, les croyances s'envolent comme des parchemins d'un autre siècle ; et le monde fait sa route, insensible aux anathêmes de la vieille philosophie, qui le juge frappé d'irréligion, et qui ne veut pas voir que l'athéisme est la nécessité du progrès.

La thèse catholique de l'unité spirituelle, qui nous montre le souverain pontife comme le promoteur le plus puissant, le *Demiurge* de la civilisation universelle, et n'ayant d'autres limites que les hérésies des princes et des hommes, rend plus terrible encore ce vers de Lucain, dans la Pharsale :

Humanum paucis vivit genus.

Le genre humain appartient à quelques hommes, car, pour la papauté, l'humanité appartient à un seul homme. Voilà pourquoi les auteurs catholiques regardent la puissance spirituelle et la puissance temporelle comme les deux rayonnements du même principe, comme les deux faces inséparables de la même idée.

Aussi, de Maistre, qui est le philosophe par excel-

lence, dans ses matières, dit-il avec une grande autorité, dans ses Considérations sur la France, page 133 :

« Dieu s'étant réservé la formation des souverainetés,
« nous en avertit en ne confiant jamais à la multitude
« le choix de ses maîtres. Il ne l'emploie, dans ces
« grands mouvements qui décident le sort des empires,
« que comme un instrument passif ; jamais elle n'ob-
« tient ce qu'elle veut : toujours elle accepte, jamais
« elle ne choisit. »

Les monarchies s'imposent donc : il faut leur obéir.
Le peuple, dit ce même auteur quelque part, est comme
le bois et les cordages employés par un machiniste.
Cet ironique et cruel orgueil de la philosophie catholique pour le peuple, tient aux raisons profondes qui
ont fait la force et la puissance de la papauté. En effet,
le christianisme fut l'affirmation d'une *idée* générale,
d'un principe mystique, supérieur à l'humanité, hors
de l'humanité, indépendant de la raison, impalpable à
la dialectique, et frayant sa voie à travers les décom-
bres du polythéisme, à l'aide de la foi. Au milieu du
monde payen, où l'homme rencontrait un culte, une
idole, au détour de chaque passion, à la frontière de
chaque pays, le christianisme fit explosion comme un
système de concentration, d'unité, et l'âme et la raison
monopolisées au profit de l'idée grandiose et éternelle, du
Dieu prêché sur le Jourdain, s'avança vers la conquête
de la papauté et de la monarchie. Ah ! oui, pour le

Dieu que cette religion universelle plaçait au fond d'un ciel inaccessible à la pensée humaine, l'homme n'était que le bois et le cordage du machiniste, et l'obéissance aux préceptes absolus des représentants du Dieu caché était le premier des devoirs.

Mais en centralisant la foi, le christianisme ne pouvait longtemps centraliser la raison ; et cette impuissance explique toutes les émeutes du rationalisme contre l'ordre religieux. Monopoliser la foi et la raison, en les appelant à l'adoration et à la contemplation d'un objet unique, c'était mettre de l'ordre dans l'entendement humain, c'était organiser ses forces, les enrégimenter pour un but privé, défini, et préparer ainsi l'athlète aux luttes futures et aux efforts déterminés et persévérants.

Au sein du polythéisme, la raison humaine était impuissante par l'anarchie ; avec la papauté, elle acquit la force de la discipline.

De Maistre est donc dans le vrai : la papauté est infaillible, universelle ; l'homme doit obéir et courber ses jugements et ses pensées devant le Dieu invisible du monopole! Lorsqu'il sort du temple, pour entrer dans la vie réelle, dans le commerce, dans l'enquête de sa subsistance, il doit trouver, sans murmurer une plainte qui serait une rébellion, un appel à l'anarchie, une propriété absolue, infaillible, cachant son antique origine dans les obscurités du principe divin. Voyez plutôt ce qu'est la propriété au moyen-âge, et dites-moi si elle n'est pas une papauté terrienne. *Tenir en franc-aleu, est tenir de Dieu tant seulement*, dit Loysel, dans sa sentence 227e; et Bouteillier, dans sa Somme rurale, expliquant la même pensée et cherchant à lui donner toute la précision juridique, la commente ainsi : « *Tenir de Dieu, c'est ne devoir cens, rentes,* « *servage ou relief, ni quelqu'autre redevance, à* « *vie ni à la mort.* »

La propriété d'origine divine était affranchie : domaine et possession résidaient dans la même main ; sa rare et miraculeuse filiation l'avait royalisée. Le socialisme ne demande rien autre chose pour toutes les propriétés. Mais qu'est-ce donc que ce franc-aleu, que ce domaine si heureusement doté d'indépendance? C'est un pape, un monarque parmi les autres domaines; ils lui doivent des cens et sont soumis à sa juridiction : *allodium est illud cui coheret jurisdictio, vel à quo dependent feuda, vel censualia præda*, dit Dumoulin, sur l'article 46 de l'ancienne coutume de Paris. La puissance de concentration de ce domaine pape est tellement énergique, son monopole est tellement indiscutable, que Beaumanoir écrivait, en 1283 :

« Quant li seigneur voit aucun de ses sougiez tenir « héritages desquels il ne rend à luy nul cens, rentes, « ne redevances, li sires y puet jetter les mains et tenir

« les comme siens propres : car nus, selonc nostre
« coutume, ne peut tenir aleu. »

Lorsque les aleux se multiplièrent, sous la double
influence de l'augmentation de la population et de la
demande du droit de vivre, il fallut les concéder;
mais on ne le fit qu'à titre d'usage et temporairement : la pétition de la possession bénéficiaire fut une
véritable demande de crédit subordonné au bon plaisir du chef de l'aleu. Malgré cette restriction, le jour
où le bénéfice précaire et révocable fut constitué, la
sacerdotalité de l'aleu, mise en péril, donna naissance à la féodalité. *Dieu et l'épée*, comme le disait
Hugues Capet, avaient donné la propriété allodiale :
le travail et la circulation, par une action éloignée et
cependant reconnaissable, vont la transformer en propriété féodale, par l'intermédiaire des bénéfices.

Cette constitution des bénéfices est certainement le
fait le plus capital de l'histoire du crédit; car c'est à
elle qu'il faut remonter pour trouver le point de départ de la circulation.

On donnait en bénéfice, *in beneficio* ou *ad bene-
ficium*, des chevaux, des bœufs, des chiens, des
sommes d'argent et des terres; la concession n'avait
pas d'autre origine que la libéralité du donateur, qui
ne faisait, du reste, qu'obéir aux inflexibles demandes
de produits, dont il était accablé, chaque jour, par les
manants et les travailleurs.

Cette première forme de crédit, arrachée au monopole allodial, consacrait l'infaillibilité du seigneur,
tout entière. Ainsi, les bénéfices furent d'abord révo-
cables à volonté ; le crédit s'ouvrait et se fermait aux
caprices du banquier terrien. « Un tel droit, dit
« M. Guizot, est évidemment contraire à la nature des
« choses. L'amovabilité absolue et arbitraire d'une
« faveur quelconque a quelque chose d'imprévu et
« de violent, qui choque les plus simples idées de la
« justice naturelle, et peu d'hommes consentiraient à
« recevoir une grâce qu'ils seraient exposés à rendre,
« au premier caprice. »

Ce que M. Guizot trouve inique, à propos du crédit
terrien, se fait, tous les jours, dans nos banques capitalistes, où le seigneur Plutus ouvre et ferme, à son
gré, à son caprice, sa caisse au travailleur, et l'abandonne à l'isolement du travail, déconsidéré qu'il est
aux yeux des autres créditeurs.

C'était cependant déjà un droit énorme que cet
usage, même temporaire, du sol sacré ; le manant
s'initiait au travail, et pour payer la rançon du monopoleur, il fallait qu'il fît croître énormément son
énergie et sa force productrice. Mais le travail inocule
l'homme à la terre, qui devient comme le complément
de sa personnalité : on abandonne difficilement un
champ qu'on a arrosé de son sang ; et alors, au sein
de la caste des bénéficiers, s'éleva le sentiment résolu

de conserver le terrain allodial, à charge des redevances stipulées. Cette prétention, qui amenait peu à peu le dépouillement de l'aleu trouva un défenseur dans Charlemagne. Ce grand homme, suivant Eginhard, défendit à ses seigneurs de reprendre le bénéfice, sans cause grave. Le rationalisme s'empara donc du droit de retrait; le travailleur eut le pouvoir d'en discuter les motifs, et alors naquit, successivement, cette série de concessions, sous ces titres : Bénéfices à temps limité, Bénéfices à vie, Bénéfices ou fiefs héréditaires, qui, en faisant disparaître la RÉALITÉ du droit, ne laissèrent plus au seigneur que l'autorité, que la domination PERSONNELLE, constatée et hommagée par des services et des primes.

Par la circulation, l'aleu, de patrimoine sacerdotal, franc et libre, devint donc le patrimoine asservi des usagers et des travailleurs. C'est cette grande révolution, qui aboutit à la constitution du fief, que nous aurons à montrer, plus tard, en faisant remarquer que la patrimonialité du bénéfice était déjà une digue opposée au bon plaisir et à l'absolutisme de la propriété allodiale, et que le droit au crédit était écrit au fond de la scholastique propriétaire.

Lorsque la propriété allodiale se fractionna en fief, lorsque le fief, image de la propriété d'un autre âge, entra dans les mœurs civiles et politiques de la société féodale, cette propriété avait une indépendance et une

autorité dont Dumoulin, dans son Commentaire sur la coutume de Paris, nous a tracé la brillante existence en ces termes : « Celui qui tient un fief a la pro-
« priété pleine et absolue, le domaine absolu et direct.
« Il ne reconnait aucun seigneur, soit comme patron,
« soit comme chef des droits utiles, et il n'est ni vassal,
« ni censier, ni emphytéote, ni superficiaire, ni inférieur
« à personne : il est seigneur vrai, libre, absolu. »

Le propriétaire du fief avait donc, vis-à-vis de la société, une infaillibilité dictatoriale ; rien ne limitait son droit ; mais on comprend qu'une pareille somme de prérogatives ne pouvait être que l'apanage exclusif d'une caste ; aussi voyons-nous la noblesse être, seule, apte à la détenir, et cependant les intrusions dans la noblesse et la vente des titres nobiliaires indiquaient suffisamment que la circulation du privilége immobile était un besoin général.

A l'époque où nous sommes, la noblesse est encore vivace et forte ; elle défend avec ardeur ses blasons ; et il est admis, en économie sociale, que seule elle jouit d'une franchise inattaquable.

« Les nobles, est-il écrit au grand coutumier de
« Charles VI, sont personnes simplement franches,
« lesquelles, de droit, sont quittes et franches de toute
« servitude de pays, comme de tailles, impositions,
« gabelles et autres subsides. »

Et où puisaient-ils cette exemption singulière, cette

indépendance anormale? Dans la possession terrienne, dans la propriété du fief. Car, par un effet remarquable de la puissance des franchises du sol, en franc-aleu et en fief, elle ennoblissait son propriétaire; elle lui dorait un blason et le créait chef de noblesse et monopoleur de libertés, dans ce temps où tout était esclavage, abaissement et rançons.

Le pape, le monarque, le propriétaire du fief, voilà donc les trois indépendants, les trois infaillibles du moyen-âge; il n'y a que Dieu au-dessus d'eux; au-dessous, se lamente et se tord l'humanité tout entière. Ne pas leur obéir est une impiété, leur résister est un sacrilége; obtenir d'eux un gallicanisme, une charte, un intérêt légal, c'est, comme le dit de Maistre, les forcer librement à une capitulation, par un siége; c'est détrôner le despotisme de la justice et de l'ordre, par le despotisme de la force.

Dans une société soumise à ces trois grands principes de concentration, l'usure devait être illimitée, épouvantable; et, par usure, il ne faut pas entendre seulement la rente du capital monétaire, mais la rente que l'homme payait à l'homme, pour vivre, pour être de sa glèbe et avoir le droit d'alimenter l'oisiveté du maître, en cultivant ses champs. Quand le travailleur avait entassé sa récolte, l'Eglise venait prendre sa gerbe, le roi emportait la sienne, le seigneur venait ensuite, avec son parchemin terrien, son compte de banque féodale ; et, après ces trois visites, il ne restait plus au travailleur que les écorces des arbres et les gazons pelés des prairies.

Qu'on lise le code des seigneurs d'Henriquez, qu'on y parcoure la monstrueuse énumération de l'usure féodale, et l'on verra si la puissance du capital en fief ne tenait pas le travail sous son impitoyable oppression, et si le privilége universel et infaillible n'exerçait pas, sur l'homme et la terre, une papauté indiscutable.

Mais, dira-t-on, c'est du sein du christianisme qu'est parti le premier cri de révolte du débiteur contre l'usurier, et vous vous en réjouissez, socialistes, car c'est en rappelant les anathêmes de saint Thomas et de saint Bazyle, que vous prêchez la gratuité du crédit et l'émancipation définitive du travail. Comment alors justifiez-vous cette proposition : que la papauté, la monarchie et l'usure sont contemporaines ?

Distinguons dans ceci les saints Pères et le catholicisme.

Les saints Pères, au nom de la charité, c'est-à-dire du mysticisme, ont proscrit l'usure ; ils l'ont fait avec des arguments dont nous sommes heureux d'ouvrir le brillant et profond arsenal ; cependant, qu'on ne le perde pas de vue, le mysticisme ne fait pas les affaires du monde ; la civilisation se traduit par des chiffres ; l'économie sociale se résume, d'une façon abrupte, dans ce mot : *manger*, en dépit des philosophes et des poètes à la poursuite de ce qu'ils appellent l'idéal.

C'est ce que l'inimitable Rabelais avait parfaitement senti, lorsqu'il disait que Gaster était le premier *maistre es arts du monde.*

Hé bien ! pour que la production fût positive, pour que le génie de l'homme fît jaillir l'industrie des limbes de la matière première, il fallait que le monopole intervînt et le jetât dans les rayonnements infinis de son activité. Cette intervention était d'une impérieuse nécessité, et nous aurons occasion de le répéter, dans le chapitre intitulé : *Philosophie de l'usure.* Nous pouvons donc le dire, dès maintenant : la protestation des saints Pères, faite au nom du mysticisme de la charité, était contraire aux intérêts sociaux, au dégagement de la liberté, à la circulation et à la vérification des produits ; et si, aujourd'hui, nous reprenons leur savante monographie du phénomène usuraire, c'est au nom du rationalisme et de la comptabilité sociale, qui se trouve violée à chaque répartition. Aussi, tout en faisant un appel à la philosophie catholique, nous avouons que son point de départ était faux et, de plus, que sa formule était anticipée.

Quant au catholicisme, organisateur de la féodalité, l'objection rencontre d'autres difficultés. Jamais l'Eglise n'a mis de limite à la rente de la terre, et lorsqu'elle s'écriait, en parlant du prêt usuraire : Retranchons ces enfantements monstrueux de l'or et de l'argent, étouffons cette exécrable fécondité, on aurait pu lui demander :

1.° Pourquoi la noblesse ne travaille-t-elle pas ?

2.° Pourquoi, avec le fief, pille-t-elle le manant ?

3.° Pourquoi jouit-elle des enfantements monstrueux du cens et de l'exécrable fécondité du droit d'aubaine ?

L'Eglise n'aurait donné aucune réponse satisfaisante, car elle regardait la terre comme le parvis sacré du temple de la féodalité ; la noblesse pouvait la briser sous ses pieds éperonnés, elle faisait en cela acte de justice et de légitime possession ; mais faire payer le monopole de l'argent, réclamer un cens pour l'inféodation d'un noble dans la caisse du Lombard, vite, l'anathême, les furies de l'enfer n'ont pas assez de serpents pour punir un tel crime.

D'où venait donc cette abomination dont l'usure capitaliste était poursuivie ? Elle tenait à des raisons profondes que nous allons essayer de faire connaître.

La monnaie a été un des moyens d'émancipation du travailleur. Produit souverain, au milieu des autres produits, synthèse abstraite des valeurs concrètes, elle échappait à la concentration du fief, qui ne s'attachait qu'à la terre, à ses produits et à l'homme, comme la lèpre à la peau, suivant une vieille et énergique expression. La monnaie ne devait rien au seigneur, rien au pape ; elle était un instrument social libéré, un monopole d'allure indépendante, une noblesse occulte, près de la noblesse territoriale, et devant un jour l'engloutir. C'était, si l'on peut parler ainsi, le blason *mobile* s'émancipant du blason *immobile*, et lui empruntant sa formule énergique, son origine divine, les protocoles de ses terriers et sa puissance paupérifiante.

La noblesse territoriale n'a jamais eu de plus puissant ennemi que l'écu rogné du Lombard ; aussi tous ses efforts ont-ils tendu à étriller et rançonner le Caoursin, et à diminuer la puissance de cette logique de toutes choses, qu'il tenait au fond de sa cassette, derrière le grillage en fer de sa porte cadenassée. Cette hostilité était légitime, car, comme nous venons de le dire, la monnaie est la logique des services. Or, logique et monarchie, logique et noblesse, logique et papauté, sont choses incompatibles : avec un étalon de la valeur, le travail a pu se mesurer, se connaître, et surtout comparer la vie productive du manant à l'existence inutile et parasite du clergé et de la noblesse. C'était là un péril tellement grave qu'il s'est transformé, plus tard, en révolution.

On comprend, dès lors, les colères de la catholicité contre une noblesse qui échappait à son empire et qui pouvait dîmer, champarter et terrager, sans ennoblissement. L'origine démocratique de la monnaie puait à la papauté : le pape voyait dans l'or l'antechrist,

comme Aristophane montrait l'anti-Jupiter dans Plutus, près duquel l'officieux Mercure, abdiquant sa
divinité, consentait à tourner la broche et à laver la
vaisselle.

La noblesse n'était pas moins réfractaire à toute circulation de la monnaie et des produits ; le commerce,
l'industrie, le travail, enfin, lui paraissait une chose
exécrable, un dérogement complet ; aussi redoutait-elle
l'argent, cette puissance souveraine, peu soucieuse des
blasons, mais visiteuse assidue des métiers et des combinaisons du tiers–état.

Pour bien apprécier ces répulsions de l'aristocrtie,
il faut lire un livre audacieux et original, publié en
1757, par l'abbé Coyer, sous ce titre : *Développement
et défense du système de la noblesse commerçante,*
dont voici la page 37me :

« Il y a deux classes dans la nation : l'une active,
« qui produit sans cesse, tels sont les laboureurs, les
« ouvriers, les artisans, les matelots et les commer–
« çants ; l'autre classe comprend le clergé séculier et
« régulier, les gens de guerre, de justice, de finances,
« les rentiers, les laquais, les mendiants, les fainéants
« et les grands seigneurs. Cette seconde classe, dans
« toutes ses subdivisions, faite uniquement pour user,
« ne produit aucune richesse. Un calculateur a sup–
« puté ce qu'elle coûte à la nation : un milliard dix
« millions huit cent–cinquante mille livres ; somme

« prodigieuse qui doit passer, chaque année, des mains
« de la partie stérile dans celles de la partie féconde ,
« de qui elle attend sa nourriture, ses vêtements, ses
« délices : et *nous craindrons d'avoir trop d'argent?* »

Puis, voulant ridiculiser la noblesse, qui ne voulait
pas franchir les limites de sa propriété terrienne, il
continue ainsi :

« Ce successeur , sans succession, qui s'élevait à la
« fortune sur les aîles du commerce, laisserait peut-
« être un fils pour commander nos armées ! Quel est le
« noble de campagne qui osera blâmer son père? Qu'il
« reste à jamais , puisque c'est sa manie , dans son
« château caduc, environné de besoins, noyé dans les
« dettes, et connu seulement des hameaux voisins, par
« sa misère... Et à côté de ces mots : gloire, grandeur,
« puissance, plaçons ceux-ci : liberté, aisance, bon-
« heur. »

La satire était complète ; le préjugé cavalièrement
souffleté, le but positif nettement indiqué ; l'or devenait l'aspiration même de la noblesse, qui devait marcher à sa conquête par le travail.

Singulier conseil! qui donnait un éclatant démenti
à la doctrine catholique, puisque le commerce et l'industrie, fondés sur le crédit capitaliste, ne peuvent se
mouvoir et produire que par l'intervention usuraire
des banques, la non gratuité des prêts, conséquemment.

Il y avait donc, pour le catholicisme et pour la noblesse, nécessité d'obtenir rédemption des prohibitions prononcées par la loi religieuse ; c'est ce que le casuisme eut mission de faire.

La puissante et gouvernementale société de Jésus, suivant les traces du pape Benoit XIV, inventa de nouvelles significations au *damnum emergens,* au *lucrum cessans,* et au *periculum sortis,* admis de toute catholicité, avec une réserve et une parcimonie austères. En déplaçant la valeur des défenses, pour les confier au terrain mouvant et insaisissable du probabilisme, le casuisme de Loyola et de Sanchez n'avait pas d'autre but que de doter le monopole monétaire de la liberté illimitée, dont la terre, à l'état de fief, jouissait depuis longtemps. Cette dotation eut lieu ; les Jésuites, hommes d'affaires, s'il en fût, négociants eux-mêmes, n'étaient pas gens à s'arrêter en route ; aussi, à l'aide de mille détours, qui dépistaient les vieilles prohibitions catholiques, surent-ils obtenir une liberté usuraire, à peu près illimitée. Dès lors, toutes les formes possibles de la propriété furent concentrées, embastillées ; richesse terrienne et richesse monétaire eurent patente d'exploitation indéfinie ; noblesse de terre et noblesse de finance s'unirent dans des noces splendides et se firent les habituées de l'OEil-de-Bœuf de la papauté et de la monarchie. Les relations de la royauté avec Samuel Bernard, le soutien que ce juif prêta aux rois, l'alliance de ses filles avec les premières familles de France, son ennoblissement, tous ces faits forment le symbolisme de la révolution dont nous parlons.

La réforme usuraire accomplie, par le casuisme, dans la philosophie catholique, fut le dernier paroxisme du système des monopoles; à ce point, il ne pouvait plus y avoir que démembrement. Aussi, la révolution, qui ne tarda pas à arriver, commença-t-elle par dissiper le fief terrien, laissant au temps et au génie philosophique le soin de ruiner le fief financier.

Ici s'ouvre la seconde période. Dans la première, nous avons vu marcher, dans une synonymie parfaite, la monarchie, la papauté, et le franc-aleu ou l'usure illimitée. Nous allons entrer dans une nouvelle série, également harmonique, et dont les termes sont le protestantisme, le constitutionalisme, et l'intérêt légal.

Le catholicisme, avons-nous dit plus haut, avait discipliné la raison et préparé, par la méthode universelle, ses forces à faire la conquête du rationalisme. Comme au sein de la communauté, l'homme se disposait et se faisait vaillant à entrer dans la propriété privative : ainsi au moyen-âge, la résistance s'organisait contre le dogme catholique. A l'occasion d'un texte d'Aristote, les esprits se divisent en réalistes et nominaux ; et, par la logique, l'idée de la concentration papale fut mise à l'épreuve de la réalité. La raison fit son thème, la foi voulut continuer le sien, le spirituel eut sa circonscription, le temporel eut ses dépendances, le Pape prit appui dans la foi, les peuples dans la science, et alors commença la lutte au sein de laquelle la liberté faisait des progrès et recueillait chaque jour de nouvelles adhésions; le spirituel, c'est-à-dire le mystérieux, reculait devant le temporel, c'est-à-dire le rationnel.

Dans une de ses brillantes leçons à la Sorbonne, M. Michelet disait, avec justesse : *Le fils aîné de Luther est Jean-Jacques Rousseau.* Ce mot, vif et pénétrant, est d'une audacieuse vérité. En effet, la philosophie ou le droit de libre examen, qui avait produit la scholastique réaliste du moyen-âge et la réforme du seizième siècle, n'avait pas donné toutes ses conséquences. La séparation du pouvoir spirituel du pouvoir temporel portait le flambeau de la raison dans la sphère religieuse, et laissait le terrain des *réalités* politiques en proie aux abus monstrueux de la monarchie et de la noblesse, et le travail aux prises avec l'irrésistible ascendant de la propriété fixe ou circulante. Le rationalisme cherchait donc son Luther politique, et il le rencontra dans Jean-Jacques; philosophe sans tradition, foulé aux pieds de la société féodale, domestique humilié, copiste à la tâche, il était merveilleusement propre au rôle de révélateur du protestantisme politique.

Voilà comment ce grand homme soumettait la société féodale au *criterium* de la raison :

« Le droit d'esclavage est nul, non seulement parce
« qu'il est illégitime, mais parce qu'il est absurbe et
« ne signifie rien. Ces mots : *esclave* et *droit*, sont con-
« tradictoires ; ils s'excluent mutuellement. Soit d'un
« homme à un homme, soit d'un homme à un peuple,
« ce discours sera toujours également insensé : *Je fais*
« *avec toi une convention toute à ta charge, toute*
« *à mon profit !* »

La conclusion était l'égalité des hommes devant la
loi, la lacération du pacte féodal, tant pour les services
personnels que pour les services réels ; le peuple, libéré de dîmes, de corvées, racheté de la taille, devait
enfin recevoir la manne fécondante de la révolution.

En suivant Luther, en suivant Rousseau, on arri-
vait à nier la papauté, à nier la monarchie, à nier
l'usure, on entrait en pleine carrière républicaine ; la
vieille société croulait, les parqueurs d'hommes devenaient citoyens, le blason tombait en roture, le privilége chutait en labeur. Mais l'humanité ne procéde
pas par ces transformations magiques ; elle étape ses
métamorphoses, elle fait des haltes et des séjours, dans
sa marche conquérante.

L'Eglise transigea avec le rationalisme, qui enfanta
d'abord le gallicanisme, c'est-à-dire la reconnaissance
de la puissance papale, sanctionnée par les Etats généraux de l'Eglise, et, plus tard, le protestantisme ou
la négation de la concentration apostolique. Cepen-

dant, le protestantisme n'était qu'une émancipation partielle ; en détruisant la foi, il reconstitutait la science à l'état d'adoration universelle ; il abaissait Dieu pour élever l'homme ; et souvent, épouvanté de son ouvrage et de sa hardiesse, il s'écriait, par la bouche du timide Mélanchton :

« Il faut à l'Eglise des conducteurs pour maintenir
« l'ordre, et pour avoir l'œil sur la doctrine des prê-
« tres et pour exercer les jugements ecclésiastiques :
« aussi la monarchie du pape servirait-elle beaucoup
« à conserver entre les nations le consentement dans
« la doctrine. »

Dans le monde politique, même transaction entre la monarchie et la démocratie ; et, depuis 33 ans, nous assistons aux inexécutions du contrat. Le souverain est devenu pouvoir exécutif, magistrat sans initiative personnelle, et le peuple a le pouvoir législatif. Avec la vieille monarchie, le fief a disparu en partie, mais ce qui en reste a eu des sorts divers.

Ainsi, toute la partie du franc-aleu, qui tenait en vassalité les personnes, a été abolie, supprimée, comme tyrannique ; la raison s'empara de chaque personne, brisa les barrières des classes, et jeta au vent des révolutions les débris des priviléges personnels. Le franc-aleu immobilier, qui dîmait et terrageait le travailleur des campagnes, fut respecté comme sacré, comme le palladium de la famille; le blason de la terre survécut au naufrage.

Mais le fief de finance fut mutilé, garotté et rogné.

Une transaction se fit entre l'égalité, qui voulait la suppression totale de l'usure, et le Lombard, qui prétendait la conserver intégrale, illimitée, comme aux beaux jours de Loyola. Cette transaction prit le nom *d'usure légale;* on coupa le fief en deux, et tout ce qui se trouva à droite obtint un bill de légalité, de justice, de vertu, d'honorabilité; tout ce qui se trouva à gauche eut un mauvais renom, se mêla aux délits les plus honteux, et tomba dans le mépris public. C'est ce mauvais côté de la rente qu'un certain M. Drou, adversaire de Turgot, appelait *usure mordante.*

L'intérêt légal, nous le voyons maintenant, est le produit d'une transaction; c'est une charte octroyée par le capital, charte bâclée un peu à la hâte, en 1807, mais qui n'en est pas moins un signe de l'abaissement du privilége, comme la charte de 1814 était la preuve manifeste de la monarchie aux prises avec le cours de la révolution mise en branle en 89. L'illégalité de l'usure mordante dénote que la liberté monte, dans nos mœurs politiques, au fur et à mesure que descend le taux de l'intérêt, et que l'apparition de la liberté entière ramènera la propriété à n'être plus qu'un instrument de circulation.

Pour le moment, il nous suffit de constater l'état

actuel du principe d'autorité, dans toutes les formes qu'il revêt.

La papauté est devenue protestantisme ;

La monarchie se constitutionalise ;

Le fief personnel est aboli ;

Le fief capitaliste est limité, dans ses péages, par la loi de 1807 ;

Le fief foncier et réel, dépouillé des hommages à la personne, est illimité.

Dès maintenant, nous voyons que l'usure, cette expression du fief, va toujours en diminuant ; qu'elle tend à tomber à zéro, et, pour en acquérir une preuve plus certaine, nous allons indiquer les différents taux d'intérêts constatés par l'histoire.

Originairement, à Rome, on prenait . . . 200 p. 100
Puis, ensuite 100
Brutus et Sénèque prêtaient à. 80
Caton, à 50
Verrès, en Sicile, à 24
Par le senatus-consulte de 703, le taux fut de 12
Constantin admit, pour le prêt des choses fongibles 50
Les colons, sur les récoltes, donnaient au propriétaires, à ce que rapporte saint Chrysostôme. 50
Sous Philippe–le–Bel, le taux était de . . . 20
En 1423, le *taux du roi* fut de 10
En 1601, l'intérêt légal était de 8 1/3
En 1634, de 6 1/4
En 1725, de 5
En 1765, sous l'abbé Terrai, de 5 55

En 1793, de . . . . 5 p. 100
En 1807, époque impériale, intérêt civil. . 5
   —   —   commercial 6
En 1830, intérêt civil 5
      Intérêt commercial avec escompte,
      commission, reconnus par la ju-
      risprudence 8
En 1847, les fonds publics 4
En 1849, prêt aux associations ouvrières. . 3

La circulation, comme on le voit, fait, peu à peu, échec à la propriété et finira par l'anéantir.

Alors, la troisième période sera en pleine évolution sociale ; nous y marchons par le suffrage universel, mais il faut que chaque chose ait son heure dans ce monde : il y a le temps pour Richelieu et le temps pour Robespierre ; il y a le temps pour le Parc-aux-Cerfs et le temps pour l'échafaud de Louis XVI. Tout cela n'est pas confondu dans l'éternité : le temps fait, posément et à pas comptés, sa besogne ; il travaille en grand, prend le chemin le plus court, et sait toujours atteindre carrément son but, qui est celui de l'humanité tout entière.

Historien des anciennes formes de l'*Idée*, nous n'avons pas à nous occuper de la troisième période, qui s'ouvre par le suffrage universel ; elle rentre particulièrement dans l'organisme social futur, dont il ne convient pas encore de tracer ici l'économie.

Seulement, nous dirons aux usuriers : hommes du fief usuraire, votre monopole ne sera pas éternel ; vous

vous êtes faits Jésuites, vous avez pris l'habit de Loyola et mis le probabilisme sur vos lèvres. Prenez y garde ! le travail, ce grand pape de nos temps, va signer la bulle de votre déchéance ! Changez d'habits et de parade, venez à nous : nous sommes les forts de l'Evangile et les aimés du Dieu de l'égalité.

LES CHARLEMAGNES DE L'USURE.

—

Il s'est trouvé des hommes de génie qui ont défendu l'usure, en dépensant, pour en sauver le principe, plus de vigueur qu'il n'en fallait pour le renverser. Les travaux de ces écrivains méritent un examen sérieux ; une immense autorité s'attache à leurs noms ! Disperser l'évangile usuraire, dans les œuvres mêmes qui en sont la scholastique, c'est assurer le triomphe de la protestation du travail, et mener le capital au credo révolutionnaire.

Turgot, on le sait, prit en main la défense de l'usure, dans son remarquable Mémoire sur les prêts d'argent. L'occasion de ce mémoire est bonne à signaler, elle fait connaître sous l'empire de quelle crainte il fut écrit, et combien le gouvernement d'alors croyait que tout le commerce dépendait du capital et de ses fluctuations.

Il faut le dire dès maintenant, une société, organisée sur la prééminence du capital, doit arborer le principe de la liberté dans les stipulations usuraires ; le soin de sa conservation, la logique de sa perpétuité, lui en font une loi. Dès lors, l'écrit de Turgot est une réclamation éloquente du principe d'autorité contre les envahissements du travail. L'intérêt légal est une charte ; c'est la reconnaissance implicite des droits du travail ; c'est la déchéance d'une partie du domaine de la propriété ; c'est la lance du drapeau rouge qui flotte déjà au loin dans les brumes de l'horison.

Avec cette idée générale, racontons les faits qui ont inspiré Turgot.

Des négociants d'Angoulême, poursuivis pour le remboursement de billets de complaisance qu'ils avaient escomptés, dénoncèrent le banquier, qui avait pris des escomptes usuraires.

Le banquier intimidé se cacha. Sa famille, alarmée, craignant que le sénéchal ne prononçât des condamnations flétrissantes, voulut apaiser les dénonciateurs, et restitua plus de soixante mille livres. Plusieurs prêteurs menacés également entrèrent en accommodement ; l'avidité et l'acharnement des dénonciateurs crûrent avec la panique des usuriers.

« C'est un mal à arrêter, s'écrie Turgot, car c'est
« une chose notoire qu'il n'y a pas, sur la terre, une
« place de commerce où la plus grande partie du com-

« merce ne roule sur l'argent emprunté, sans aliéna-
« tion du capital, et où les intérêts ne soient réglés par
« la seule convention , d'après l'abondance plus ou
« moins grande de l'argent sur la place et la solvabi-
« lité plus ou moins sûre de l'emprunteur. Je crois
« donc qu'il est juste et nécessaire de venir au secours
« du commerce et des particuliers mal-à-propos vexés,
« à Angoulême. »

Ainsi, voici le thême de Turgot :

Le commerce repose sur le capital ;

Contrarier le capital, c'est arrêter le commerce.

Cette proposition, si simple en apparence, contient toutes les erreurs modernes sur la monarchie capitaliste, sur la supériorité fatale qu'elle donne au capital, et mène droit à la nécessité d'abolir les barrières de l'usure ; c'est ce que Turgot a essayé de faire dans le chapitre suivant :

« Si l'on se tient à l'ordre naturel, l'argent doit être
« regardé comme une marchandise, que le proprié-
« taire est en droit de vendre ou de louer ; par conséquent,
« la loi ne doit point exiger, pour autoriser la stipula-
« tion de l'intérêt, l'aliénation du capital. Il n'y a pas
« plus de raison pour qu'elle fixe le taux de l'intérêt.
« Ce taux doit être, comme le prix de toutes les choses
« commerçables, fixé par le débat entre les deux con-
« tractants et par le rapport de l'offre et de la de-
« mande. Il n'est aucune marchandise sur laquelle

« l'administration la plus éclairée, la plus minutieuse-
« ment prévoyante et la plus juste, puisse répondre de ba-
« lancer toutes les circonstances qui doivent influer sur
« la fixation du prix, et d'en établir un qui ne soit pas au
« désavantage du vendeur ou de l'acheteur. Or, le taux
« de l'intérêt est encore bien plus difficile à fixer que le
« prix de toute espèce de marchandise, parce que ce
« taux tient à des circonstances et à des considérations
« plus délicates encore et plus variables, qui sont celle
« du temps où se fait le prêt, et celle de l'époque à
« laquelle le remboursement sera stipulé, et surtout
« celle du risque ou de l'opinion du risque que le ca-
« pital doit courir. Cette opinion varie d'un instant à
« l'autre : une alarme momentanée, l'événement de
« quelques banqueroutes, des bruits de guerre, peuvent
« répandre une inquiétude générale, qui enchérit subi-
« tement toutes les négociations d'argent. L'opinion et
« la réalité du risque varient encore plus d'un homme
« à l'autre, et augmentent ou diminuent dans tous les
« degrés possibles. Il doit donc y avoir autant de va-
« riations dans le taux de l'intérêt…. L'argent ne se
« paye qu'avec une promesse, et si l'argent de tous les
« acheteurs se ressemble, les promesses de tous les
« emprunteurs ne se ressemblent pas. »

Dès lors, liberté illimitée de l'intérêt, abandon du
taux de l'usure à l'appréciation personnelle du danger,
despotisme absolu de la propriété, abdication du droit

de police de l'Etat sur la fraude des contrats usuraires, émancipation de l'individualisme, retour au droit complet de la force : voilà les conséquences des principes de Turgot.

Et Dupont de Nemours, l'un des plus fervents monarco-terriens de l'école aristocratique de Quesnay, de s'écrier, dans une note :

« Il faut que le billet ou promesse de payer cumule, « outre le capital et l'intérêt qu'aurait produit un pla- « cement actuel ou certain, *une prime d'assurance* « contre l'incertitude de l'acquittement définitif. »

Ainsi, l'emprunteur doit :

1° Le capital ;

2° L'intérêt, dont le taux est abandonné aux usages du commerce ;

3° Une prime d'assurance, dont le chiffre dépendra de la rapacité du prêteur et de la misère de l'emprunteur.

Additionnez, et dites-moi s'il restera autre chose au travailleur que la faim et la mort.

Cependant, on doit le dire, Turgot était un homme de génie et un homme de bien. Comment donc a-t-il été amené à rompre une lance en faveur du capital, à se faire le Charlemagne du despotisme? Son Mémoire sur les prêts d'argent est le produit des erreurs économiques au milieu desquelles il a vécu.

Turgot, dans ses réflexions sur la formation et la

distribution des richesses, proclame la souveraineté absolue de la propriété, la légitimité du salariat ; de là à la liberté illimitée de l'usure, il n'y a qu'un pas.

La société, dit-il, est partagée en trois classes : la classe des laboureurs, à laquelle on peut conserver le nom de *classe productive*, la classe des artisans et autres *stipendiés* des produits de la terre, et la classe des *propriétaires*.

Le propriétaire laboureur est celui qui fait produire à la terre le salaire de tous les artisans.... Il peut se passer, absolument parlant, du travail des autres ouvriers, mais aucun ouvrier ne peut travailler, si le laboureur ne le fait vivre....

Ce que son travail fait produire à la terre, au-delà de ses besoins personnels, est l'unique fonds des salaires que reçoivent tous les autres membres de la société, en échange de leur travail.... Le cultivateur est le seul dont le travail produise au-delà du salaire du travail. Il est l'unique source de la richesse. Donc supériorité du propriétaire, du capitaliste ; supériorité du travail agricole, sur le travail industriel ; donc enfin, indépendance et puissance du propriétaire qui, seul, a *un revenu net, disponible*, qui, seul, épargne, qui, seul, dépasse les limites de sa subsistance !

Quant au travailleur, écoutez quelle part de misère Turgot lui fait dans sa société divisée en classes, société aristocratique, territoriale, et basée sur le revenu net :

« Le simple ouvrier, qui n'a que ses bras et son
« industrie, n'a rien qu'autant qu'il parvient à ven-
« dre à d'autres sa peine.

« En tout genre de travail, il doit arriver et il arrive,
« en effet, que le salaire de l'ouvrier se borne à ce qui
« lui est nécessaire pour lui procurer sa subsistance. »

L'ouvrier ne meurt pas de faim, et le collecteur de
revenu net, le propriétaire, enfin, prend tous ses produits, se les applique ; c'est son droit, c'est le privilége
de sa force.

Opulence et misère, revenu net et famine, telle est,
dans sa dernière conséquence, la théorie turgotienne,
qui a donné naissance à cette audacieuse pétition de
la liberté illimitée de l'usure.

L'économie politique, qui est la philosophie sociale
de la force et de la monarchie, devait la demander,
c'était sa destinée logique, elle aurait manqué à ses
prémisses en ne le faisant pas.

Bentham, le philosophe de l'égoïsme et de l'utile en
morale, eut un jour la *fantaisie*, comme il l'appelle
lui-même, de développer cette proposition :

« *Que nul homme, parvenu à l'âge de raison,*
« *jouissant d'un esprit sain, agissant librement et*
« *en connaissance de cause, ne doit être empêché,*
« *même par des considérations tirées de son avan-*
« *tage, de faire, comme il l'entend, tel marché que*
« *ce soit, dans le but de se procurer de l'argent, et*

« *que, par conséquent, personne ne doit être em-*
« *pêché de lui donner ce qu'il demande, aux condi-*
« *tions qu'il veut bien accepter.* »

C'était vouloir que l'Etat abdiquât son droit de police, que la misère fût jetée en proie à l'individualisme
capitaliste ; en un mot, c'était réaliser le fameux *lais-*
sez faire de l'école anglaise.

Bentham n'était pas un esprit à reculer devant ces
cruelles conséquences, et voilà comment il fustige le
législateur assez humain pour intervenir dans la lutte
usuraire :

« Un individu trouverait à emprunter à un taux su-
« périeur à celui de la loi, à cause de certaines cir-
« constances ; le législateur, qui ignore complètement
« ces circonstances, qui ne sait rien de la position de
« l'individu, se présente et lui dit : « Toutes les consi-
« dérations qui vous déterminent sont de nulle valeur;
« vous n'emprunterez pas, car il vous serait préjudi-
« ciable d'emprunter, à de pareilles conditions. » **Et**
« c'est par un sentiment de prudence, de bienveillance,
« qu'il lui tient ce langage !!! Il est possible de conce-
« voir plus de cruauté, mais non pas plus d'extrava-
« gance ! »

Oui, il est possible de concevoir plus de cruauté, et
le langage de Bentham en est la preuve ! Que réclame-
t-il pour l'emprunteur, pour le travailleur ? la faculté
de créer, sous ses pas, l'abîme de la spoliation, du

vol, de la misère, et il revendique, pour l'usure, l'indépendance entière de l'Etat et des règlements; de sorte qu'entre cette individualité superbe, oppressive, inflexible, du prêteur, et l'existence misérable, abattue, souillée, de l'emprunteur usuré, il n'y aurait pas d'intermédiaire. La société assisterait, froidement, à ces violences, à ces poursuites, à ces rapines, aux excès de cette tyrannie, sans que Verrès trouvât, un jour, l'écueil de la parole de Cicéron et du sénat de Rome! Non, ce n'est pas possible; quand un membre de la société est opprimé, soit par hasard, soit par la faute de ses calculs, soit par les illusions de son inexpérience, la société doit intervenir, régler le différend, et ramener la tyrannie à une opération de justice. Entre la société et l'individu, il y a une solidarité suprême, et Bentham l'a méconnue, en voulant émanciper les individualités propriétaires du droit social de contrôle. Là a été son erreur, là a été l'erreur de l'école économique, qui n'a jamais demandé la liberté que pour le capital, devant lequel le gouvernement, l'armée, la police, les académies, s'inclinent, au nom du laissez faire, laissez passer!

Ah! s'écrie le paysan, l'argent me coûte 12 0/0, 13 0/0.

Laissons faire, disent les économistes.

Quoi! s'écrie le travailleur, les comptoirs nationaux prennent 33 0/0 à titre d'escompte!

Laissons passer, murmurent les parquets chatouil-
leux.

Nous payons 20 francs ce qui en vaut 5 à l'étranger, dit le consommateur.

Laissons faire la prohibition, chantent les philosophes des gabelous.

Je crée, chaque jour, pour 5 francs de valeurs, et
on me donne 1 franc de salaire, dit l'ouvrier. J'ai
faim.

Laissons passer la banque, disent les banquiers.

Tout cela, c'est le dialogue lamentable des deux
voix qui se font entendre, à travers les espaces brillants de la civilisation, et dont vous pouvez, tous les
jours, recueillir les paroles ; tout cela, c'est la protestation de l'esclave contre le maître. Hé bien ! qui voudrait le croire, cette cruelle tyrannie, cette impitoyable
maxime du laissez faire a trouvé des défenseurs, sous
la monarchie de Louis-Philippe, et elle est allée les
prendre dans les rangs de cette triste gauche de la
Chambre, qui avait pour chef M. Odilon Barrot.

Oui, ces impuissants de la négation, ces éternels
radoteurs de thèmes de coulisses, demandaient l'a-
brogation de la loi de 1807 ; et, quand ils se heur-
taient au génie de M. Guizot, pour lui arracher son
portefeuille, ils présentaient à la monarchie l'escabeau
du despotisme, et offraient aux travailleurs le régime
du knout, de par le capital. C'étaient bien là ces

hommes qui croyaient, en février 1848, avoir déterminé un changement de ministres, et obtenu Polichinelle pour Arlequin. Les aveugles ! qui ne pouvaient montrer au pouvoir la route que suivait le peuple et la direction que prenait la révolution. Aussi, l'époque la plus curieuse des épisodes des luttes parlementaires est celle où cette opposition, qui semblait résumer le génie de l'indépendance de la France et conserver le dépôt des traditions révolutionnaires, vint demander, par la bouche de M. Lherbette, la liberté illimitée du capital, c'est-à-dire la papauté, la légitimité de la monarchie, et la nécessité divine de l'obéissance et de l'oppression, au nom de la liberté.

Ouvrons le *Moniteur*, pour y étudier cette curieuse histoire.

Chambre des Députés.

Séance du 10 mars 1836.

Proposition de M. Lherbette :

« Les dispositions de la loi du 5 septembre 1807, « qui limitent le taux de l'intérêt conventionnel, sont « abrogées. »

« La proposition que j'ai l'honneur de soumettre à la Chambre est fondée sur les règles les plus ordinaires du raisonnement de l'équité, de l'*économie politique*, sur l'intérêt de l'emprunteur et du prêteur, comme sur celui de la société.

« Je crains seulement qu'elle ne soulève contre elle quelque sentiment, *pur* dans sa source, mais égaré dans sa direction ; il me faut remarquer, dès les premiers mots, que tout en établissant la liberté des conventions pour la fixation de l'intérêt comme pour toute autre convention, relative à toute autre marchandise, je maintiens, pour cet ordre de conventions, les dispositions pénales contre ce qui tiendrait de la fraude et de l'escroquerie..... Afin de ne pas compliquer les difficultés, ma proposition ne s'occupe pas de la convention d'intérêts composés, dite anatocisme, ni de l'intérêt légal. Les modifications à leur égard pourront, plus tard, faire l'objet de propositions séparées.

« Les préventions qui subsistent encore contre les stipulations d'intérêts élevés ont régné pendant longtemps contre les stipulations de l'intérêt, même le plus minime, contre tout louage de l'argent. Elles étaient tellement accréditées, que l'expression même que désigne le loyer de cet instrument de travail est restée infamante. . . . .
. . . .

« Les causes du préjugé contre les stipulations d'intérêts sont nombreuses, bien que ces causes puissent se ramener à une seule : la protestation du pauvre contre le riche, la guerre, si variée, quant aux formes, mais toujours la même, quant au fond, de ceux qui n'ont pas contre ceux qui possèdent. Le préjugé n'est donc pas dû au christianisme, comme on l'a cru ; il est de tous les temps, mais il a été développé par cette religion qui, née chez un peuple opprimé par un autre, dont les institutions et les mœurs étaient, sur quelques points, d'une dùreté et d'une atrocité révoltantes, devait, naturellement, se jeter dans les contraires....

« Le préjugé vient de ce que le plaisir d'être secouru est de courte durée ; qu'ensuite, le poids de la dette se fait sentir, à chaque instant ; de ce que, souvent, on emprunte le nécessaire et l'on prête le superflu ; de ce que, souvent encore, l'inexécution du contrat est moins onéreuse pour le prêteur que l'exécution pour l'emprunteur. .   .   .   .

.   .   .   .

« Les préjugés contre les stipulations d'intérêt, après avoir, comme tant d'autres, longtemps survécu aux causes qui les avaient fait naître, se sont évanouis, en partie....

« Les capitaux ont été prêtés à l'industrie, pour les faire fructifier, plutôt qu'à la misère, pour les consommer. L'aisance, et, par suite, l'indépendance des classes inférieures, leur a permis de payer moins cher l'argent, comme les autres instruments de travail.... — Enfin, les progrès de l'économie politique ont démontré que l'argent n'est qu'un intermédiaire dont on peut même se passer, et dont on se passe dans plusieurs opérations ; que s'il ne produit pas et ne doit pas de fruits, quand

il est confié pour ne pas s'en servir, il en doit, quand
il est confié comme prêt, comme location d'un instrument de travail ; que si l'argent ne donne pas de fruits,
les choses qu'il procure en donnent; que, dès lors,
louer l'argent, c'est louer les choses qu'il procure. La
graine, mise en terre, en produit d'autres, voilà le
principe et la justification de l'intérêt de l'argent.

« L'argent prêté est utile et risque de n'être pas remboursé. Prix de l'utilité et prime pour les risques de
perte, ce sont là les deux principes de l'intérêt.

« Pour le fixer, comment procède la loi?

« Il lui est de toute impossibilité d'apprécier les
circonstances individuelles, dans chaque convention,
et ce sont toujours les plus importantes; elle néglige
donc le point majeur. »

Après avoir reproduit ce vieil argument de Bentham,
M. Lherbette adresse, très-sérieusement, cette question
aux usuriers, rédacteurs de la loi de 1807 :

« Si la loi veut marquer une limite à l'intérêt con-
« ventionnel, pourquoi cette loi n'aurait-elle pas été
« un minimum aussi bien qu'un maximum? Pourquoi
« cette protection constante pour ceux qui ont besoin
« d'argent, et cette proscription contre ceux qui en
« possèdent? »

En vérité, ceci est bouffon. Le député de la gauche
s'étonne que le législateur ait mis sous sa protection
ceux qui ont besoin d'argent : les pauvres, les faibles,

les opprimés, les spoliés ! Au fait, M. Lherbette a raison ; pourquoi n'a-t-on pas rétabli la loi des XII tables, qui permettait de couper le corps de son débiteur ? Qu'a donc à faire la loi, dans cette occurrence, pourquoi ne laisse-t-on pas faire ? Et, s'il y a rébellion, le bourreau est là : M. de Maistre ne demande pas autre chose. MM. Barrot, Lherbette, de Maistre, Bonnald, Ximenès, Marchangy, vous êtes bien dignes de recevoir la communion de la main du pape ; Simon de Montfort ne l'avait pas tant mérité : on a toujours eu raison de dire que la gauche dynastique faisait les affaires de l'autel et d'Henri V.

L'honorable député, démontrant que la loi de 1807 était éludée, inutile et funeste, s'écrie : « A ces maux matériels s'en joignent de moraux. Elle fausse l'opinion, en érigeant un acte simple, qui n'a rien d'immoral, en vrai délit de convention ; car un délit de convention est quand la limite où il commence est variable et arbitraire ; quand encore, de deux personnes qui la violent, on n'en punit qu'une, comme le fait la disposition qui ne frappe que le prêteur. »

Le sinistre Loyola a dû sourire dans sa tombe, car jamais plus grand hommage n'a été rendu à sa chère doctrine : le probabilisme. Quoi ! l'usure est un délit : allons donc, l'opinion publique a été faussée ; détrousser un homme au coin d'un prêt avec l'escopette de l'intérêt, n'a rien d'immoral ; c'est, au contraire, fort légitime, et Plaute est un sot, quand il dit, dans sa comédie du *Curculio* :

« Usuriers, vous ne valez pas mieux que les prosti-
« tueurs ; ceux-ci, au moins, vont cacher au loin leur
« infàme commerce; vous, vous l'étalez en plein forum.
« Eux, c'est par la volupté, vous, c'est par l'usure que
« vous assassinez les hommes. »

C'est cet assassinat que M. Lherbette voulait réha-
biliter, en portant dans la morale, dans les notions du dogme de la propriété et du rôle assigné rationnelle-
ment au travail dans la production, le trouble impie du casuisme! Ah! c'est en contemplant les abîmes vers lesquels l'opposition voulait entraîner le pays, que le *Journal des Débats* avait bien le droit de répéter son fameux : *Pauvre France !*

M. Lherbette terminait ainsi son réquisitoire contre le travail :

« Messieurs, quelques réflexions vous mèneront à reconnaître que les lois qui défendent de prêter à ce taux juste, naturel, qui résulte de la proportion entre l'offre et la demande, qui veulent deviner toutes les circonstances de variations de valeur, toutes les diffé-
rences générales et individuelles de risques, sont com-
plétement irrationnelles ;........ que ces lois, qui veulent protéger l'emprunteur, ne font que le grèver ;...
..... qu'en un mot, la loi de 1807 blesse la liberté, la morale publique, l'intérêt général et la raison. »

Oui, la loi de 1807 blesse la liberté *du capital*, la morale *du capital*, l'intérêt *du capital*, la raison *du capital*; nous le savons tous, et c'est pour cela qu'elle a été faite. Mais était-ce à vous, homme d'opposition, c'est-à-dire de négation monarchique, de réhabilitation du travail, vous, représentant de la jeune démocratie, à demander le despotisme de l'usure, l'aristocratie propriétaire, et la suppression de la charte accordée au travail, cette seule conquête faite sur l'esclavage réel ?

Enfin, le sort des dynastiques de la gauche était d'être, à leur insu, des légitimistes. M. Barrot est plus près de Loyola que de Mirabeau.

MM. Emmanuel Poulle, Demarçay, Hennequin, Goupil de Prefeln, prirent la parole pour combattre ou soutenir la proposition ; mais les honneurs de la discussion appartinrent à M. Dupin, qui soutint très-énergiquement le principe de l'intérêt légal.

« Tout a été expérimenté, disait-il, depuis qu'on prête à intérêt : on a distingué l'usage de l'abus, on a respecté les conventions modérées, mais on a flétri l'usure. Dans tous les temps, on a vu avec indignation cet *abus de la propriété*, abus condamnable, qui consiste à ruiner les débiteurs par l'énormité de l'intérêt...

« Mais, dira-t-on, la loi de 1807 n'arrête pas. Eh! messieurs, quelle est la loi qui arrête et punit tous les

crimes et tous les délits? Le code pénal punit le meurtre et le vol, et parce qu'il y a encore des meurtres et
des vols, demandera-t-on à quoi sert le code pénal?

« Il y a, dans le commerce comme dans tous les
états, la corruption, la dégradation, aux derniers
rangs. Il y a, à côté du banquier, du grand capitaliste, à Paris, le prêteur des campagnes, le prêteur de
cabaret, l'homme qui est dans toutes les foires, à l'af-
fût des besoins du paysan, du petit propriétaire, et
qui les ruine sans ménagement...

« Eh bien! toutes ces embûches, toutes ces spoliations, équivalent à égorger un homme.

« Il faut donc des limites au taux de l'intérêt : le
chiffre peut être changé, mais le principe, jamais. »

M. L'herbette, répondant à M. Dupin, exposait ce
profond sophisme économique, puisé, dirait-on, dans
les rêveries de Fourier :

« Jusqu'à présent, les capitalistes ne se sont pas
mis assez en rapport avec l'industrie. Pour toute industrie, il faut trois choses : *l'intelligence*, qui invente, *la main*, qui exécute, et *les capitaux*, qui
fournissent les moyens d'exécution. Entre ceux qui
inventent et ceux qui exécutent, entre les savants et
les industriels, les rapports commencent à s'établir ;
mais les capitalistes se tiennent toujours éloignés ; si
vous leur permettez de tirer de leur argent un intérêt
proportionné aux risques qu'ils courent, vous verrez

les capitaux se porter vers l'industrie et l'agriculture. Les législateurs ne s'habitueront-ils donc pas à laisser aux choses leur cours naturel, et à ne pas vouloir tout régler; à reconnaître qu'il est des choses qui vont d'autant mieux qu'ils s'en occupent moins. »

Abdication du droit de police de l'Etat, reconstitution de la féodalité, et plus tard, souveraineté du confessionnal, tel était, en 1836, le programme de cette gauche qui a, de nos jours, la prétention d'organiser la république.

La Chambre des députés, avec un remarquable sentiment de sa mission, adopta les conclusions de M. Dupin, et rejeta la proposition présentée par la gauche. Ce triomphe est certainement le plus beau qu'eut le pouvoir, sous le règne de Louis-Philippe. Il maintint les conquêtes du passé, sauva le travail d'un esclavage illimité, et empêcha de s'ouvrir l'abîme des luttes sociales, que l'infaillibilité usuraire aurait nécessairement amenées.

Turgot, Bentham et M. Lherbette peuvent donc passer pour les trois Charlemagnes de l'usure : amoureux d'une époque qui n'est plus, poursuiveurs d'une liberté qui est morte et embaumée dans les romans de la philosophie, de la catholicité et de la légitimité, armés des vieilles épées et des rondaches de Loyola, montés sur une logique étique et boiteuse, partant en guerre avec une vaillantise de paladins, on pourrait plutôt les appeler les Don Quichottes de la liberté du capital.

Hé bien! ces chevaliers errants ont trouvé leur écuyer; M. Besson, négociant, publiciste, auteur de l'Histoire financière de la France, a publié, depuis la révolution de février, une brochure intitulée : *Liberté du taux de l'Intérêt* : le moment était mal choisi. M. Besson en appelle à Bentham, à Turgot : Sancho, on le sait, citait, à tout propos, la science de son maître.

PHILOSOPHIE DE L'USURE.

Je vais prouver la perversité du monopole par sa légitimité.

Jeu de mots, dira-t-on ; non, répondrai-je : simple rapprochement de deux époques de l'histoire, de deux moments successifs de l'humanité. Non , n'allez pas triompher, économistes et banquiers ; en retournant vers vous mon investigation, je n'abandonne pas, pour cela, les sentiers non frayés de l'avenir : ce que vous avez été dans le passé ne vous donne aucun droit sur les sociétés futures.

Oui , l'usure a été légitime, elle a eu sa nécessité philosohique ; et c'est ce qu'il nous faut démontrer, avant d'entrer dans cette histoire fantastique de la misère, histoire burinée en creux dans les brillantes et successives positions du monopole.

Voilà l'homme abandonné à l'individualisme ; il quitte et reprend les instincts les plus opposés, aucun sentiment général ne l'anime, ne l'embrase : il n'est pas classé dans le monde. Tout-à-coup, je ne sais quel amour de la famille, de la tribu, de la nation, s'empare de son âme ; c'est une religion nouvelle qui circule dans son existence, vagabonde jusque-là, et va le jeter dans des circonscriptions diverses 'et dans des catégories distinctes.

Dans la vie économique, il prend possession du monopole et fait la conquête des fruits spontanés de la terre ; ses besoins ont des limites bornées ; le sentiment, l'art ne l'agitent pas encore. Bientôt, cependant, propriétaire exclusif, il accorde licence d'intrusion dans son domaine, il en autorise l'usage et l'exploitation par des mains étrangères, et en recueille tous les produits. Mais ce travail, appelé par lui-même, donne aux producteurs le droit de vivre ; il faut les nourrir, les entretenir, sous peine de voir disparaître l'instrument de production, et, alors, s'établit au sein du monopole lui-même une comptabilité qui, mettant en première ligne les produits généraux ou bruts, en distrait les frais des agents productifs, pour faire ressortir, en troisième opération, le produit net ou le chiffre de la *rente*.

Cette triple opération de l'arithmétique sociale a pour résultat de diviser les citoyens en deux classes :

les collecteurs de *revenu net*, les *rentiers* et les travailleurs, dont le salaire doit limiter les besoins.

C'est cette division en deux séries, c'est cette formation de deux humanités qu'Adam Smith a parfaitement définie dans ce passage :

« Quoique la totalité du produit annuel des terres et du travail d'un pays soit, sans aucun doute, destinée en définitive à fournir à la consommation de ses habitants et à leur procurer un revenu, cependant, à l'instant où il sort de la terre ou des mains des ouvriers productifs, il se divise naturellement en deux parties : l'une d'elles, et c'est souvent la plus forte, est, en premier lieu, destinée à remplacer un capital ou à renouveler la portion *des vivres, de matière ou d'ouvrage fait* qui a été retiré d'un capital ; l'autre est destinée à former un *revenu*, ou au maître de ce capital, comme profit, ou à quelqu'autre personne, comme rente de sa terre. »

La classe des oisifs est donc entretenue par le revenu, et, pour elle, les frais de production ou les frais des travailleurs productifs forment une valeur *consommée, perdue*, et prise sur son bien-être et son luxe.

L'antagonisme, entre ces deux catégories de citoyens, aiguise ses ardeurs, et cette lutte n'est autre chose que le sentiment respectif de conservation. Le capitaliste, le propriétaire craint de voir périr et s'abîmer, dans ses mains, son monopole ; le travailleur s'alarme de l'abaissement que subit son salaire , et tous deux ont recours à des combinaisons différentes pour conjurer la ruine qui les menace.

Le désir d'augmenter son individualité , de monter un échelon de plus dans la hiérarchie sociale , de se prémunir contre les chances incertaines et les abîmes imprévus du hasard, porte le capitaliste à ne pas consommer sur le champ tout ce dont il pourrait disposer. Il médite sur les moyens à employer pour réserver, pour augmenter sa puissance de crédit, son importance économique, pour *capitaliser,* en un mot.

Capitaliser n'est autre chose que réaliser les conquêtes du travail , les grouper , les agglomérer et les représenter à l'industrie sous forme de demandes de produits, de débouchés, ou d'instrument plus ferme, plus puissant de crédit. Le capital , en grossissant de plus en plus, agit directement sur l'accroissement progressif de la masse totale des produits, de sorte que, par cette accumulation, la société présente, à la fin de chaque année, un inventaire supérieur à celui de l'année précédente. L'épargne , en grandissant le personnage économique du capitaliste, agit donc en même temps sur le bien-être général, qui croît avec les individualités qui forment le faisceau social. Belle et noble mission que celle du grand capitaliste ! Il donne à la société, en bien-être, ce que sa moralité lui a fait conquérir sur les désirs immodérés, sur les fantaisies infertiles de l'oisiveté aux abois. Son épargne est un bienfait social, et, peut-être demain, quelque travailleur affamé lui devra-t-il le pain de sa famille. Enfin, en réalisant les vues de l'intérêt général, ce prêteur a fait aussi ses affaires, car en grandissant son capital il a aussi élargi la· surface de sa puissance. Ce capitaliste est de la classe de ceux qui accumulent pour favoriser le développement général; le capital *dégagé* hier est *rengagé* aujourd'hui dans l'industrie, de sorte que cette accumulation du capital n'est que l'accumulation du pouvoir d'acheter le travail d'autrui et de l'activer.

Mais il est des propriétaires de revenu net qui épargnent pour consommer en choses improductives, et qui n'ont aucune action sur la production future. Un homme riche peut dépenser une partie de son revenu à entretenir une table abondante, à embellir sa maison de campagne, à acheter des tableaux, ou à imiter ce comte de Bruhl, ministre du roi de Pologne, qui laissa, à sa mort, trois cent-soixante-cinq habits, tous très-riches. Cette manière de dépenser favorise le développement des arts, et fait naître le sentiment du beau dans les masses; elle ne peut être véritablement que le rôle des rentiers et des partageants du revenu net.

Ainsi, le capitaliste, par suite du prélévement qu'il opère sur les produits du travail, en engageant toujours une plus grande masse de capitaux, active la production, augmente la consommation par cela même, et agit sur la société en faisant descendre jusqu'aux dernières classes la possibilité du bien-être. C'est ce phénomène de l'ascension des classes inférieures dans les régions d'une vie plus satisfaite, plus saine, qu'Adam Smith signale dans ce passage :

« Ce qui était autrefois un château de la famille de « Seymour est à présent une auberge sur la route de « Bath, et le lit de noces de Jacques Ier, roi d'Angleterre, qui lui fut apporté de Danemarck par la « reine, son épouse, comme un présent digne d'être « offert à un souverain par un autre souverain, servait d'ornement, il y a quelques années, dans un « cabaret à bière de Dumferline. »

Le revenu net a donc une mission providentielle ; il tire peu à peu l'homme des tannières immondes de la vie primitive, et l'installe dans des habitations commodes et dans une existence digne de son génie et de sa destinée.

Dans une enquête faite en Angleterre, en 1846, sous l'inspiration de la Chambre des Lords, et dans le but de constater les charges qui pesaient sur la propriété, on trouve la justification complète de ce que nous venons d'avancer.

Le président du comité adresse à **M. Baker**, fermier du comté d'Essex, ces questions :

« 412. Que dites-vous de la condition actuelle des ouvriers agricoles, comparativement à ce qu'elle était autrefois ; sont-ils mieux ou plus mal ?

« — Ils sont beaucoup mieux. Voici trente ans que je connais les ouvriers ; pendant ce laps de temps, c'est moi-même qui les ai toujours payés, soit sur la ferme de mon père, soit sur la mienne, et je sais qu'ils sont mieux habillés, mieux nourris qu'ils n'étaient ; ils jouissent d'un bien-être plus grand.

« 436. Vous dites que les ouvriers ont amélioré leur manière de vivre ; quelle est la nourriture générale des ouvriers agricoles ?

« — Ils se nourrissent de viande et de pommes de terre ; mais si la farine est à bon marché, ils ne consomment point de pommes de terre ; cette année, ils mangent le meilleur pain blanc.

« 468. Le produit brut des terres, dans votre comté, a-t-il bien sensiblement augmenté, dans ces derniers temps, par suite de l'amélioration de l'agriculture ?

« — Oui, beaucoup.

« 469. Pouvez-vous dire dans quelle proportion ce produit a augmenté, du plus loin que vous puissiez vous rappeler ?

« — Je dirai qu'il est d'un quart plus fort aujourd'hui qu'autrefois.

« 470. Depuis quand ?

— « Dans les dernières vingt années.

« 471. Augmente-t-il encore maintenant ?

« — Oui.

« 672. Par des défrichements et d'autres améliorations ?

« — Oui, et par la dépense, que font beaucoup de fermiers, de terres arables pour tenir sur leurs terres un mouton par 40 ares, pendant les mois d'hiver et une partie des mois d'été ; ils dépensent, pour cela, plusieurs centaines de louis par an.

« 476. Cette amélioration de culture n'a-t-elle pas eu lieu depuis l'année 1815 ?

« Oui. Je ne pense pas que, dans le comté d'Essex, on sache mieux cultiver depuis quarante ans ; mais la bonne culture est devenue plus générale.

« 477. *On met un plus grand capital sur les terres ?*

« — Oui.

« *Et les produits s'en sont accrus ?*

« — Oui.

« 479. Ces améliorations continuent-elles ?

« — Dans ces dix dernières années, il a été fait plus d'améliorations que dans les cinquante années précédentes.

« 486. Comment sont les habitations des ouvriers ?

« — Ce sont de très-bonnes chaumières.

« 487. De quels matériaux sont-elles construites ?

« — Quelques-unes sont construites entièrement en

briques ; quelques-unes en lattes et plâtre ; mais en général elles sont bonnes. »

Plus de doute, la cause de cette améloriation est celle-ci : — ON MET UN PLUS GRAND CAPITAL SUR LES TERRES , c'est-à-dire que, par l'accumulation du capital, le titulaire de la ferme a augmenté sa force économique. Cette augmentation est due , il est vrai , an mode successif de consommation et de reproduction du revenu net ; mais , outre le bien-être social qu'elle détermine, elle a un résultat bien autrement révolutionnaire. Le rentier, au moment où il touche son revenu en espèces, le tient, sous la forme la plus éminemment échangeable ; si donc, au lieu de le conserver dans cette forme *libérée* , il *l'engage* dans une machine, dans un bâtiment, dans une expérience, le voilà dans la nécessité d'assister à l'exploitation, de surveiller le sort de ce nouveau capital ; de sorte que la transformation du revenu net en capital engagé force le rentier à travailler, et à faire deux parts de son revenu ou de ses bénéfices : l'une représentant l'intérêt de son capital, l'autre la prime d'assurance des capitaux engagés.

Ainsi, par une conséquence singulière de la perpétuité du privilége, le revenu net, ou l'intérêt du capital, ou de l'usure, après avoir divisé les hommes en deux classes, favorise d'abord le développement du bien-être social, et ensuite appelle le rentier lui-même au travail et à la production, pour la conservation du revenu net, qui prend toutes les formes, toutes les nuances, toutes les appellations de l'activité humaine.

Pour le travailleur, la rente a d'autres résultats.

L'homme est né pour le repos.

La paresse est le premier instinct de sa nature.

Les piétistes et les partisans du phalanstère feront des efforts inutiles pour me prouver que le travail est *attrayant*. Oui, mon cher Cantagrel, je suis parfaitement de l'avis de votre Connaisseur qui, dans le *Fou du Palais-Royal*, pose cette proposition hérétique et civilisée, suivant vous :

« Le plus beau concert du monde ne m'empêchera pas d'aimer l'oisiveté ; et si tu veux que je m'occupe, il faudra bien que tu emploies la contrainte. »

Et je crois, mon Dieu, je suis désolé d'avoir à le dire à mes meilleurs amis de la *Démocratie pacifique*, que bien des socialistes partagent cette mystérieuse panacée du *travail attrayant*, sans trop la comprendre.

Une certaine école de catholiques élégiaques et pleureurs, éclos sous les pas des *Harmonies* de M. de Lamartine, a dit, écrit, imprimé et chanté que le travail était une prière et que la divinité en recevait l'hommage avec une satisfaction très-grande. Malheureux illuminés, qui font de leur Dieu un Shiwa, réclamant, pour son hommage et son plaisir, des sacrifices humains ; car le travail n'est qu'une mort lente et sûre.

Par le travail, l'homme se *définit*, *s'exhale*, se projette *à l'extérieur*, se *tue*; le travail, c'est la mort à tout moment, à petites doses; et comment alors rendre la mort *attrayante*; comment, d'un autre côté, Dieu peut-il trouver de son goût l'offrande de ces suicides partiels et quotidiens!

Le travail *attrayant* rappelle le cilice *attrayant* et les privations *attrayantes* des cénobites chrétiens; c'est du mysticisme pur, c'est une émanation directe de la Foi, mais ce n'est pas avec des rêveries et des élégies que l'on organise les sociétés.

L'homme est fait pour le repos.

L'usure seule l'excite au travail, comme l'aiguillon du bouvier pousse son attelage à la perpétuité de l'effort.

L'usure a un triple résultat : d'abord, elle fouette et fustige l'oisiveté native du producteur pour lui faire payer le cens et la dîme du propriétaire et du seigneur; puis, ensuite, les limites de cette rançon atteintes, le travailleur doit s'onérer pour vivre, lui et les siens; et, enfin, à cette double cause d'énergie vient s'en joindre une troisième : le sentiment de l'épargne se manifeste en lui; il veut aussi conquérir les puissances actives et vaillantes du capital, pour sortir de son existence précaire et monotone.

Ainsi, l'usure, dont nous avons donné l'homicide monographie, a été l'arme puissante des forts et des conducteurs des peuples, pour faire sortir l'homme des bauges de l'improductive communauté ; elle a été comme la voix impitoyable du progrès, qui lançait l'homme dans un travail toujours plus actif et une ardeur toujours plus vive. On peut donc le dire, c'est la contrainte, c'est la tyrannie qui a fait naître et développer la liberté ; car, à mesure que l'homme est pressé, il produit davantage, et plus il produit, plus l'usure diminue, plus la contrainte baisse ses exigences. Un banquier qui exige une commission, un escompte exagéré, est donc un des propulseurs de l'humanité ; il excite le travailleur, le lance forcément dans toutes ses énergies, et a ainsi une action immédiate sur le bien-être social.

Cette contrainte, légitime à une certaine époque de l'histoire, devient illégitime et tyrannique plus tard. En effet, on comprend que l'usure, faisant croître ses appétits, et, d'un autre côté, la masse générale des produits augmentant aussi, le travailleur est obligé de s'aggraver de travail pour suffire tout à la fois à l'exigence de la rente et à ses besoins.

Or, cette aggravation a des limites, et ces limites ne sont autres que la mort.

Si donc on laissait à l'usure toute son indépendance, elle serait l'homicide continuel du travailleur, moitié de l'humanité dévorerait l'autre moitié, et ce résultat serait, et est déjà en partie, la condamnation du principe d'autorité et de contrainte, dont la formule capitaliste prend le nom *de Rente*.

Le monopole est donc de nécessité philosophique : 1° parce qu'il parque les hommes en nations, en tribus, en familles et en classes, qui intronisent l'individualité collective, et font de l'humanité deux camps, dont l'un, maître, dominateur, monarque et propriétaire de toutes choses, souverain dispensateur du revenu net, crée le débouché du luxe et de l'art, augmente la surface économique du capital, et fait croître la somme générale de produits, c'est-à-dire l'échelle sociale du bien-être pour tous les hommes ; 2° parce qu'il lutte, par les péages et les cens, contre l'apathie native de l'homme, et fait d'un lazzarone communautaire un ouvrier actif, habile, infatigable, personnel, égoïste, impitoyable pour les autres, amoureux de son *moi*, fier de sa vaillantise économique, défenseur brutal des conquêtes légitimes de sa force, soldat terrible, veillant sur son droit, et cherchant à l'augmenter en produisant davantage, en devançant l'usure, l'escompte, la commission, le change ; terrible course au clocher qui finit par le tuer, mais qui emplit la société de toutes les forces réalisées de l'homme, et la dote de richesses produites, quand la main de Dieu ne lui avait donné que les fruits spontanés de la terre.

Enfin et en dernier lieu, l'usure est utile en ce qu'elle est la condition de la circulation, et que la circulation, dans sa dernière forme, doit, tôt ou tard, être la négation successive du principe de la force, pour lui substituer le droit rationnel de la justice commutative.

En effet, la circulation, excitée par le bénéfice usuraire, fait de tout un arme d'usure, un moyen de crédit. Or, le crédit est forcément un contrat de solidarité, le banquier décaissé est tenu par le crédité qui a gagé ; ils sont confondus et même personnalisés dans la même opération. Dès lors, le capital, tout olympien qu'il est, se trouve enchaîné à cette Tellus qu'il foule impitoyablement et qu'il ravage à excès. Aussi, dès le jour où le crédit apparaît, la personnalité du travail prend naissance, elle se développe, elle force le seigneur à faire tout servir à son alimentation capitaliste ; et, à travers les âges et les révolutions, on voit les formules du crédit constater un abaissement successif du monopole, sous l'influence d'une circulation toujours successivement plus active.

Ainsi, le monopole, constitué, se meut par la circulation dont ses bénéfices activent et acccélèrent la rotation ; et, par ce phénomène social, le transport des produits s'accomplit, leur valeur devient uniforme, la justice s'établit dans leur répartition, la logique entre dans leur rapport et le monopole s'altère et se désagrège, laissant à la vie, à la production, au travail, plus d'espace et plus de droit.

L'usure, point de départ et nécessité de la circulation, est appauvrie, étouffée par la circulation elle-même, quand celle-ci est arrivée à sa dernière formule de liberté et de socialisation.

L'usure, antagoniste de la consommation, favorise la production.

Grande production, c'est-à-dire grande richesse, d'un côté, et petite consommation, c'est-à-dire misère de l'autre : voilà le spectacle que va nous présenter l'histoire du crédit.

Eh bien! disons-le : l'*Avenir de l'humanité* ne pouvait se réaliser que par cet antagonisme.

Fin de la première partie et du premier volume.

TABLE DES MATIÈRES.